ONZE HERSENEN

René Kahn

Onze hersenen

*Over de smalle grens tussen
normaal en abnormaal*

UITGEVERIJ BALANS

Eerste druk januari 2006
Achtste druk april 2008

Copyright © 2006 René Kahn / Uitgeverij Balans, Amsterdam

Alle rechten voorbehouden

Omslagontwerp: TEFF (www.teff.nl)
Omslagfoto: Stockxpert
Foto auteur: Flip Franssen
Redactie en zetwerk:
Bureau InterPunct en Jos Bruystens, Maastricht
Druk: Wilco, Amersfoort

ISBN 978 90 5018 921 7
NUR 875

www.uitgeverijbalans.nl

Inhoud

VOORWOORD 7

INLEIDING – *Over vorm en functie* 13

'OVERSPANNEN THUIS' – *Over stress* 23

EEN STILLE OUDE MAN – *Over het geheugen* 65

DE DIEF – *Over motivatie en macht* 109

DE ZWERVER – *Over het wezen van de mens* 145

DE MEDISCH STUDENTE – *Over twijfel en tevredenheid* 177

EEN 'AFZONDERLIJK' KIND – *Over empathie* 203

NAWOORD 241

AANHANGSELS 245

NOTEN 253

BRONNEN 267

REGISTER 285

Voorwoord

U kent ze ongetwijfeld: mensen die u vreemd, gek of ziek vindt, of die u gewoon niet begrijpt. De zwerver op het station die in zichzelf mompelt, de onbekende die uw autoruit aan gruzelementen heeft geslagen om de radio te stelen, de buurvrouw die al zo lang overspannen thuis zit. Of vroeger, dat eenzame jongetje op het schoolplein dat altijd als laatste werd gevraagd voor het voetbalteam. Grootvader die de afgelopen jaren zoveel stiller lijkt geworden. En ten slotte al die mensen met wie niets aan de hand schijnt te zijn, maar die toch net even iets anders lijken dan wijzelf. U heeft zich vast wel eens afgevraagd: wat gaat er in hen om? Hoe komt het dat ze anders zijn?

Deze mensen hebben allemaal iets met elkaar gemeen. Hun gedrag wordt, net als dat van u en mij, gestuurd door de hersenen. De manier waarop hun hersenen functioneren, is echter iets anders dan bij ons. Het zijn geen grote verschillen, ze zijn betrekkelijk subtiel. Variaties op de normaliteit zijn het die het gedrag van deze opmerkelijke mensen bepalen. Anders gezegd, hun toestand is te begrijpen uit de (veranderde) functie van hun hersenen. Bij de zwerver worden taalgebieden in de hersenen actief die dat normaal gesproken, behalve bij linkshandigen, nooit zijn. Vandaar dat hij stemmen hoort en mompelt op het treinperron. Hij spreekt met ze. De dief steelt om aan geld te komen voor de cocaïne, maar de echte oorzaak is dat het motivatiecentrum in zijn hersenen door de verslaving zo veranderd is dat het alleen nog maar actief kan worden als het door cocaïne wordt gevoed. En dat eenzame jongetje op het schoolplein? Hij mist de functies in de hersenen die verantwoordelijk zijn voor het aangaan van sociaal contact. Dat jongetje is alleen omdat zijn hersenen niet in staat zijn zich in te leven in een ander. Die buurvrouw zit thuis omdat het deel van de hersenen dat haar stressreactie zou moeten stoppen, juist door de stress die zij heeft meegemaakt zo is aangetast dat zij er nog gevoeliger voor is geworden dan zij al was. En waarom grootvader zoveel stiller is geworden? Omdat het gebied in de hersenen dat nieuwe informatie moet opslaan, niet meer goed functioneert, waardoor er voor hem alleen nog maar verleden en geen heden meer bestaat.

Dit zijn de mensen uit dit boek, met hun opmerkelijke gedrag en de veranderingen in hun hersenen die daar de oorzaak van zijn. Variaties op het thema van normaliteit, want de functies in de hersenen bij deze mensen zijn niet wezenlijk anders dan die bij ons, alleen zijn ze meer uitgesproken hier en wat verzwakt daar. Dat onderscheid maakt echter wel het verschil tussen wat we ziek en gezond noemen.

Het doel van dit boek is aan te tonen hoe veranderingen in de hersenen kunnen leiden tot veranderingen in gedrag die we allemaal kennen, maar niet begrijpen.

Het boek heeft nog een tweede oogmerk: duidelijk maken dat stoornissen in gedrag, denken en emoties niet anders, vreemder en al helemaal niet 'gekker' zijn dan lichamelijke afwijkingen. Wat is het verschil tussen iemand wiens gebied in de hersenen verantwoordelijk voor de taal afwijkend is en daardoor stemmen hoort, en de persoon die kortademig is omdat diens vaten verstopt zijn door een verhoogd cholesterol? Is de vrouw die maanden overspannen thuis zit omdat zij behept is met delen in de hersenen die te vlug gevaar signaleren, wezenlijk anders dan de patiënt met epilepsie die om schijnbaar onverklaarbare redenen, maar ook vanwege stoornissen in de hersenen, plotseling het bewustzijn kan verliezen? Wat is het verschil tussen

VOORWOORD

het kind dat geen contact kan maken met anderen door het ontbreken van de functie in de hersenen die voor empathie noodzakelijk is, en het kind dat de functie van de alvleesklier mist en als gevolg daarvan aan suikerziekte lijdt? Is de dief die steelt omdat hij aan cocaïne verslaafd is aangezien zijn hersenen niet meer zonder kunnen, 'schuldiger' dan de persoon die jarenlang, in het volle bewustzijn van de risico's, twintig kilo te zwaar blijft?

Vreemd gedrag is plotseling niet vreemd meer wanneer u begrijpt wat eraan ten grondslag ligt. Waren de epileptische aanvallen door de eeuwen heen afwisselend een teken van goddelijkheid dan wel een uiting van satanische krachten, vanaf het moment dat spontane elektrische ontladingen in de hersenen als verklaring voor dit onbegrijpelijke en vaak beangstigende fenomeen konden worden aangetoond, was er niets geks meer aan epilepsie. Om diezelfde reden zou er ook niets raar aan autisme hoeven zijn: we weten namelijk dat bij deze kinderen bepaalde hersendelen niet goed functioneren waardoor ze anderen alleen maar als objecten kunnen zien. Wat is er vreemd aan een depressieve persoon van wie bekend is dat het hersensysteem dat de stressreactie moet onderdrukken zo beschadigd is dat het daarin faalt? Zelfs een van de meest onbegrijpelijke verschijnselen van sommige schizofreniepatiënten – het gevoel dat hun gedachten niet van henzelf zijn – is te verklaren door veranderde functie achter in hun hersenen.

Hoe meer we onze hersenen zullen beschouwen als ieder ander orgaan in ons lichaam (weliswaar het belangrijkste), des te beter zullen we kunnen begrijpen hoe normaal en abnormaal gedrag tot stand komt, hoe onze emoties en gevoelens ontstaan en hoe deze soms ontsporen. Hoe meer onze hersenen hun geheimzinnigheid prijsgeven, des te beter zullen we inzien dat vreemd gedrag, veranderde emoties, gekke gedachten en extreme gevoelens variaties zijn op de normale functie van het brein – soms het gevolg van toename van hersenactiviteit, soms het resultaat van het ontbreken ervan. In alle gevallen echter zal het erkennen en begrijpen van de rol van de hersenen in ons gedrag de ander, zowel in gezondheid als in ziekte, gewoner maken. Hoewel de arts Philippe Pinel mensen met vreemd en onbegrepen gedrag al aan het eind van de achttiende eeuw letterlijk uit hun ketenen bevrijdde, zullen de morele ketenen die hen maatschappelijk nog steeds gevangen houden, pas kunnen worden afgeschud wanneer we stoornissen in gedrag en gevoel zullen begrijpen als stoornissen in onze hersenen. Wanneer de mensen uit dit boek niet meer als vreemd, griezelig en oninvoelbaar worden gezien, maar als personen die lijden aan een ziekte van hun hersenen, zullen zij vrij zijn. En dan zullen we in hen onszelf zien.

VERANTWOORDING

Dit boek zal niet alle stoornissen in het gedrag, de emoties of het denken behandelen; evenmin alle afwijkingen in de hersenen die tot zulke verschijnselen kunnen leiden. De besproken mensen zijn voorbeelden, sprekende voorbeelden naar ik hoop, maar geen uitputtende verzameling van alle hersenafwijkingen die ten grondslag liggen aan bepaalde stoornissen in gedrag of emotie. Zo is schizofrenie niet alleen te verklaren door stoornissen in de taal en de vrije wil, maar dat zijn wel, in mijn ogen, enkele van de meest wezenlijke veranderingen bij deze patiënten. Dwangstoornis is meer dan een verstoorde functie van het vooronder in de hersenen. Door te focussen op dit hersendeel is het fenomeen dat we allen kennen, namelijk keuzes maken, echter goed zichtbaar te maken, in normaliteit en wanneer het ontspoort. Bij mensen die verslaafd zijn, is naast een centrale stoornis in het hersensysteem dat verantwoordelijk is voor alles wat ons motiveert, meer aan de hand. Zo zijn deze mensen vaak ook gekenmerkt door afwijkingen in de voorste hersendelen, maar deze veranderingen worden ook bij andere ziekten gezien.

VOORWOORD

Het eerste hoofdstuk schetst de historische en wetenschappelijke achtergrond die aan de basis ligt van het onderzoek naar de relatie tussen hersenen en (afwijkend) gedrag. De volgende zes hoofdstukken behandelen ieder een thema waarbij de opzet zo gekozen is dat vanuit de afwijking de normaliteit te begrijpen is. De volgorde is gebaseerd op de frequentie van deze stoornissen in de bevolking en hun inwerking op de samenleving. Het aanhangsel bevat gedetailleerde informatie over de nieuwste hersenscantechnieken en algemene informatie over de hersenen zelf.

Ik heb veel hulp gehad bij het schrijven van dit boek. Met name diende die bijstand om zowel de wetenschappelijke inhoud als ook de lezenswaardigheid ervan te waarborgen. Voor het eerste ben ik met name Jan van Ree dankbaar, een jarenlange vriend en wetenschapper aan het Rudolf Magnus Instituut voor Neurowetenschappen in Utrecht. Voor het laatste dank in mijn dochters Sophie en Josephine, die essentiële aanwijzingen hebben gegeven, alsook mijn kompaan van dertig jaar, Alfred Sachs, en mijn broer en kameraad, Philip. Ten slotte heeft Betty, als gewoonlijk, de omstandigheden geschapen die het geheel mogelijk hebben gemaakt.

Laren (NH)
herfst 2005

Inleiding

Over vorm en functie

Onze hersenen zijn ons belangrijkste orgaan. Zij maken ons tot mens, en nog veel wezenlijker, ze maken u tot individu. Zou het toeval zijn dat die twee procent waarin uw genen van die van de chimpansee verschillen, voornamelijk tot uiting komt in de opbouw en functie van uw hersenen? Hoe verscheiden bent u van de aap, of zelfs van hond en rat in hart, lever, nieren, darmen, botten en spieren? Nauwelijks. Maar uw hersenen zijn vele malen complexer en meer ontwikkeld dan die van welk ander wezen op aarde ook. Tegelijkertijd weten we veel minder van onze hersenen dan van onze spieren of zelfs van die ene grote, essentiële spier: het hart. Verwonderlijk is dat niet. Zo we de harten van honden kunnen onderzoeken om informatie te krijgen over de pompwerking van het menselijke hart, zo we spierfunctie bij kikkers kunnen bestuderen om parallellen bij de mens te ontdekken, is dat bij hersenonderzoek onmogelijk. De overeenkomst tussen de hersenen van ratten en die van mensen is niet bijzonder groot [1], en onderzoek doen op hersenen van levende apen is praktisch niet eenvoudig. Maar zelfs al zouden we dit kunnen doen, dan verschillen de hersenen van apen nog steeds vergaand van die van de mens. Hersenonderzoek is moeilijk, juist vanwege het ontbreken van een analogie met dieren: goed vergelijkingsmateriaal is niet voorhanden.

Er is nog een reden waarom hersenonderzoek ingewikkeld is: de hersenen verschuilen zich achter de schedel. Geen ander orgaan is zo goed beschermd. Vanwege deze benige bepantsering zijn de mogelijkheden om de hersenen voor onderzoek te benaderen, uiterst beperkt.

Voor een microscopische bestudering van het weefsel kunnen we een (dikke) naald in de nieren of lever steken om zo een goede indruk van de staat van de lever- en niercellen te krijgen; maar een stukje hersenweefsel verwijderen gaat moeilijk. We zouden ten eerste al een gaatje in de schedel moeten boren. Een doorslaggevender beperking is dat we er niet zomaar een deeltje uit kunnen weghalen zonder de functie van de hersenen als geheel te beschadigen. En daaruit blijkt meteen al het enorme belang van onze hersenen. Hoewel het mogelijk is vrijwel straffeloos weefsel uit spieren, darmen, nieren, lever en zelfs uit het hart te verwijderen zonder dat de functie van dat orgaan belemmerd wordt, is dit bij de hersenen vrijwel ondoenlijk. De hersenen zijn een zo compleet en volkomen verweven orgaan dat we er nauwelijks iets uit kunnen wegnemen zonder de functie van het orgaan als geheel te beschadigen.

Deze ontoegankelijkheid van de hersenen heeft ertoe bijgedragen dat misvattingen die duizenden jaren geleden hebben postgevat, nog steeds bestaan. Zo gingen de Egyptenaren er ten tijde van de farao's van uit dat de ziel in het hart zetelde, een vergissing waarvan we tot de dag van vandaag de sporen in onze taal kunnen terugvinden.[2] De oude Grieken, onder wie de millenniumlang invloedrijke Galenus, hadden daarentegen al wel het vermoeden dat de hersenen iets met onze typisch menselijke eigenschappen te maken konden hebben. Ze dachten dat het brein een klier was die vloeistoffen uitscheidde die ons karakter bepaalde (de vier humeuren: sanguinisch, flegmatisch, cholerisch en melancholisch).

Franz Joseph Gall, een Duits hoogleraar en *Schädelforscher* uit het begin van de negentiende eeuw, was de eerste die suggereerde dat specifieke delen in de hersenen verantwoordelijk zijn voor bepaalde lichamelijke en geestelijke functies. Hij ging ervan uit dat de hersenen uit

INLEIDING

aparte onderdelen bestaan, waarbij ieder deel verantwoordelijk is voor een afzonderlijke functie. Hij verwachtte niet alleen bewegen of voelen aan te treffen in speciaal daarvoor ontworpen hersendelen, maar ook karaktereigenschappen of bijzondere gaven, zoals eerlijkheid, wiskundig inzicht en vasthoudendheid. Deze hersengebieden zouden groeien naarmate mensen meer oefenen in de functies die die gebieden representeren. Door veel sommen te maken zou het deel in de hersenen verantwoordelijk voor wiskunde in omvang toenemen. Daarnaast geloofde hij dat speciale hersengebieden bij mensen met aangeboren gaven, of door noeste oefening, zo groot kunnen worden dat ze verdikkingen vormen onder de schedel, zodat de schedel bobbelig wordt. Om de functie van de hersenen te onderzoeken, hoefde men slechts met de handen over het hoofd te strijken om op die manier de hersenvergrotingen vast te stellen. De bobbels of knobbels zouden de speciale talenten of het gebrek daaraan bij mensen aantonen.

Deze leer, in het begin van de negentiende eeuw door Gall gepostuleerd, noemde men 'frenologie'. U vindt er in onze taal nog steeds verwijzingen naar, zoals de bekende wiskunde- en talenknobbel. De theorie van Gall is in diskrediet geraakt vanwege zijn veronderstelling dat men slechts over het hoofd van de persoon hoeft te aaien om diens karakter bloot te kunnen leggen. Dat is jammer, want de grondgedachte van Gall (en van de Grieken voor hem) dat onze karaktereigenschappen, gaven, beperkingen, gedragingen en emoties in onze hersenen ontspringen, is volstrekt juist gebleken. Ook zijn hypothese dat oefening tot groei in de hersenen leidt, getuigt van meer visie dan de meeste hersenonderzoekers de afgelopen honderdvijftig jaar konden opbrengen.

De veronderstellingen van Gall konden tot voor kort echter niet bevestigd worden omdat de technieken daartoe ontbraken. Pas de laatste jaren is met het beschikbaar komen van de hersenscan niet alleen duidelijk geworden dat onze gevoelens en gedragingen hun oorsprong in de hersenen vinden, maar dat vrijwel elke functie haar plaats in de hersenen kent. Toch was voordien eigenlijk al wel bekend dat veel van onze menselijke eigenschappen een plek in de hersenen hebben. Soms immers zorgt het lot ervoor dat zo'n gebied door een ongeval, ziekte of operatie wordt uitgeschakeld, met als gevolg dat het gedrag van de betrokkene opmerkelijk verandert.

Een van de eerste beschrijvingen van zo'n gedragsverandering als gevolg van een hersenbeschadiging stamt uit 1848. Op 13 september 1848 overkwam Phineas Gage, die leiding gaf aan een groep spoorwegarbeiders, een vreselijk ongeluk. Bij het werken aan de spoorbaan werd dynamiet gebruikt om rotsstukken op te blazen ter effening van de route voor de rails. Plotseling ontplofte, om onduidelijke redenen, een deel van het dynamiet. Het gevolg was dat een puntige staaf waarmee Gage aan het werk was, via zijn linkerbovenkaak volledig door zijn voorhoofd schoot, om enkele tientallen meters verderop in het zand te belanden. Wonder boven wonder was Gage niet dood. Integendeel, hoewel de staaf zijn hoofd letterlijk had doorboord, kon hij vrijwel meteen na het ongeluk weer opstaan, lopen en spreken. Toch bleken de gevolgen op langere termijn aanzienlijk, niet zozeer op het gebied van zijn lichamelijke functies, als wel in het domein van zijn persoonlijkheid. Van een aimabele, plichtsgetrouwe, voorkomende en efficiënte voorman werd hij kinderlijk, opvliegend, impulsief, grof en ongeduldig. Hij slaagde er niet meer in om beslissingen te nemen en zijn dag te plannen. Zijn vrienden herkenden de oude Gage niet meer, hij was een ander mens geworden. De beschadiging van de voorste delen van zijn hersenen had zijn persoonlijkheid veranderd. Zo was in wezen al in 1848 duidelijk dat onze karaktereigenschappen in onze hersenen zetelen.

Enkele jaren later werd op een wetenschappelijk iets meer verantwoorde manier een verband gelegd tussen een andere belangrijke menselijke functie, de taal, en een specifiek deel van onze hersenen. In 1861 beschreef de Franse neuroloog Paul Broca een patiënt die na een beroerte (een blokkade of het knappen van een hersenslagader) niet

INLEIDING

meer goed kon spreken. Woorden uitspreken, fluiten en zingen gingen nog wel, maar coherente zinnen vormen was hem onmogelijk geworden. Zijn spraak was een onbegrijpelijke warboel van op zich correct uitgesproken woorden, die echter iedere samenhang misten. Kortom, bij deze patiënt was de mogelijkheid om zich uit te drukken, de taal, verdwenen. Ondanks deze stoornis in het actieve taalgebruik begreep de patiënt donders goed wat mensen tegen hem zeiden. Zijn taalbegrip was dus intact. Toen Broca de hersenen van deze patiënt, nadat deze korte tijd later was overleden, onderzocht, bleek een beschadiging te zijn opgetreden links voor in de hersenen. In de jaren daarop bestudeerde Broca de hersenen van acht andere patiënten die voor hun overlijden eenzelfde beeld hadden vertoond: een onvermogen zich in begrijpelijke, grammaticaal correcte taal te uiten, terwijl het taalbegrip intact is gebleven. Deze acht patiënten bleken allen in hetzelfde gebied een beroerte te hebben gehad. Hierop concludeerde Broca dat een specifiek gebied in de hersenen verantwoordelijk is voor het grammaticaal correct spreken, preciezer gezegd: voor het actief toepassen van de taal. Dit gebied is sedert de ontdekking van Broca naar hem vernoemd.

Korte tijd later, in 1876, identificeerde de Duitse hoogleraar Carl Wernicke een groep patiënten die na het doormaken van een beroerte gesproken en geschreven taal niet begrepen, maar die wel te verstaan waren. Hoewel hun antwoorden meestal geen relatie hadden tot de vraag die hun werd gesteld (die hadden ze immers niet kunnen volgen), waren de door hen uitgesproken zinnen grammaticaal correct. Deze patiënten leden dus aan een syndroom dat het spiegelbeeld vormde van wat door Broca was beschreven: hun gesproken taal was intact, maar hun taalbegrip was verloren gegaan.

Bij het bestuderen van hun hersenen viel het Wernicke op dat zij allen een beroerte hadden doorgemaakt in een en hetzelfde hersengebied, dat zich echter op een andere plaats bevindt dan het door Broca beschreven deel. Hier betrof het een gebied, ook in de linkerhersenhelft, maar een tiental centimeters meer naar achteren gelegen. Wernicke heeft de structuur in de hersenen ontdekt die verantwoordelijk is voor het begrijpen van taal en deze plek in de hersenen is sindsdien naar hem vernoemd.

Het door Broca beschreven gebied stuurt ons actief taalgebruik, dat van Wernicke ons passief begrip van taal. Hun ontdekking heeft tevens duidelijk gemaakt dat onze taalfuncties gelokaliseerd zijn in gebieden in de linkerhersenen.[3]

Als onze hersenen een precieze plaats hebben voor zo'n gespecialiseerde functie als taal, dan zal het voor meer basale functies als bewegen waarschijnlijk niet anders zijn. Dat dit inderdaad klopt, is door twee neurochirurgen, Wilder Penfield en George Ojemann, omstreeks 1960 in een aantal beroemd geworden studies aangetoond. Deze chirurgen stimuleerden tijdens hersenoperaties verschillende delen van de hersenen van patiënten en beschreven nauwkeurig de veranderingen die ze opmerkten. De patiënten werden geopereerd omdat bij hen, om verschillende redenen, hersendelen moesten worden verwijderd. Om er zeker van te zijn dat geen vitale gebieden zouden worden weggenomen, zoals het taalgebied, moesten de neurochirurgen uitzoeken waar deze gebieden zich precies in de hersenen bevinden. Dit deden ze door bij elke patiënt verschillende plekken in hun hersenen met een klein naaldje elektrisch te stimuleren. Aangezien de functie van een hersengebied, zeker als het de taalfunctie betreft, moeilijk kan worden bepaald als de patiënt onder volledige narcose is, werden deze operaties onder plaatselijke verdoving uitgevoerd. Algehele narcose is ook niet nodig omdat de hersenen zelf geen pijn kunnen voelen. De hoofdhuid en het bot verdoven is voldoende. Omdat ze nu toch bezig waren, stimuleerden Penfield en Ojemann (met toestemming van de patiënt natuurlijk) ook gebieden die niet verwijderd zouden worden om uit te zoeken waar verschillende hersenfuncties gelokaliseerd zijn.

Uit dit onderzoek is onder andere gebleken dat het bewust bewegen van onze spieren door specifieke gebieden in de hersenen wordt aan-

INLEIDING

gestuurd. Dit gebied bevindt zich aan de linker- en rechterzijde, net voor de belangrijkste inkeping in de hersenen (de centrale inkeping).

Spiergroepen en spieren die zeer fijne bewegingen moeten kunnen uitvoeren, zoals de tong, de stembanden en de vingers, beschikken over een relatief groot gebied in deze motorische hersenschors, terwijl grove spieren die louter belangrijk zijn voor kracht maar niet voor precisie, zoals de been- en rugspieren, slechts aanspraak kunnen maken op een veel kleiner gebied. Hersengebieden in de linker schors sturen onze rechterhelft aan en andersom. Het gevoel in de verschillende gebieden van het lichaam wordt geregistreerd pal achter de centrale inkeping, in de zijkwab en heeft een vrijwel identieke representatie als die van de motoriek. Ook hier zijn de gebieden waarbij een nauwkeurig en fijn gevoel van groot belang is, zoals de tong, lippen, het gelaat en de vingertoppen, veel uitgebreider in de hersenen vertegenwoordigd dan gebieden waar het gevoel minder precies hoeft te zijn, zoals de benen, armen en romp. Net als bij het bewegen is de linkerhelft van onze hersenen verantwoordelijk voor het gevoel aan de rechterkant van ons lichaam en andersom.[4]

Onderzoek bij patiënten bij wie hersendelen moesten worden verwijderd, heeft niet alleen informatie opgeleverd over de hersengebieden die beweging aansturen, maar ook over de plaats van ons geheugen in de hersenen. Zo is men erachter gekomen dat opslaan van nieuwe informatie plaatsvindt in een bijzondere structuur in de hersenen die de hippocampus, het zeepaardje, wordt genoemd (omdat deze kern, met enige fantasie, de vorm van zo'n diertje heeft). De functie van dit hersengebied werd duidelijk toen de hippocampus bij een patiënt moest worden verwijderd omdat het bij hem de oorzaak vormde van epileptische aanvallen. Epilepsie ('vallende ziekte') uit zich in aanvallen van bewustzijnsverlies die voor de patiënt soms gevaarlijk kunnen zijn maar in elk geval ernstig genoeg om hem invalide te kunnen maken. Meestal blijft de oorzaak ervan onduidelijk. In een enkel geval ontstaat epilepsie echter als gevolg van beschadiging in bepaalde hersenstructuren. Bij deze patiënt was een litteken in de hippocampus de oorzaak van zijn epileptische aanvallen. Omdat medicijnen niet hielpen (meestal doen zij dat wel), bleef als enige remedie het beschadigde deel van de hersenen operatief te verwijderen. Na de operatie bleek dat deze patiënt niet meer in staat was nieuwe informatie op te slaan. Hoewel hij zich gebeurtenissen en personen van voor de operatie wist te herinneren en mensen kon herkennen die hij in het verleden had gezien, bleef alles wat na de operatie gebeurde van een maagdelijke nieuwheid: het geheugen bleef leeg. Vanzelfsprekend voor de patiënt

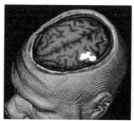 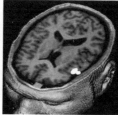 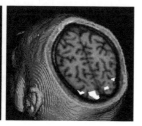

Hersenactiviteit gemeten met behulp van moderne beeldvormende technieken. Van links naar rechts: bewegen rechterhand, spreken, zien.

een rampzalig gevolg, maar wetenschappelijk van groot belang. De resultaten van de operatie hadden namelijk het orgaan blootgelegd dat verantwoordelijk is voor alles wat in het geheugen wordt opgenomen.

Het is niet alleen belangrijk wát u in uw geheugen vastlegt, van even grote betekenis is hóe u deze ervaringen opslaat – dat wil zeggen: met welke emotionele kleuring. Wanneer we een emotionele lading geven aan dingen die we meemaken, dan vindt dat plaats in een structuur die zich, om begrijpelijke redenen, vlak bij de hippocampus bevindt. Zo vlakbij zelfs dat deze structuur ermee vervlochten is. Dit gebied wordt de amandel(kern) genoemd omdat de kern de vorm van een amandel heeft. Ook nu bleek de functie van dit hersengebiedje uit het gedrag van een patiënte wier amandelkern beschadigd was (in dit geval door kalkophopingen vanwege een zeer zeldzame ziekte). Deze patiënte

INLEIDING

werd emotioneel zeer vlak, zodanig dat ze nergens meer bang voor was. Ze slaagde er niet meer in emotionele waarde toe te kennen aan haar ervaringen. Ze kon zich van alles herinneren en ook bleef het voor haar mogelijk nieuwe informatie op te slaan, maar geen van de ervaringen en herinneringen had voor haar nog een gevoelswaarde. Het lijkt misschien prettig om nooit meer angstig te zijn, maar goed voor het overleven is het niet.[5]

Door het bestuderen van mensen wier hersenen beschadigd zijn, was rond 1980 dus al aardig duidelijk geworden dat veranderingen in gedrag en emotie een gevolg zijn van specifieke veranderingen in de hersenen. Toch blijft het een indirecte manier om de functie van bepaalde hersengebieden te ontleden aan de hand van ongelukken, infarcten of operaties. Deze letsels beperken zich namelijk zelden tot het uitvallen van specifieke functiegebieden in de hersenen en ook het resultaat van hersenoperaties is meestal weinig precies. Tot voor kort was dit echter de enige mogelijkheid om uit te maken hoe en waar onze hersenen ons gedrag en emoties aansturen. Totdat minder dan twintig jaar geleden nieuwe apparaten werden uitgevonden waardoor de structuur en functie van de hersenen zichtbaar en meetbaar gemaakt konden worden. Deze technieken hebben een enorme invloed gehad op het hersenonderzoek van de afgelopen jaren, omdat zij de mogelijkheid scheppen de vorm en functie van de hersenen bij de levende mens inzichtelijk te maken. Met deze nieuwe methoden kunnen we de hersenen van gezonde en zieke mensen bestuderen, de mate van erfelijkheid en omgevingsinvloed bepalen op normale en afwijkende hersenontwikkeling en de functie van de hersenen in het algemeen ophelderen. Ten slotte, zoals u in de volgende hoofdstukken kan lezen, heeft dit onderzoek helpen vaststellen dat veranderingen in hersenstructuur en -functie kunnen leiden tot veranderingen in het voelen, denken en doen van mensen zoals u en ik.

'Overspannen thuis'

Over stress

Marianne is door de huisarts naar mij verwezen. Volgens hem heeft ze een depressie en hij wil een behandeladvies. Marianne is tweeënveertig, getrouwd en moeder van drie kinderen. Hoewel stevig gebouwd, is ze nu mager en heeft diepe wallen onder haar ogen die niet gecamoufleerd worden door de make-up, maar verder ziet ze eruit alsof ze net bij de kapper is geweest. Marianne is duidelijk gespannen, hoezeer ze haar best ook doet dat aanvankelijk in het gesprek te verbloemen. Hoewel ze slechts weinig sturing nodig heeft om de draad vast te houden, excuseert ze zich telkens dat ze waarschijnlijk veel te warrig is en dat er wel geen touw aan vast te knopen zal zijn. Ze kijkt geregeld naar haar man, die naast haar zit, met een blik of ze het wel goed doet, en soms vraagt ze hem zelfs: 'Vertel ik het wel goed, vergeet ik niets?' met een uitdrukking in haar ogen van een opgejaagd hert. Die onrust is gedurende het hele gesprek aanwezig en uiteindelijk barst ze in snikken uit. Haar wanhoop is evident. Ze is bang dat het nooit meer overgaat. Ze is een last voor Dirk en de kinderen. Als het zo moet, kan ze er beter niet meer zijn.

Terugkerend van de zomervakantie is het eigenlijk echt begonnen. De vakantie was leuk geweest, in Zuid-Spanje waar ze meestal naar toe gaan, maar aan het eind ervan werd ze gespannen. Ze ging opzien tegen het terugkeren naar huis, waar ze samen met haar man in hun aannemersbedrijf werkt. Marianne doet al enige jaren de administratie van het bedrijf omdat ze, vanwege financiële problemen, een echte bedrijfsadministrateur niet kunnen betalen. Ze vindt dat moeilijk en precies werk en ze is er ook nooit voor opgeleid. Boekhouden heeft ze zichzelf via een avondschool moeten bijbrengen. En de kinderen moeten toch ook verzorgd worden, er moet worden gekookt, en de tweede, van veertien, Roos, heeft het niet zo makkelijk op school, ze is een echte tobber, net als zij. Dirk, haar man, springt ook wel in, maar die heeft het al zo druk met het bedrijf zelf en moet 's avonds nog offertes uitwerken of met de onderaannemers overleggen.

Marianne kreeg steeds meer het gevoel in een spagaat te zitten waar ze niet meer uitkwam, de aandacht verdelen tussen het werk en de kinderen en ook nog haar man steunen. Het was 's morgens vroeg op, de kinderen helpen klaar voor school te zijn, thuis werken in het kantoortje naast hun huis (een omgebouwde garage), boodschappen doen, de derde van school halen, het hield niet op. Ze was dolblij toen eindelijk de bouwvak begon en ze weg op vakantie konden. Ze had zich heilig voorgenomen tijdens de vakantie met Dirk te spreken over hoe ze zich overbelast voelde en dat een administrateur, ook al was het slechts tijdelijk, echt nodig was, anders kon ze het niet meer aan. Maar eenmaal in Spanje, ver weg van alle drukte, heeft ze het maar laten lopen. Dirk heeft het zelf immers ook zo zwaar en werkt keihard en ze wist als de beste dat het financieel eigenlijk niet kon. Terug in Nederland ging het echter langzaam verkeerd. Het begon ermee dat ze slecht sliep, ze werd vroeg wakker, om vijf uur, twee uur eerder dan normaal, met een heel naar gevoel van spanning en druk op haar borst, alsof er een loden last op drukte. 'Ik begon doodmoe aan de dag,' zegt Marianne, 'alles kostte dubbele energie.' Het was of ze zich door de dag slepen moest. Dat gevoel van spanning waar ze mee opstond, was ondraaglijk en dat werd pas een beetje minder aan het begin van de avond. Sterker, als ze 's avonds zo ongeveer naar bed toe kon, voelde Marianne zich bijna normaal, en waren de angst en de spanning uit te houden. Of het door die onrust kwam of niet, Marianne kon zich minder

'OVERSPANNEN THUIS'

goed concentreren, waardoor de administratie haar veel meer tijd ging kosten, zodat ze tijdelijk toch een boekhouder moesten aantrekken. Ze had in toenemende mate het gevoel, de overtuiging bijna, dat het bedrijf failliet zou gaan. En hoe dan verder? Ze besprak haar zorgen met Dirk, die ze niet deelde en vond dat ze schromelijk overdreef. 'Heb je niet gemerkt dat het aantal opdrachten juist weer aantrekt?' had hij gezegd. Het stelde haar niet gerust. Marianne kreeg het idee dat wanneer ze failliet zouden gaan, het haar schuld zou zijn: 'Als ik gewoon had kunnen doorwerken, dan hadden we geen extra kosten hoeven te maken voor een vervanger. En de kinderen verwaarloosde ik ook.' Straks bleef Roos, die toch zo mooi over was gegaan vorig schooljaar, alsnog dit jaar zitten, omdat haar moeder geen tijd voor haar had. Rust om te eten had ze evenmin. Trouwens, het eten smaakte haar toch al niet meer. Toen ze meer dan zeven kilo was afgevallen, begon Dirk zich zorgen te maken of ze geen kanker had of zo. Ze zag er zo dun en slecht uit. En zo kwam Marianne bij de huisarts terecht, met de vraag of ze een lichamelijke ziekte had. Die had ze. We noemen het een depressie.

De huisarts stelde voor haar antidepressieve medicijnen te geven en nadat hij haar gerust had gesteld dat die niet verslavend zijn, ging Marianne daarmee akkoord. 'Dit is tenslotte ook geen leven,' bekende ze hem. De huisarts schreef haar een van de moderne antidepressiva voor, omdat die minder gevaarlijk zijn bij overdosering dan de oudere middelen. Geheel volgens het boekje namen de klachten na een aantal weken geleidelijk af. Eerst ging Marianne beter slapen, ze werd 's morgens minder vroeg wakker en dat drukkende gevoel op haar borst werd ook lichter. Haar onrust verminderde eveneens, dat merkte ze niet eens zozeer zelf, maar Dirk wel. En warempel, na drie weken voelde ze ook zelf dat het beter met haar ging, ze kreeg weer zin om te eten, ze voelde zich rustiger vanbinnen en '...op een avond merkte ik dat ik aan het neuriën was. Dat had ik al heel lang niet meer gedaan.' Zo ging het allengs vooruit. De zorgen die torenhoog leken, smolten vanzelf weg en inderdaad, het bedrijf ging beter dan ze gedacht had. Dirk had

25

gelijk, blijkbaar trok de markt aan. Het ging zo goed dat ze na een half-jaar besloot met de medicijnen te stoppen, ze was immers weer helemaal de oude. Eigenlijk beter dan de oude, want ze was altijd al een wat gespannen en gestrest type geweest, en nu was ze voor het eerst ook vanbinnen rustig en minder kwetsbaar voor spanningen van allerlei aard. Ze voelde zich ook wat zekerder en de druk die ze ervaren had om het werk op de zaak te doen, scheen opgelost, verdwenen. 'Het leek wel alsof het leven iets lichter was geworden. Zo voelde het aan,' probeert Marianne uit te leggen. Kortom, Marianne besloot te stoppen met de medicijnen en aangezien het slechts één pil per dag was die ze nam, dacht ze dat dit ook makkelijk zou kunnen. Maar zo makkelijk was het niet. Binnen enkele maanden kwamen de klachten terug en geleidelijk begon de ellende weer van voren af aan: het vroeg wakker worden, de loden last, het piekeren, schuldgevoelens, moeite met concentreren en de somberheid. Behalve dat Marianne zich nu nog wanhopiger voelde dan voorheen, omdat de klachten weer terug waren en ze zich juist zo goed had gevoeld. Ze begreep dat ze terug moest naar de huisarts en die stuurde haar door naar mij.

Marianne heeft inderdaad een depressie gehad, is te vroeg opgehouden met de medicijnen en de depressie is teruggekomen. Zo gaat het vaak, want patiënten, en soms huisartsen (en heel soms psychiaters) beseffen niet dat depressie in de helft van de gevallen een ziekte is die recidiveert, die niet eenmalig is. Hoe vaker iemand een depressie heeft gehad, des te groter de kans dat een depressie ooit terugkomt. Vaak wordt vergeten te vragen of dit de eerste depressie is die de patiënt heeft of dat er ook eerdere periodes van depressie zijn geweest. Meestal ontstaat de eerste depressies namelijk tussen het twintigste en dertigste levensjaar. Ik verwacht dus dat deze depressie bij Marianne niet de eerste zal zijn geweest.

Dat blijkt te kloppen. Wanneer ik aan Marianne vraag of ze ooit eerder zulke verschijnselen heeft gehad, ontkent ze dat in eerste instantie. Maar daar hecht ik niet zo veel geloof aan, want ik heb zo vaak gezien dat patiënten de lichtere depressies vergeten zijn, of beschouwen als (korte) periodes van overspannenheid. En inderdaad, na enig doorvragen blijkt dit ook bij Marianne het geval, want toen haar verloofde het uitmaakte kort voor het geplande huwelijk, 'ben ik een week of zes overspannen thuis geweest'. Wat ze met overspannen bedoelt, blijkt echter (zoals vaak het geval is) een echte depressie te zijn geweest, want ook toen heeft Marianne alle verschijnselen van een depressie gehad. En na de bevalling van haar tweede dochter, Roos, die zo'n huilbaby was, ook. De depressie waar ik Marianne nu voor zie, is dus niet de tweede, maar de vierde episode.

Ik besluit Marianne hetzelfde antidepressivum te geven dat ze van de huisarts gekregen had, het had immers goed geholpen. Inderdaad, na enkele weken is de depressie aan het oplossen net als de vorige keer en na drie maanden behandeling voelt Marianne zich bijna weer de oude. Toch moet Marianne ten minste een aantal jaren doorgaan met het antidepressivum te blijven gebruiken, anders is de kans op een terugval te groot. Daarnaast adviseer ik haar in psychotherapie te gaan. In de verschillende gesprekken die ik na het eerste diagnostische contact met Marianne heb gehad, blijkt namelijk dat ze een type is dat zich erg snel verantwoordelijk voelt voor alles om haar heen en snel zaken naar zich toe trekt. Zolang ze zich kan herinneren, is ze nogal onzeker geweest, heeft altijd het gevoel gehad dat het beter kon, dat ze het niet helemaal goed deed. Perfectionistisch noemt ze dat. Net als haar vader, die was ook zo'n precies type, en een tobber was hij ook. Daarnaast is Marianne vaak erg van slag wanneer een ander onaardig tegen haar doet, daar kan ze nog dagenlang over inzitten. Piekeren doet ze trouwens vaak, het leven is voor haar zeker geen lust. Ze ziet snel tegen iets op, wanneer ze een spreekbeurt op school moest houden bijvoorbeeld, maar later ook toen ze met Dirk soms bij de opdrachtgevers langs moest. Dat vond ze eng. Verandering is ook niets voor haar. Marianne heeft de persoonskenmerken van iemand die een duidelijk grotere kans heeft om een depressie te ontwikkelen op stress, zeker wanneer het een afwijzing betreft, zoals de eerste keer bij het verbreken van de verloving, maar ook bij een meer algemene overbelasting.[1]

DEPRESSIE

Op dit ogenblik, terwijl u deze zin leest, lijden bijna vijfhonderdduizend mensen in Nederland aan een depressie. In de afgelopen twaalf maanden waren dat er een miljoen. Een op de vijf landgenoten zal tijdens zijn leven een depressie doormaken. Bijna ongelofelijke aantallen, maar Nederlanders zijn niet depressiever dan de rest van de wereldbevolking. Depressies komen overal op de wereld ongeveer in gelijke mate voor. Wereldwijd betreft het dus talloos veel miljoenen. Natuurlijk zijn het niet allemaal heel ernstige depressies en de meeste duren relatief kort, enkele maanden. Aan de andere kant, twintig procent van de depressies gaat niet over en blijft jarenlang bestaan. Al met al zijn de kosten in menselijk leed en materiële schade die door depressies worden veroorzaakt enorm. Volgens de Wereldgezondheidsorganisatie zullen depressies, op hart- en vaatziekten na, in het volgende decennium het grootste probleem van de volksgezondheid en de belangrijkste oorzaak van arbeidsverzuim vormen.

Depressies bestaan waarschijnlijk net zo lang als de mensheid zelf, hoewel we dat nooit zeker zullen weten. Beschrijvingen van mensen met verschijnselen die we nu depressief noemen, bestaan in elk geval vanaf de oudheid. Zo weet de Griekse arts Hippocrates melancholie, zoals depressie toen werd genoemd, aan een te grote hoeveelheid zwarte gal (melancholie betekent ook letterlijk zwarte gal). Toch heeft depressie relatief weinig aandacht gekregen van de medische wereld, waarschijnlijk omdat de meeste depressieve mensen de omgeving niet erg tot last zijn. Daarnaast vragen depressieve patiënten zelf niet vaak om hulp; eerder trekken zij zich terug en lijden in eenzaamheid. Ze lijden echter wel zo erg dat een op de zeven zich het leven beneemt.

De eerste persoon die depressieve verschijnselen uitgebreid beschreven heeft, is de Engelse geestelijke Robert Burton. Burton leefde van 1577 tot 1640 en werkte het grootste deel van zijn leven als bibliothecaris van Christ Church College in Oxford, waar hij zelf gestudeerd had. Tevens was hij als dominee verbonden aan de St. Thomas Church, ook in Oxford. Zijn boek uit 1621, *The Anatomy of Melancholy*, geschreven onder een pseudoniem, was eigenlijk geen medische verhandeling maar een filosofisch geschrift dat in de latere drukken meer over de relatie lichaam en geest ging dan over depressie op zich. Wat dat betreft is het werk van de Nederlander Hermanus Boerhaave van groter nut en misschien zelfs wel van meer invloed geweest voor het concept van depressie.

Boerhaave (1668-1738) was een van de belangrijkste artsen uit zijn tijd. In Leiden bekleedde hij tegelijkertijd drie leerstoelen, die in de geneeskunde, botanie en scheikunde. In heel Europa was hij bekend als begaafd didacticus, kundig arts en wetenschapper. Hij hield zich bezig met geneeskunde in brede zin en tekende vele ziekten op, waaronder melancholie. Op zich is de wijze waarop hij depressie beschreef niet zo bijzonder en evenmin is deze accuraat aangezien hij een groot aantal verschijnselen onder de depressie rangschikte die wij nu onder een andere noemer zouden brengen. Toch was zijn kijk op depressie uiterst modern. In hoge mate beïnvloed door de schepping van de microscoop door zijn landgenoten Antonie van Leeuwenhoek en Jan Swammerdam, was hij van mening dat men de kleinste delen in het lichaam moest bestuderen om uit te zoeken hoe het functioneerde. Even vooruitstrevend was zijn veronderstelling dat het lichaam als een geheel functioneert en dat de balans tussen de verschillende onderdelen essentieel is voor de gezondheid. Dit principe blijkt driehonderd jaar later zeer van toepassing op depressies, waar de verstoorde relatie tussen onze hersenen en de rest van het lichaam waarschijnlijk de oorzaak van deze ziekte vormt.

Pas aan het eind van de negentiende eeuw werden depressies enigszins serieus genomen door de medische wetenschap. Aanvankelijk werden ze met analytische psychotherapie door Freud en zijn volgelingen behandeld. Dit gold met name de minder ernstige depressies, toen ook wel 'neurotische' depressies genoemd. Patiënten met zwaardere vormen werden opgenomen in het snel groeiend aantal psychiatrische klinieken, waar rust en regelmaat de belangrijkste delen van de behandeling uitmaakten. Voor grote groepen patiënten leverde dit echter onvoldoende resultaat op. Pas met de introductie van elektroshock in de jaren dertig van de twintigste eeuw werd het mogelijk de meest ernstige vormen van depressie effectief te behandelen, ook al is men tot op de dag van vandaag er niet achter gekomen hoe elektroshock werkt.[2]

Toen in het midden van de vorige eeuw bij toeval twee soorten medicijnen werden ontdekt die zeer effectief bleken bij de behandeling van depressies, nam de interesse voor de rol van de hersenen bij depressies pas echt een vlucht. Beide types medicijnen oefenen hun werk op dezelfde manier uit, zij het via iets verschillende mechanismen, namelijk door de hoeveelheid van bepaalde moleculen, serotonine en noradrenaline genaamd, in de hersenen te verhogen. Deze ontdekking stimuleerde onderzoek naar de rol van deze stoffen bij (het ontstaan van) depressies. Men veronderstelde dat depressie, aangezien antidepressieve medicijnen de beschikbaarheid van deze moleculen in de hersenen verhogen, een gevolg zou zijn van een te geringe aanwezigheid van deze stoffen in de hersenen van depressieve patiënten.[3] Hoewel dit inderdaad een rol lijkt te spelen bij depressies, is deze waarschijnlijk indirect. Een veel belangrijker functie lijkt weggelegd voor het systeem dat bepaalt hoe we met stress omgaan.

Het was Hippocrates al 400 v.Chr. opgevallen dat depressies vaak werden voorafgegaan door stressvolle gebeurtenissen. Hij beschreef hoe mensen met melancholie vaak kort voor het optreden van de depressie stressvolle gebeurtenissen hadden meegemaakt, zoals het verlies van partner of kinderen, lichamelijke ziektes en uitputting. Deze waarneming van Hippocrates is inmiddels, gebruikmakend van moderne wetenschappelijke en statistische methodes, bevestigd.

Een van de grootste studies naar de invloed van stress op het ontstaan van depressies is die van de Amerikaan Kenneth Kendler. In 1995 onderzocht hij de effecten van stressvolle gebeurtenissen bij 1030 éénen twee-eiige tweelingen. Door tweelingen te bestuderen konden, naast de effecten van stress ook die van erfelijke invloeden in kaart worden gebracht. Bij deze gemiddeld dertig jaar oude tweelingen werd uitvoerig nagegaan of er sprake was van depressieve verschijnselen en of een belangrijke (negatieve) gebeurtenis in de periode voorafgaande aan het interview had plaatsgevonden. Na een jaar werd de gehele procedure herhaald. Terugkijkend over die periode van dat jaar bleek twaalf procent van de 2060 mensen een depressie doorgemaakt te hebben, wat ongeveer overeenkomt met de getallen uit grote bevolkingsonderzoeken (namelijk tussen de tien en vijftien procent per jaar). Daarnaast bleek dat stressvolle gebeurtenissen het risico op het ontstaan van een depressie aanzienlijk deden toenemen. Hierbij tekende zich een hiërarchie in de stress af. De gebeurtenis die het risico op het ontstaan van een depressie het meest verhoogde, was, niet onbegrijpelijk, de dood van een naast familielid, onmiddellijk gevolgd door aanranding. De derde in de rij was echtscheiding en/of huwelijksproblemen, op enige afstand gevolgd door het verlies van een baan. Zo verhoogde de dood van een geliefde de kans op het ontstaan van een depressie zestien keer, aanranding vijftienmaal en huwelijksproblemen leidden tot een twaalf keer vergrote kans om een depressie te krijgen. In alle gevallen waren dergelijke voorvallen of problemen ontstaan vlak voor het begin van de depressie, meestal in de maand eraan voorafgaand.

Een duizenden jaren oud vermoeden was nu wetenschappelijk aangetoond: ernstige stress leidt tot depressies. Hoe komt dat?

VAN STRESS TOT DEPRESSIE

Het stresssysteem

Stress is een niet gemakkelijk te definiëren begrip. Net als pijn is het moeilijk precies te omschrijven, maar we weten wel wat het inhoudt, hoe het voelt. In wetenschappelijke kringen wordt onder stress verstaan: een gebeurtenis die ertoe leidt dat een systeem uit balans wordt gebracht, zodat het natuurlijk aanwezige evenwicht wordt verstoord. We kennen stress op materialen net zo goed als we het bij levende wezens kunnen zien. Stress kan acuut optreden maar ook lang aanhouden. De korte hevige stress die de vliegende tennisbal op het glas veroorzaakt waardoor het barst, is even destructief als de chronische stress op het staal die uiteindelijk de brug doet instorten. Beide vormen van stress zijn even gevaarlijk, maar de tweede vorm is verraderlijker, omdat die zich geleidelijk en daardoor onopvallend voltrekt. Bij mens en dier is het niet anders. Acute stress kan leiden tot verstoringen in ons evenwicht met consequenties voor ons functioneren en welbevinden. Meestal bent u zich er echter van bewust dat er sprake was van stress en daardoor bent u voorbereid op de mogelijke (nadelige) gevolgen. Langdurige, sluipende stress merkt u vaak niet op. De chronische stress van overbelasting op het werk in combinatie met het draaiend houden van een huishouden, zoals bij Marianne het geval was, cumuleert zo geleidelijk dat de stresstoename heimelijk blijft. Totdat, net als bij de brug, het staal knapt.

Stress komt veel, voortdurend zelfs, voor. Stress, of we het leuk vinden of niet, is niet te vermijden. Het hoort bij het leven als dag en nacht. Vandaar dat ons lichaam over een krachtig en tegelijkertijd subtiel regulatiemechanisme beschikt om met stress om te gaan. Het is een ingewikkeld systeem maar in zijn complexiteit effectief. Dit systeem heeft één enkel doel: zo snel mogelijk het bestaande evenwicht, ook wel homeostase genoemd, te herstellen. De mens is natuurlijk niet het enige wezen ter wereld dat stress kent. Integendeel. Stress is een zo basaal gegeven, aantasting van het bestaansevenwicht een zo vanzelfsprekend onderdeel van het leven, dat het bij de kleinste schepsels op aarde wordt gezien. Juist omdat verstoring van de natuurlijke balans een zo algemeen voorkomende gebeurtenis is, verschilt de stressreactie bij de mens nauwelijks van die van onze evolutionaire voorgangers. Dat komt goed uit, want zo kunnen we de stressreactie van dieren, zoals ratten, muizen en apen bestuderen om op die manier veel te weten te komen over het menselijke stresssysteem.

In ons lichaam bevinden zich twee parallel functionerende systemen om het evenwicht in de basale functies, zoals hartslag, bloeddruk, ademhaling, doorbloeding van de spieren en dergelijke, te waarborgen. Deze worden het sympathische en het parasympathische zenuwstelsel genoemd. Het eerste komt in actie bij acute verandering van dit evenwicht, het tweede wanneer de rust is weergekeerd. Bij acute lichamelijke stress zoals bij een ernstige wond, maar ook bij plotseling dreigend gevaar, zoals een ontmoeting met een tijger in het oerwoud, of een mes op je keel geduwd krijgen bij de pinautomaat van de bank, komt dit sympathische deel razendsnel in actie.

Activatie van het sympathische zenuwstelsel leidt tot onmiddellijke stimulatie van de bijnieren, kleine orgaantjes beiderzijds boven de nieren gelegen, die als gevolg van deze prikkeling de stresshormonen noradrenaline en adrenaline in het bloed afscheiden. Deze twee stoffen zorgen ervoor dat onze bloeddruk stijgt, dat onze spieren van extra bloed worden voorzien[4], de ademhaling oppervlakkiger wordt en versnelt. Kortom, het lichaam wordt binnen enkele seconden gereed gemaakt om te vechten of te vluchten. Voordat u er erg in heeft, is uw lichaam optimaal toegerust om in deze extreme omstandigheid te overleven.

Deze bliksemsnelle reactie van het lichaam is voldoende als de stress van zeer korte duur is, zoals de tennisbal die het glas doet barsten. Blijft de stress aanhouden, vergelijkbaar met de voortdurende overbelasting die het staal van de brug doet knappen, dan moet een ander systeem in actie komen. Het betreft hier een hormoonsysteem dat effect heeft op vrijwel al onze organen, niet het minst op onze hersenen zelf. Dit tragere, hormonale stresssysteem wordt in gang gezet in de hersenen door het centrale stresshormoon (CRH, het Corticotropin Releasing Hormone). Dit hormoon wordt geproduceerd in het gebied waar ook veel andere hormonen in de hersenen worden gemaakt, de hypothalamus. Dit gebied bevindt zich midden onder in de hersenen en hoort tot de in aanleg oudste gedeelten van het brein. Dat het centrale stresshormoon de stressreactie in gang zet, is op twee manieren

overtuigend aangetoond. In de eerste plaats blijkt dat wanneer dit hormoon bij muizen en ratten wordt ingespoten, ze zich zeer gespannen en angstig gaan gedragen. Omgekeerd, wanneer de werking van het centrale stresshormoon wordt geblokkeerd (bij apen in dit geval), raken ze ontspannen, zozeer zelfs dat u het zou moeten zien om het te geloven: De essentiële functie van het centrale stresshormoon bij de reactie op stress is bevestigd in een studie uitgevoerd op het Amerikaanse National Institute of Mental Health (NIMH), waar ze over een groot aantal apen beschikken voor het doen van onderzoek. Hierbij werd een nieuw ontwikkelde stof, antalarmin (tegen alarm, dus), aan enkele apen toegediend tijdens stressvolle situaties. Antalarmin is een stof die de werking van het centrale stresshormoon tegengaat, zodat het zijn effect in de hersenen niet kan uitoefenen. Om stress bij apen uit te lokken wordt vaak een normaal in de natuur voorkomende omstandigheid nagebootst: de confrontatie met een andere (mannelijke) aap. In die opzet worden twee apen die elkaar niet kennen in twee naastliggende kooien geplaatst die door plexiglas gescheiden zijn. Dit leidt tot hevige reacties bij beide dieren. Ze gaan grimassen, tandenknarsen, trillen, urineren en poepen. Daarnaast worden ze agressief, slaan op het plexiglas en rammelen aan de kooi. Alle stresshormonen, waaronder het centrale stresshormoon, stijgen dramatisch. In een dergelijke proefopstelling leidde toediening van antalarmin tot een uitgesproken vermindering van de stressreactie. Sterker, de apen die antalarmin toegediend hadden gekregen, voelden zich zo op hun gemak dat ze gingen masturberen, een daad die apen gewoonlijk verrichten wanneer ze zich (begrijpelijkerwijs) veilig en op hun gemak voelen.[5]
Kortom, toediening van het centrale stresshormoon leidt tot angst en gespannenheid bij ratten en muizen, terwijl apen waarbij de werking van deze stof wordt geblokkeerd, stress noch angst kennen. Maar dit hormoon heeft niet alleen effecten op het gedrag. Het zet de hele stressketen in gang door de afgifte van een tweede hormoon te stimuleren, het ACTH (adrenocorticotroop-hormoon). Deze stof

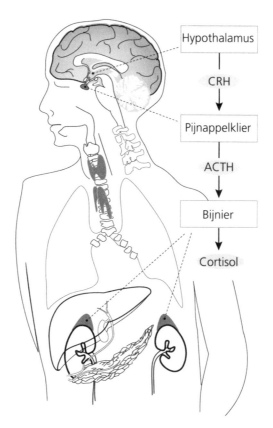

Het hormonale stresssysteem

wordt in een klein kliertje gemaakt dat onder aan de hersenen aan een dun steeltje bungelt en zich zelfs, strikt genomen, buiten de hersenen bevindt. Het kliertje, de pijnappelklier (hypofyse) genoemd en niet groter dan een boontje, staat in direct contact met de bloedstroom, zodat het de hormonen direct in het bloed kan afscheiden. Via de bloedstroom bereikt ACTH de bijnieren. Daar aangekomen, wekt het de afgifte op van het uiteindelijke stresshormoon, cortisol, zodat de hoeveelheid ervan in het bloed met een factor honderd toeneemt.

Cortisol is het hormoon dat u in staat stelt langere tijd met stress om te gaan. Waar adrenaline en noradrenaline de snelle stresshormonen zijn (hun hoeveelheid in het bloed stijgt binnen enkele seconden) met een korte actieduur, is cortisol het trage stresshormoon dat pas na enkele minuten tot uren zijn maximale toename in het bloed kent maar ook een veel langduriger effect heeft. Terwijl adrenaline en noradrenaline binnen enkele seconden zorgen voor een snellere hartslag en ademhaling, draagt cortisol ertoe bij dat u genoeg suiker in de spieren krijgt om langdurig te kunnen (blijven) rennen. Daarnaast onderdrukt cortisol het immuunapparaat, zodat u niet te gronde gaat aan reacties van uw lichaam op ontsteking (als gevolg van een wond bijvoorbeeld). Dit alles om beter te kunnen overleven in een situatie van levensgevaar die langer dan enkele seconden duurt.

En toch is het essentieel dat dit stresssysteem niet te lang actief blijft, omdat het dan schade in plaats van voordeel oplevert. Langdurige verhoging van cortisol leidt namelijk tot afbraak van spierweefsel, tot suikerziekte, tot fatale infecties en, relevant voor depressies, tot schade in de hersenen.

RATTEN- EN MUIZENSTRESS

Er bestaan veel mogelijkheden om ratten te stressen, want deze dieren zijn nogal snel uit hun evenwicht te brengen. Zo houden ratten niet van daglicht, raken ze uit hun doen van open, niet beschutte ruimtes, hebben ze een hekel aan nieuwigheid (een nieuwe kooi bijvoorbeeld), en krijgen het te kwaad wanneer ze even opgepakt worden. Een speciaal voor ratten ontworpen test is de zwemtest. Hierbij worden ratten in een cilinder met water geplaatst van ongeveer twintig centimeter hoog en met een gelijke doorsnede (ratten gebruikt voor onderzoek zijn aanzienlijk kleiner dan straat- of rioolratten, slechts tien centimeter lang, inclusief staart). Ze kunnen er niet uit klimmen, daarvoor is het waterniveau te laag. Wanneer ratten in een dergelijke situatie worden gebracht, stijgt het centrale stresshormoon in hun hersenen aanzienlijk.

Wanneer muizen (die net zulke angstige dieren zijn als ratten) in een doos worden geplaatst met een licht en een donker deel, zullen ze zo veel mogelijk tijd in het donkere deel doorbrengen.[6] Zo verblijven muizen ook, wanneer ze de keus hebben tussen een beschut en een open deel, bij voorkeur in het beschutte deel. Hoe meer de muizen (voor ratten geldt hetzelfde) zich op hun gemak voelen, des te vaker zullen ze het open of lichte deel opzoeken en andersom. Door de tijd te meten dat de dieren zich in de open of lichte ruimtes bevinden, is een maat te verkrijgen voor de grootte van hun angstgevoelens. Muizen waarbij het hormonale stresssysteem genetisch is uitgeschakeld, blijken veel vaker de verlichte en open ruimtes op te zoeken dan hun genetisch normale soortgenoten. De muizen zonder een hormonaal stresssysteem zijn dus minder gespannen en angstig dan muizen waarbij dit systeem normaal functioneert. Omgekeerd zijn er via genetische manipulatie muizen gekweekt waarbij het stresssysteem juist overactief is. Deze muizen tonen precies het tegenovergestelde gedrag: zij vermijden nieuwe situaties en zoeken de donkere, beschutte delen op. Anders gezegd, dit zijn extra angstige, gestreste muizen.

De invloed van stress op de hersenen
Eeuwenlang ging men ervan uit dat onze hersenen een statisch orgaan zijn. Eenmaal aangelegd, was de ontwikkeling ervan omstreeks de geboorte voltooid, of op z'n laatst toch wel na de puberteit. Anders dan bij spieren, lever, of nieren zouden in de hersenen geen celdelingen meer optreden. Uit deze veronderstelling vloeiden twee gevolgtrekkingen voort. In de eerste plaats ging men ervan uit dat de hersenen niet onder invloed zouden staan van de omgeving, zeker niet in de volwassenheid (wanneer hersencellen zich niet meer delen, kan er immers niets meer veranderen). Ten tweede nam men aan dat eenmaal beschadigde hersenen zich niet konden herstellen. Beide stellingen zijn niet juist gebleken.

De hersenen zijn wel degelijk flexibel, misschien niet net zo rekbaar als een spier, maar toch veel meer in beweging dan tot voor kort voor mogelijk werd gehouden. Ook in de hersenen vinden voortdurend cel-

ONZE HERSENEN

delingen plaats, worden dus aan de lopende band nieuwe zenuwcellen gevormd. Dit is aangetoond in veel gewervelde diersoorten, zoals zangvogels, ratten, muizen, apen en ook bij de mens. Bij de aap vindt de aanmaak van nieuwe cellen voornamelijk in twee hersengebieden plaats: aan de oever van de met vloeistof gevulde ruimtes in de hersenen[7], en in één grote hersenkern die beiderzijds van het midden als een soort grote omgekeerde komma in de hersenen ligt, de hippocampus genoemd.

De baanbrekende bevinding dat hersencellen zich (ook) bij de volwassen mens blijven delen, was gebaseerd op een eenvoudig doch geniaal idee. Er was al langer een stof bekend die zich bindt aan DNA[8] op het moment dat het zich deelt. Vanaf dat ogenblik blijft deze stof aan dat stukje DNA vastzitten, zodat het maanden na die eerste deling nog zichtbaar is in de cellen. De stof kan op ieder moment in het bloed worden ingespoten en zal zich onmiddellijk binden aan het DNA in de cellen die zich op dat moment aan het delen zijn. Ook in hersencellen, mochten die zich op dat ogenblik delen. Wanneer het dier of de mens overleden is, kunnen de hersenen onder de microscoop bekeken worden en kan men concluderen dat wanneer het molecuul zich in een cel bevindt, deze cel zich ooit gedeeld heeft ten tijde van de inspuiting met deze stof (ook al was die injectie weken of maanden daarvoor).

In het universiteitsziekenhuis in Gotenburg in Zweden was aan vijf patiënten met kanker om diagnostische redenen (niet met dit onderzoek te maken hebbend) deze stof ingespoten. Na enige tijd overleden deze patiënten echter aan hun ziekte. Zij hadden toestemming gegeven dat na hun overlijden hun hersenen bestudeerd mochten worden. Verschillende delen van de hersenen werden onderzocht op aanwezigheid van delende cellen. Ze werden in de hippocampus gevonden. Aangezien het hier mensen betrof op een leeftijd ver na de groeifase van hersenen, maakte dit onderzoek niet alleen duidelijk dat hersencellen zich delen, maar ook dat ze dit (blijven) doen in volwassenheid.

Het grensverleggende onderzoek uit Gotenburg heeft aangetoond dat onze hersenen wel degelijk kunnen groeien, dat het brein niet onver-

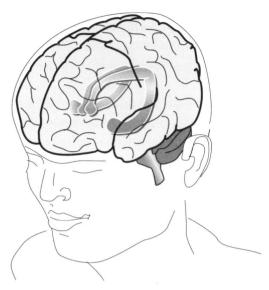

Driedimensionale representatie van de hippocampus

anderlijk en uitgerijpt is. Met de kanttekening dat deze veranderlijkheid van de hersenen beperkt is tot één onderdeel ervan: de hippocampus. Waarom alleen celdeling in deze hersenkern plaatsvindt, is nog steeds niet helemaal duidelijk. Een van de verklaringen is dat de celdelingen in de hippocampus nodig zijn voor het opslaan van nieuwe informatie, een van de functies waar de hippocampus verantwoordelijk voor is (meer hierover in het volgende hoofdstuk). Het opslaan van informatie is echter niet de enige functie van deze hersenkern. Een waarschijnlijk even belangrijke rol is nog maar kort geleden ontdekt. En die is net zo relevant voor ons overleven als het geheugen. De hippocampus heeft namelijk ook tot taak de hormonale stressreactie in het brein tot staan te brengen.

De hippocampus zorgt ervoor dat het evenwicht tussen stress en rust zich weer herstelt, zodat u gereed bent voor de volgende 'uitdaging', voor de volgende aanslag op uw evenwicht.[9] Dit deel van de hersenen is er verantwoordelijk voor dat stress u niet overweldigt, dat de stressreactie binnen de perken blijft. De hippocampus doet dit door de afgifte van het centrale stresshormoon te remmen. De natuur heeft er op een originele, maar ook iets satanische wijze voor gezorgd dat de hippocampus deze taak met de nodige toewijding zal oppakken. Slaagt de hippocampus er namelijk niet in de hormonale stressreactie in te dammen, dan lijdt dit orgaan er direct zelf onder. Wanneer de stresshormonen langdurig in de hersenen aanwezig zijn, beschadigen ze de hippocampus, waardoor deze beroofd wordt van zijn unieke eigenschap: de vorming van nieuwe cellen. De boosdoener is het stresshormoon cortisol dat de celdelingen in de hippocampus remt. En dat doet het al zeer vroeg in de ontwikkeling, voor de geboorte zelfs.

Wanneer zwangere ratten in een stressvolle situatie worden gebracht, zoals drie keer per dag drie kwartier vastgebonden worden, zijn de gevolgen jaren later nog evident. Niet voor de moeders, maar voor hun *kinderen*. Het blijkt namelijk dat het aantal zenuwcellen in de hippocampus van deze pups de helft is van normaal en dat deze vermindering levenslang aanwezig blijft. Waarschijnlijk is dit een gevolg van de stijging van cortisol bij de moeder dat via de placenta bij haar baby's terechtkomt, en dat daar de celdelingen in de hippocampus remt.

Stress bij de zwangere (ratten)moeder leidt dus tot levenslange hersenbeschadigingen bij haar borelingen.[10] Een soortgelijke beschadiging van de hippocampus wordt bij babyratten gezien wanneer die, nog maar enkele dagen oud, zélf in een stressvolle situatie worden gebracht:

> In deze studie, uitgevoerd door onderzoekers van Princeton University, werden rattenpups de dag na hun geboorte veertien dagen lang (het equivalent van jaren bij de mens) iedere dag voor korte (vijftien minuten), of lange (drie uur) duur gescheiden van hun zogende moeder. Na afloop van deze veertien dagen bleven de pups verder voortdurend bij hun moeder. Als controle werden andere pups gebruikt die twee weken lang onafgebroken bij hun moeder verbleven. Tussen de zestig en zeventig dagen na de geboorte (wanneer ratten volwassen zijn) werden alle, inmiddels volwassen dieren ingespoten met een stof die delende her-

sencellen aankleurt. Korte tijd later werden de hersenen van deze ratten onderzocht. De ratten die als pups drie uur per dag bij hun moeder waren weggehaald, hadden duidelijk minder nieuwe zenuwcellen in de hippocampus dan de ratten die als pups een kwartier of in het geheel niet bij hun moeders waren weggenomen.

In een studie verricht door een andere groep onderzoekers (van Emory University in Atlanta, Georgia) werd precies dezelfde opzet gebruikt, maar nu werd naar het gedrag van de ratten gekeken toen ze eenmaal volwassen waren. De ratten die als pups veertien dagen lang drie uur per dag bij de moeder waren weggehaald, bleken als volwassen dieren veel gevoeliger voor stress te zijn dan de dieren die als pups bij hun moeder waren gebleven of die slechts korte tijd zonder hun moeders hadden moeten doorbrengen. Niet alleen waren deze ratten angstiger en onrustiger dan hun soortgenoten die als kind wel bij hun moeder hadden kunnen blijven. Wanneer ze werden blootgesteld aan stress, stegen hun stresshormonen veel sterker dan bij de ratten die tijdens hun jeugd niet aan stress waren onderworpen.

MOEDERLIEFDE EN STRESSBESTENDIGHEID
Een liefdevolle opvoeding leidt tot een grotere bestendigheid tegen stress, zo toonden professor Michael Meany en zijn medeonderzoekers van McGill University uit Montreal bij ratten aan. Ook tussen rattenmoeders bestaan verschillen in de mate van liefde en aandacht die ze aan hun kroost geven. Ratten die in hun babytijd zijn opgevoed door een verzorgende moeder, vertonen, wanneer ze eenmaal volwassen zijn, een veel geringere stijging van hun stresshormonen dan volwassen ratten die door een minder liefdevolle moeder zijn grootgebracht. Sterker, hoe meer de ratten in de eerste tien dagen van hun leven door hun moeder worden vertroeteld (gelikt en verzorgd), des te geringer hun stressreactie op volwassen leeftijd. Inderdaad blijkt de hoeveelheid stresshormoon in de hersenen bij de ratten die veel moederliefde hebben gekregen kleiner te zijn dan bij hun soortgenoten die deze liefde hebben moeten ontberen. Hoeveel liefde een

> rat in de jeugd ontvangen heeft, bepaalt dus voor de rest van zijn leven hoe goed hij met stress zal kunnen omgaan. Of dit voor mensen net zo geldt? We weten het niet. Vindt u ook dat we de gok maar beter niet kunnen nemen?

Het remmende effect van stress op de aanmaak van nieuwe cellen in de hippocampus treedt dus al vanaf de eerste levensdagen op. En de schade blijft aanwezig lang nadat de stress geweken is. Niet alleen is de hippocampus van ratten die in hun eerste levensdagen aan (sterke) stress zijn blootgesteld afwijkend, ook hun stressreactie is, nog maanden na het doormaken van de stress zelf, overmatig sterk. Kortom, stress in de eerste levensweken van de rat heeft dramatische en levenslange gevolgen voor de hippocampus en dus voor de stressgevoeligheid van deze dieren.

Maar, zult u zeggen, misschien is het effect van stress op de vorming van nieuwe cellen minder uitgesproken wanneer ratten volwassen zijn, wanneer hun hersenen minder sterk groeien. Dan is de hippocampus wellicht niet zo gevoelig voor de invloed van stress. Dat valt tegen. Ook bij volwassen dieren belemmert stress de nieuwvorming van zenuwcellen in de hippocampus.

De prairiewoelmuis is een sociaal diertje dat zich het liefst onder soortgenoten bevindt. Het beestje vindt het buitengewoon onaangenaam om alleen te zijn. In een experiment uitgevoerd op Florida University werden volwassen vrouwelijke woelmuisjes in drie groepen verdeeld: muizen die elk werden gehuisvest bij een vreemde mannelijke woelmuis, een groep die ieder bij een onbekende vrouwelijke soortgenoot inwoonde, en de derde groep die de gehele tijd in eenzaamheid doorbracht. Tijdens deze periode werden de muizen geïnjecteerd met een stof om (later) de delende cellen in de hersenen te kunnen zien. Nadat ze drie weken op deze wijze hadden geleefd, werden hun hersenen onderzocht op de aanwezigheid van delende cellen. De muizen die weken in eenzaamheid hadden moeten doorbrengen, vertoonden veel minder nieuwe celgroei dan de muizen die bij hun soortgenoten hadden mogen blijven. Blijkbaar, zo concludeerden de onderzoekers, leidt de stress van eenzaamheid bij dit soort sociale dieren tot verminderde celgroei in de hippocampus.

In een studie waarvan de opzet erg lijkt op die bij de woelmuizen, werd het effect van stress bij apen onderzocht door Elizabeth Gould van Princeton University. In deze studie werd een volwassen mannelijke aap in de kooi gezet waar zich reeds een andere mannelijke aap bevond die dat, in tegenstelling tot de woelmuis, allesbehalve gezellig vindt. Vrijwel altijd breekt een gevecht uit waarbij meestal de aap wint wiens kooi het is. De verliezende aap gaat zich onderdanig gedragen: hij probeert zich zo min mogelijk te verroeren (iedere beweging lokt namelijk een klap van de winnaar uit), en zal zich letterlijk klein maken. Na een uur in de kooi te zijn geweest werd de verliezer eruit gehaald en korte tijd later werden zijn hersenen onderzocht. Als controle werden apen gebruikt die rustig in hun eigen kooi hadden geleefd zonder te zijn blootgesteld aan een indringer. De gestreste apen vertoonden aanzienlijk minder nieuwe neuronen in de hippocampus dan de controle-apen. Blijkbaar leidt niet alleen langdurige stress tot onderdrukking van de normale celgroei in de hippocampus, acute stress, in dit geval (een nederlaag in de) strijd om de macht, eveneens.

Uit deze studies bij de woelmuis en de aap blijkt dat ook wanneer stress optreedt in de volwassenheid, in een levensfase waarin dieren en mensen niet meer groeien, stress tot beschadiging van de hippocampus leidt. Het is niet anders bij mensen. Ook wanneer wij stress meemaken beschadigt dit de hersenen, hoewel tot nu toe de studies bij mensen alleen stress op jongere leeftijd betreffen.

Verschillende studies hebben namelijk aangetoond dat de (met name linker) hippocampus verkleind is bij mensen die in hun kindertijd mishandeld en/of misbruikt zijn. Zo bleek dit deel van de hersenen bij vrouwen die in hun jeugd langdurig fysiek of geestelijk waren mishandeld, op volwassen leeftijd (gemiddeld 35 jaar oud) duidelijk kleiner (vijftien procent) te zijn dan bij vrouwen van vergelijkbare leeftijd die geen traumatische jeugdervaringen hadden gehad. In een andere studie werden 21 vrouwen die voor hun veertiende ernstig seksueel misbruikt waren, vergeleken met eenzelfde aantal vrouwen die een normale jeugd hadden doorgemaakt. De hippocampus van vrouwen die in hun kindertijd misbruikt waren en inmiddels dertig jaar oud waren, was vijf procent kleiner dan die van de controlevrouwen.

Stress, hersenschade en de kans op een volgende depressie
Stress leidt, via verhoging van stresshormonen, tot schade in de hersenen, tot remming van de normaal optredende groei van cellen in de hippocampus. Of het dieren zijn of mensen, stress, zeker wanneer deze langdurig is en vroeg in het leven optreedt, leidt tot letsel in de hippocampus. Dat bij uitstek dit deel van de hersenen wordt aangetast door stress, is op zijn minst ironisch. Juist dit gebied heeft tot taak de (hormonale) stressrespons uit te schakelen om te voorkomen dat de stresshormonen tot nadelige effecten in het lichaam en de hersenen leiden. Een beschadigde hippocampus zal echter minder goed slagen in het afremmen van de hormonale stressreactie, met als gevolg dat iedere volgende stressvolle situatie tot een te sterke verhoging van het centrale stresshormonen leidt. En dan ontstaat een depressie.

Volgens professor Charles (Charlie) Nemeroff van Emory University in Atlanta, zijn depressies een gevolg van langdurige verhoging van het centrale stresshormoon in de hersenen. Een charismatisch en warm mens, bekend over de hele wereld vanwege de honderden wetenschappelijke artikelen die hij over depressie geschreven heeft, is Nemeroff tevens een begenadigd spreker die volle zalen trekt vanwege zijn grote kennis en grappige spreekstijl. Dat depressie een gevolg is van de toename van het centrale stresshormoon in de hersenen baseert hij op de vele dierproeven die zijn onderzoeksgroep heeft verricht. Daaruit blijkt namelijk dat toediening van dit hormoon aan ratten, muizen en apen gedrag opwekt dat erg op een depressie bij mensen lijkt. Wanneer dit hormoon bij apen wordt ingespoten, klampen zij zich aan elkaar

'OVERSPANNEN THUIS'

vast, vertonen geen initiatief meer, en gaan uiteindelijk stil in een hoekje zitten alsof ze depressief zijn geworden. Tevens blijkt de hoeveelheid stresshormoon in de hersenvloeistof (dat door middel van een ruggenprik te meten is) van mensen die een depressie doormaken sterk verhoogd te zijn en weer te dalen wanneer de depressie succesvol behandeld is. Ook in de hersenen zelf van (overleden) depressieve patiënten heeft de Amsterdamse hoogleraar Dick Swaab, directeur van het Nederlands Instituut voor Hersenonderzoek, gevonden dat het aantal zenuwcellen dat het centrale stresshormoon aanmaakt, verhoogd is.

Alsof het uitlokken van een depressie nog niet erg genoeg is, heeft toename van het centrale stresshormoon veel langer durende effecten. Zoals u heeft gezien, leidt dit tot schade aan uitgerekend dat orgaan in de hersenen, de hippocampus, dat de stressreactie in toom moet houden. Vanwege dat letsel zal bij de volgende stressvolle situatie de stijging van het centrale stresshormoon nog groter zijn omdat de beschadigde hippocampus deze stijging onvoldoende kan tegenhouden. Met een nieuwe depressie als gevolg. Inderdaad blijkt uit talrijke studies dat de hippocampus verkleind is bij mensen die depressies hebben doorgemaakt. Niet bij degenen die aan hun eerste depressieve episode lijden, maar wel bij mensen die al een aantal depressies hebben meegemaakt. Hoe vaker ze een depressie hebben gehad, of hoe langer die depressies hebben geduurd, des te kleiner de hippocampus, met name wanneer deze depressies onbehandeld zijn gebleven. Dat komt dus omdat elke depressie, vanwege de stijging van het centrale stresshormoon, tot verdere schade aan de hippocampus leidt. En dat verhoogt dan weer de kans op een volgende depressie.

Dat is ook precies wat ik in de dagelijkse praktijk telkens zie. Net als bij Marianne het geval was, begint de eerste depressie vaak als gevolg van een ernstige stress, in haar geval het verbreken van haar verloving. Vanzelfsprekend een nare en kwetsende gebeurtenis, zeker voor iemand als Marianne die zich toch al snel afgewezen voelde. Deze toestand werd door haar als zeer stressvol en pijnlijk ervaren, met als gevolg dat de stresshormonen in haar hersenen sterk zullen zijn gestegen. Aangezien de krenking niet zomaar voorbij was en gevoelens van wrok, pijn, boosheid en verlatenheid lang aanhielden, bleven de stresshormonen bij Marianne hoog, té lang té hoog. Marianne was zes weken overspannen zoals zij dat noemde, hetgeen ongeveer de helft is van de gemiddelde duur van een depressie in Nederland, zoals Willem Nolen, hoogleraar psychiatrie in Groningen, in een grootscheeps onderzoek bij meer dan zevenduizend Nederlanders aantoonde.

Zes weken lijkt misschien niet zo lang, maar voor het lichaam is het alsof het zes weken lang op de vlucht is voor een tijger. Ons lichaam en onze hersenen zijn er niet op gebouwd om met zo'n onophoudelijke stress om te gaan. Op die manier bleven de stresshormonen bij Marianne zeker anderhalve maand veel te sterk verhoogd. Met als gevolg dat haar hippocampus letsel opliep en (iets) kleiner werd. In de meeste gevallen (tachtig procent) gaat de eerste depressie vanzelf over, en zo liep het ook bij Marianne. Later stond ze er niet eens meer bij stil, ze was het zelfs bijna vergeten. Maar de onzichtbare schade in de hersenen was wel aangericht. Tot de tweede grote stress in Mariannes leven kwam, de geboorte van haar tweede dochter. Hoewel vreugdevol, is een bevalling en het kraambed voor elke vrouw (en voor sommige mannen ook trouwens) een fysiek en geestelijk belastende periode. Bij Marianne was het nog stressvoller dan normaal, want zij had een huilbaby en een man die er bijna niet was om te helpen. En dan was er ook nog een eerste kind om voor te zorgen. Toch is een dergelijke situatie voor de meeste moeders geen aanleiding om een depressie te krijgen. Voor Marianne, met een iets beschadigde hippocampus, die net iets minder goed de stressreactie van de hersenen kan remmen dan wanneer dit orgaan geen letsel had opgelopen bij die depressie tien jaar daarvoor, is deze stress echter te veel. De stresshormonen stijgen overmatig en zakken niet tijdig. De tweede depressie is geboren.

Deze duurt dikwijls al wat langer en is soms dieper dan de eerste depressie omdat de hormonale stressreactie minder goed in toom gehouden wordt dan de eerste keer, toen de hippocampus nog voor de volle honderd procent zijn werk deed. Maar gelukkig ging deze depressie bij Marianne ook weer vanzelf over, zoals meestal, hoewel de kans hierop, in ieder geval in theorie, al kleiner was geworden. Het herstel is volledig, maar toch is Marianne weer kwetsbaarder geworden voor de volgende stress, omdat de hippocampus een tweede buts heeft opgelopen. Zo hoeft de derde stressvolle gebeurtenis niet meer zo overweldigend te zijn als de eerste (of de tweede) omdat de hersenen er minder weerstand aan kunnen bieden.

Zo ook bij Marianne: de derde keer betreft het een stress die, hoewel langdurig en machteloos makend, bij de meeste zelfstandige ondernemers niet onbekend zal zijn. Maar nu gaat de depressie niet meer vanzelf over: het vermogen van het brein om het evenwicht te herstellen, is na de twee eerder opgelopen deuken te gering. Er moeten medicijnen aan te pas komen, die de balans herstellen door, onder andere, het schadelijke effect van de stresshormonen op de vorming van nieuwe cellen in de hippocampus te blokkeren.[11]

WAAROM DE EEN WEL EEN DEPRESSIE KRIJGT EN DE ANDER NIET

U weet nu hóe een depressie ontstaat, maar nog niet waarom. Waarom ontwikkelt de een wel een depressie na een stressvolle gebeurtenis en de ander niet? Een verbroken verloving vlak voor je huwelijk is natuurlijk niet niks, maar lang niet iedereen ontwikkelt daarna een depressie. Hoe komt het dan dat Marianne wel een depressie kreeg na deze gebeurtenis? Zou het te maken hebben met haar persoonlijkheid? Hoe ze in elkaar zit?

Marianne is een kwetsbaar type, iemand die veel tobt en de wereld om haar heen eerder als bedreigend dan als uitnodigend ervaart. Ze leeft zwaar en maakt zich snel zorgen, al van kinds af aan. Anders gezegd, zij ziet de wereld om haar heen door een bril van angst en dreiging. Zouden die eigenschappen haar gevoeliger maken voor stress en dus voor het ontwikkelen van depressies?

Het is vast geen nieuws voor u dat we onderling verschillen in de wijze waarmee we met ervaringen omgaan. Mensen zijn niet gelijk in de manier waarop ze signalen uit de omgeving interpreteren. Wat voor de ene persoon een zucht is, is voor de ander een storm, wat voor de een roze is, ziet de ander als zwart. Deze onderlinge verschillen bestaan waarschijnlijk al sinds mensenheugenis, maar zijn pas voor het eerst systematisch in 1964 beschreven door de Engelse, maar in Duitsland geboren, psycholoog Hans Eysenck. Hij definieerde een groep mensen met gemeenschappelijke persoonskenmerken: veel tobben, angstig in het leven staan, een lage zelfdunk en overgevoelig zijn voor kritiek. Hij noemde deze karaktereigenschappen 'neuroticisme'. Sindsdien is in talloze studies aangetoond dat er inderdaad een groep mensen bestaat die gekenmerkt wordt door deze zorgelijke levenshouding. Niet alleen dat, in de tussenliggende veertig jaar is ook duidelijk geworden dat deze eigenschappen zeer stabiel zijn in de tijd: zo'n type verander je niet een-twee-drie. Neuroticisme blijkt ook in hoge mate erfelijk bepaald. Uit studies die bij duizenden tweelingen zijn verricht, komt naar voren dat neuroticisme veel vaker bij beide ééneiige tweelingen voorkomt dan bij beide twee-eiige tweelingen, een sterke aanwijzing voor een erfelijke invloed op deze persoonskenmerken. Hoe iemand in het leven staat, hoe men met ervaringen omgaat, is dus erfelijk bepaald. Eysencks beschrijving van dit persoonlijkheidstype was in eerste instantie van belang om te begrijpen hoe we als mensen in elkaar zitten. Zijn ontdekking had echter ook een specifiekere betekenis: het blijkt dat neuroticisme een van de meest krachtige voorspellers is of iemand een depressie ontwikkelt op stress of niet:

> De onderzoeksgroep van de Amerikaanse hoogleraar Kenneth Kendler besloot haar enorme databestand aan tweelingen te onderzoeken op de aanwezigheid van neuroticisme. Deze tweelingen, allen geboren tussen 1937 en 1974, hadden Kendler en zijn groep al sinds 1988 geregeld onder-

zocht. In een onderzoek bij meer dan 7500 van hen werd nagegaan in hoeverre er sprake was van neuroticisme, of in het afgelopen jaar een stressvolle gebeurtenis had plaatsgevonden en of zij een depressie hadden ontwikkeld. De stressvolle gebeurtenissen en het neuroticisme werden ingedeeld in ieder vijf categorieën van ernst. De resultaten waren verbluffend. Neuroticisme op zich verhoogde de kans op een depressie twee keer. Het effect van neuroticisme werd echter pas goed duidelijk wanneer zich een stressvolle gebeurtenis had voorgedaan, zeker wanneer deze stress ernstig was geweest. Dan was de kans om een depressie te krijgen bij een uitgesproken 'neurotisch' iemand meer dan vijf keer verhoogd in vergelijk met mensen die deze karaktertrekken niet of nauwelijks hebben.

Kortom, als u zorgelijk in het leven staat, zich snel afgewezen voelt, veel piekert en een angstige kijk op de wereld heeft, maakt u een veel grotere kans om een depressie te ontwikkelen als gevolg van stress dan wanneer u deze karaktereigenschappen niet heeft.

EEN GEN DAT IN COMBINATIE MET STRESS TOT DEPRESSIES LEIDT

Neuroticisme is in hoge mate erfelijk bepaald. Hoewel neuroticisme vast niet door één enkel gen bepaald zal worden, kennen we al wel een gen dat een belangrijke invloed heeft op deze, voor het ontstaan van depressie zo belangrijke, eigenschap.

In 1996 publiceerde de Duitse onderzoeker en psychiater Klaus-Peter Lesch in samenwerking met een Amerikaanse onderzoeksgroep de resultaten van een studie bij 505 Amerikanen. Zij onderzochten de relatie tussen een specifiek gen, SLC6A4, dat op het zeventiende chromosoom ligt (we hebben 23 paren) en neuroticisme. Dit gen hadden ze niet zonder reden tot doel van hun studie gemaakt. Het is namelijk verantwoordelijk voor het aanmaken van een eiwit dat de hoeveelheid van een belangrijke stof, serotonine, in de hersenen reguleert. Van serotonine werd al vijftig jaar lang verondersteld dat het een sleutelrol bij depressie en angst zou spelen. Verhoging van serotonine in de hersenen[12] leidt namelijk tot vermindering van depressie en gevoelens van angst.[13] Het gen dat Lesch en zijn collega's hadden uitgezocht, zorgt ervoor dat serotonine langer beschikbaar blijft om zijn werk (het overbrengen van signalen) in de hersenen te volbrengen. Dit gen komt bij de mens in twee variaties voor, een korte (*short*, 's') en een lange (*long*, 'l') variant. De korte variant leidt tot een minder efficiënte verhoging van serotonine in de hersenen. De mensen met de korte, inefficiënte, variant, ongeveer twintig procent van de 505 personen, vertoonden duidelijk meer neuroticisme dan de mensen met de lange variant van het gen.[14] Maar het was nog niet duidelijk hóe het kwam dat mensen met neuroticisme zo'n vergrote kans hebben om een depressie te ontwikkelen als gevolg van stress. Avshalom Caspi van het Institute of Psychiatry in Londen vond het verband. In deze baanbrekende studie werd gebruik gemaakt van een groep van 1037 Nieuw-Zeelandse kinderen die vanaf hun tweede levensjaar tot hun zesentwintigste uitgebreid waren onderzocht. Van deze groep werd bij 847 van hen het DNA onderzocht om te zien of er sprake was van een lange of korte versie van het serotonine-gen. Bij al deze personen was tevens opgetekend of, en zo ja in welke mate, zij een stressvolle gebeurtenis hadden meegemaakt, en of er sprake was (geweest) van een depressie. Het bleek dat wanneer mensen met de korte, inefficiënte variant van het gen een stressvolle gebeurtenis hadden meegemaakt, zij een veel groter risico liepen om een depressie te ontwikkelen dan de mensen die de lange versie van dit gen in zich droegen. Sterker, ook al maakten mensen met de lange versie van het gen vele verschillende stressvolle gebeurtenissen door, dan hadden ze nog altijd de helft minder kans een depressie te ontwikkelen dan mensen met de korte variant.

Hoe u de wereld om u heen waarneemt, wordt vanzelfsprekend door uw hersenen bepaald en wel voor een groot deel door de functie van één enkele hersenkern. Het betreft een klein gebiedje, niet groter dan een amandel en aangezien het ook nog eens de vorm ervan heeft, hebben hersenonderzoekers uit de negentiende eeuw dit gebied de amandel(kern) gedoopt (uit het Grieks, *amugdalis*). De kern vormt als

'OVERSPANNEN THUIS'

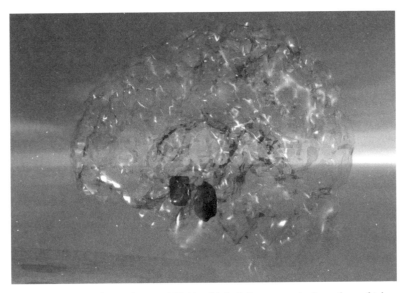

Computer-reconstructie van de amandel beiderzijds in de hersenen op basis van hersenfoto's

het ware een uitloper van de hippocampus en bevindt zich net als de hippocampus links en rechts van het midden diep in de hersenen (ieder mens heeft er dus twee van). Elke amandel bevat de cellichamen van miljoenen zenuwen en heeft uitgebreide verbindingen met vele verschillende hersengebieden. Input krijgt de amandel van de gebieden die zintuiglijke prikkels ontvangen, zoals reuk, smaak, gevoel, gehoor en met name visuele signalen. Output levert het aan twee soorten systemen. Het ene cluster omvat gebieden die te maken hebben met het sturen van gedrag, met name in de voorste hersenen gelegen. Daarnaast heeft de amandel een directe invloed op ons stresssysteem omdat het de afgifte van het centrale stresshormoon stimuleert via verbindingen met de hippocampus. De kern zit dus als een spin in een web dat gevormd wordt door de gebieden die prikkels van buiten ontvangen en de reacties daarop sturen. Tussen het registreren van wat er in de omgeving plaatsvindt en het gestalte geven aan de actie die daar een reactie op vormt, voegt de amandel een cruciale modulator toe. Emotie.

WAAR DE KWETSBAARHEID VOOR DEPRESSIE BEGINT

In 1939 beschreef psycholoog Heinrich Klüver samen met neurochirurg Paul Bucy, beiden verbonden aan de University of Chicago, een syndroom waarbij apen zonder slaapkwabben, waar de amandel deel van uitmaakt, mak werden en iedere vorm van angst misten. Zij concludeerden dat ergens in het gebied van de slaapkwab emoties, zoals angst, zouden moeten zetelen. Aangezien de slaapkwab een groot deel (vijftien procent) van de hersenen uitmaakt en uit verschillende onderdelen bestaat, was het niet duidelijk welk deel ervan verantwoordelijk zou zijn voor deze gedragsverandering. Dat werd helder toen in 1955 andere onderzoekers de amandel beiderzijds bij apen verwijderden. Ook deze apen bleken geheel vrij van angst. Terwijl apen normaal gesproken zeer bang worden wanneer een mens in hun kooi komt (ze gaan grimassen, krijsen, plassen en poepen), bleven de apen waarbij de amandel was verwijderd, in die situatie volstrekt rustig. Ze liepen zelfs naar de mensen toe en raakten de indringers aan. Het leek wel of deze beesten geen angst meer kenden. Omdat de onderzoekers bij deze apen alleen maar angst uitgelokt hadden, bleef het ongewis of dit hersengebied louter betrokken was bij gevoelens van angst of ook bij andere emoties een rol speelde. Totdat de Britse onderzoeker Edmund Rolls, werkend op Oxford University, in 1984 publiceerde over de resultaten van het meten van elektrische activiteit in de amandel van de aap.

De meest exacte manier om de functie van de hersenen te meten is om de elektrische activiteit, die met elke verandering in de hersenen gepaard gaat, direct in de hersenen te bepalen. Dit is mogelijk geworden door zeer kleine elektrodes in één bepaalde zenuwcel te steken, zodat de activiteit van dat specifieke neuron geregistreerd kan worden. De dieren worden hiertoe eerst onder verdoving geopereerd waarbij de elektrodes in het te onderzoeken hersendeel worden geplaatst. Zo is ook bij deze apen gedaan.

De elektrodes waren in deze studie beiderzijds in elke amandelkern geplaatst. De activiteit in deze elektrodes werd gemeten terwijl verschillende objecten aan de aap werden aangeboden. Het betrof stimuli met een positieve emotionele waarde (voedsel waarvan de onderzoekers wisten dat deze aap het lekker vond), neutrale stimuli (een blok hout bijvoorbeeld) en voorwerpen met een negatieve gevoelswaarde (zoals een kikker, een muis – daar zijn apen, net als sommige mensen, zeer bang voor – en een voorwerp dat de aap associeerde met het krijgen van pijnlijke schokken). De neuronen in de amandel werden alleen actief bij de presentatie van voorwerpen die een emotionele waarde vertegenwoordigden, neutrale prikkels lieten de amandel onberoerd. Hoe sterker de emotionele waarde van de stimulus, des te groter de elektrische activiteit.

Zoals Rolls met zijn minutieuze onderzoek aantoonde, reageert de amandel op meer prikkels dan alleen angst. Deze kern is, althans bij de aap, van belang voor alle stimuli die het dier emotioneel beroeren. Bij ons is het niet anders, zo blijkt uit verschillende studies die emotie-onderzoekers bij mensen hebben verricht.

De meeste relevante informatie bereikt ons mensen via het visuele systeem. Op basis van dit gegeven is in 1993 door psycholoog Peter Lang van de University of Florida een test ontwikkeld die emoties opwekt middels het vertonen van foto's met daarop afgebeeld verschillende taferelen, International Affective Picture System (IAPS) genoemd. Het betreft mooie, aangename beeltenissen, zoals baby's, vrijende paartjes en vrolijke mensen; afschuwwekkende beelden zoals bebloede mensen na een auto-ongeluk, rottende lijken, een patiënt die geopereerd wordt; angstaanjagende beelden, zoals de loop van een revolver, een mes; en ten slotte neutrale beelden, meestal sportieve acties in de natuur, zoals mensen die een berg beklimmen, of surfers. Proefpersonen krijgen deze foto's een voor een in willekeurige volgorde te zien. Tegelijkertijd wordt hun hersenactiviteit in een scanner gemeten. Uit al deze studies komt naar voren dat bij het zien van de emotionele taferelen de activiteit in de amandel toeneemt, waarbij de mate van activiteit gekoppeld is aan de sterkte van emotie die ervaren wordt.

Mensen zijn niet alleen visueel ingesteld, we zijn ook sociale wezens. We gaan veel met soortgenoten om, leven voornamelijk in groepen en zijn sterk afhankelijk van andere mensen, zeker in het begin van ons leven (en dat is jarenlang). Het blijkt dat wij veel informatie kunnen aflezen van de gezichten van onze medemens. Juist de combinatie van visuele informatie en de bekendheid met gelaatsexpressies (omdat we die zo veel gezien hebben), maakt dat wij veel gegevens kunnen afleiden uit de gelaatsuitdrukkingen van medemensen. Verschillende onderzoekingen hebben aangetoond dat met name de amandel van belang is voor het destilleren van emoties uit gezichten, waarbij angstige emoties verreweg het grootste effect hebben.

In al deze experimenten (want er bestaan veel van dergelijke studies, alle gebruikmakend van hetzelfde principe) krijgen de proefpersonen op een scherm afwisselend en in willekeurige volgorde gezichten te zien die telkens een van vier emoties uitbeelden: angst, boosheid, blijheid of verdriet. De proefpersoon moet aangeven welke emotie wordt uitgebeeld. Om na te kunnen gaan hoe goed de proefpersonen zijn in het herkennen van emotie, wordt de proef iets moeilijker gemaakt door de foto's onscherp af te beelden en geleidelijk in focus te brengen. De proefpersonen dienen zo snel mogelijk aan te geven wanneer zij de emotie herkennen. Uit deze studies blijkt dat bij dergelijke testen de amandel actief wordt, waarbij de activiteit het meest toeneemt wanneer angstige gezichten worden gezien en het minst bij gelukkig kijkende mensen.

In een verdere uitwerking van deze proefopstelling is onderzocht wat het effect is wanneer emoties op onbewust niveau worden aangeboden. Dat gaat als volgt. De emotionele gezichten worden in een flits getoond (33 milliseconden). Onmiddellijk daarna wordt een foto getoond van een neutraal kijkend persoon, nu met een langere tijdsduur (167 milliseconden). Wanneer gevraagd wordt wat ze gezien hebben, geven de proefpersonen aan louter neutraal ogende gezichten te hebben waargenomen. De gezichten die in een flits werden vertoond hebben ze niet bewust geregistreerd. Het blijkt echter dat juist de onbewust waargeno-

'OVERSPANNEN THUIS'

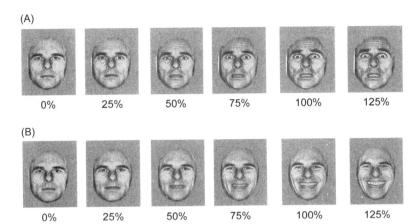

Emotieherkenningstest naar Ekman en Friesen. De gezichten worden kort na elkaar vertoond van neutrale expressie (0%) tot overdreven expressie (125%). De proefpersoon moet zo snel mogelijk aangeven wanneer hij/zij de emotie herkent. A: angstige emotie; B: blije emotie

men emotionele gezichten, wederom bij angstige gezichten het meest uitgesproken, een sterke reactie opwekken in de amandel, veel sterker dan wanneer de gezichten bewust worden waargenomen.[15] De hersenen, preciezer gezegd, het deel van de hersenen dat verantwoordelijk is voor het toekennen van emotionele waarde aan onze waarnemingen, heeft het angstige gezicht wel degelijk herkend. Alleen het deel van de hersenen, de hersenschors, dat ervoor zorgt wat we onze waarnemingen bewust worden, heeft de tijd niet gehad om de stimulus te onderkennen. Voor ons lichaam maakt dat echter niet uit, want ook onbewuste waarnemingen lokken de lichamelijk reacties uit die ons klaarmaken te reageren.

WAAROM ANGST BEDREIGENDER IS DAN BOOSHEID

Het zien van angstige gezichten wekt de meeste emoties bij ons op, meer dan het zien van boze gezichten. De verklaring is de volgende. Wanneer iemand met een angstige blik naar u kijkt terwijl u in de verste verte geen kwade bedoelingen heeft, is dat vreemd. Waarvoor zou hij bang zijn, denkt u, ik doe toch niks, ik dreig toch niet, ik kijk toch niet kwaad? Waar is die ander dan zo bang voor? Iets wat ik niet kan zien? Dan moet zich dat achter mijn rug afspelen. Dat is niet zo'n fijn gevoel, dat maakt onzeker, want er dreigt gevaar (dat leest u af in het gezicht van de ander, en u weet dat u zelf het gevaar niet bent) maar u kunt de bedreiging zelf niet zien. Bij een boos gezicht dreigt weliswaar ook gevaar maar dan kunt u het gevaar juist wel goed zien: u aanschouwt het immers. Dat is onaangenaam maar een stuk voorspelbaarder en daardoor beheersbaarder dan iets wat zich achter uw rug afspeelt. Vandaar dat het zien van een angstig gezicht de meest heftige emotie bij ons allen uitlokt. Nu begrijpt u ook waarom honden gevaarlijk worden wanneer ze merken (ruiken, in hun geval) dat u bang bent. Hier geldt hetzelfde principe. Als dat mens angstig is, zal daar wel een reden toe zijn, denkt de hond. Die ziet gevaar dat ik blijkbaar niet zie. Bij mensen is het niet anders. Ook wij worden angstig en zijn extra op onze hoede wanneer we een angstig persoon zien.[16]

De amandel, het gebied in de hersenen verantwoordelijk voor het herkennen van emoties doet zijn werk snel, zonder dat u er erg in heeft. Maar dit deel van de hersenen kleurt niet alleen uw eigen waarnemingen emotioneel, ook aan anderen schrijft dit gebied emoties toe. De amandel is namelijk ook betrokken bij het beoordelen van de betrouwbaarheid van uw medemens:

In deze studie van een groep Engelse onderzoekers werden aan acht mannen en evenveel vrouwen honderdtwintig plaatjes vertoond met daarop afgebeeld gezichten die eerder, door een andere groep proefpersonen, waren gescoord op mate van betrouwbaarheid. Van de honderdtwintig gezichten waren er zestig van middelbare scholieren en de andere zestig van studenten. Tijdens de sessie, waarbij tegelijkertijd hun hersenactiviteit werd gemeten, werd aan de proefpersonen gevraagd de helft van deze gezichten te bekijken en aan te geven of het scholieren of studenten betrof (kortom, de leeftijd van de mensen te schatten). Bij de andere helft van de gezichten werd aan de proefpersonen gevraagd de mate van betrouwbaarheid te beoordelen. De amandel werd actief bij het zien van de gezichten die als onbetrouwbaar werden gekarakteriseerd, onafhankelijk van de testsituatie. Dat wil zeggen, of de proefpersonen tijdens de test de mate van betrouwbaarheid moesten aangegeven of de leeftijd van de gezichten schatten, maakte niet uit. Bewuste of onbewuste registratie van de mate van betrouwbaarheid resulteerde in een toename van activiteit in de amandel.[17]

We hebben inmiddels het gebied in de hersenen geïdentificeerd dat verantwoordelijk is voor de emotionele interpretatie van signalen uit de omgeving en dat zelfs betrokken is bij de beoordeling van de betrouwbaarheid van anderen. Hierbij valt op dat dit gebied met name actief wordt bij het signaleren van bedreiging en minder bij het registreren van positieve prikkels. Zouden mensen die angstig in het leven staan, die gevaar zien waar dat er niet is, een overactief gevaarsignaleringssysteem hebben? Zou bij personen als Marianne, die tijdens een spreekbeurt de schoolklas als een dreigende massa priemende ogen ziet in plaats van als een welwillende groep geïnteresseerde luisteraars, de amandel hypergevoelig zijn?

Bij zeventien gezonde mensen (acht vrouwen) werd op de afdeling psychologie van Columbia University in New York gemeten hoe angstig ze in het leven staan. Terwijl de proefpersonen in de hersenscanner lagen, werd in een flits een aantal angstig en neutraal kijkende gezichten vertoond, zodat de proefpersonen de gezichten niet bewust, maar wel onbewust waarnamen. Zoals ook in andere studies leidde onbewust zien van angstige gezichten tot verhoogde activiteit in de amandel. De toename van deze activiteit vertoonde een sterk verband met de angstneiging van de zeventien proefpersonen. Hoe angstiger ze in het leven stonden, des te meer de activiteit in de amandel toenam bij het onbewust waarnemen van angstige gezichten. Bovendien bleef bij deze mensen de amandelkern ook veel langer hyperactief.

Bij mensen die angstig in het leven staan, reageert het gebied in de hersenen dat verantwoordelijk is voor het herkennen van emoties en het signaleren van gevaar, overmatig (langdurig) op bedreigende prikkels uit de omgeving. Hoe gespannener je in het dagelijkse leven bent, des te heviger blijkt dit gebied te reageren op dreigend gevaar.[18] Hoewel we het nooit gemeten hebben, zal bij Marianne dit deel van de hersenen waarschijnlijk overactief zijn (geweest), waardoor ze gevaar ziet waar dat niet aanwezig is, ze zich zorgen maakt zonder een aanleiding, ze onzeker is zonder reden. Althans zonder objectieve reden, want haar hersenen suggereren dat er wel degelijk gevaar dreigt.

Door haar hyperactieve gevaarsignaleringssysteem is Marianne overgevoelig. Haar brein, haar amandel nauwkeuriger gezegd, geeft haar vrijwel voortdurend het signaal dat ze op haar hoede moet zijn, zodat ze altijd gereed staat om het vermeende gevaar te confronteren of te ontvluchten. Daardoor is haar stresssysteem voortdurend (over)-actief. Wanneer de echte stress toeslaat, zal haar hormonale stressreactie overmatig sterk en langdurig zijn. En dan zal zich bij Marianne een depressie ontwikkelen terwijl bij haar meer zorgeloze medemens de stress littekenloos afglijdt als koud water van een eend.

GENEN EN DE AMANDEL

Hoe zou het komen dat bij sommige mensen de amandel overactief is? Waarschijnlijk omdat het gen dat ervoor zorgt dat iemand eerder een depressie ontwikkelt als gevolg van stress (het serotonine transporter gen), hetzelfde gen is dat de amandel in een te hoge versnelling zet. Dat althans veronderstelde een van de meest originele en productieve hersenonderzoekers van de afgelopen twintig jaar, de psychiater Daniel Weinberger van het National Institute of Mental Health (NIMH) in Bethesda, Maryland.

Aan 28 gezonde proefpersonen (twintig mannen) werden telkens drie foto's getoond van gezichten die een angstige of een boze gelaatsuitdrukking hadden. Twee van de drie gezichten (alle van verschillende mensen) drukten dezelfde emotie (bang of boos, dus) uit. Het was de taak van de proefpersonen aan te geven welke van de twee dezelfde emotie toonden. Tijdens het doen van de test werd de hersenactiviteit in de amandel gemeten met een hersenscan. De proefpersonen waren van tevoren ingedeeld op basis van hun serotonine-gen-variant (s of l), maar de uitslag daarvan was bij de proefpersonen en de onderzoekers niet bekend. Pas nadat alle testen waren voltooid, werd bekeken of er een verband bestond tussen het genotype en de activiteit in de amandel. De proefpersonen die de korte, weinig actieve, versie van het gen hadden, vertoonden bij het zien van angstige gezichten een aanzienlijk grotere activiteit in de amandel dan de proefpersonen met het lange en beter werkende gen. Welke variatie van het serotonine-gen we in ons dragen, geeft via de gevoeligheid van de amandel vorm aan onze reactie op stress, en die maakt weer uit of we een depressie zullen krijgen of niet.

TOT SLOT: LEVEN MET STRESS

Stress is onontkoombaar. We hebben er allemaal mee te maken. Vandaar dat onze hersenen over een effectief systeem beschikken om met stress om te gaan. Als alles goed gaat, werkt dit systeem kort, krachtig en efficiënt, maar het is ontworpen op kortdurende belasting, niet op een stress die voortdurend aanhoudt. Vlietende stress zet een hormonale reactie in gang om de stress te kunnen hanteren, en die reactie zet zichzelf na korte tijd weer uit. Dat uitschakelen van de hormonale stressreactie is essentieel voor ons welbevinden. Langdurige verhoging van de stresshormonen berokkent namelijk letsel aan de hersenen. Deze schade treedt juist op in het hersengebied, de hippocampus, dat over de sleutel beschikt om de stressrespons af te remmen. Als gevolg van die schade zal bij een volgende stressvolle gebeurtenis de stressreactie minder worden afgeremd, zodat, ook al is de stress niet zo ernstig of langdurig, deze reactie overdreven groot is. Daardoor loopt dit gebied nog meer averij op, zodat de gevoeligheid voor een eventuele volgende belasting verder toeneemt. Op die manier kan stress, met name wanneer deze lang aanhoudt, leiden tot een levenslange overgevoeligheid voor stress zelf. En (ernstige) stress verhoogt de kans op een depressie met meer dan vijftienmaal. Maar niet iedereen die stress meemaakt, ontwikkelt een depressie. Ook al verhoogt ernstige stress de kans op het krijgen van een depressie, toch ontwikkelt slechts een kleine minderheid van de mensen een depressie na een onaangename gebeurtenis. Dit komt doordat we verschillen in de wijze waarop we op stress reageren. En dat is weer een gevolg van hoe sterk een specifiek deel van onze hersenen, de amandel, op (gevaar uit) de omgeving reageert. De amandel destilleert informatie uit onze omgeving (met name van gelaatsuitdrukkingen) en bepaalt of we mensen als vriendelijk of vijandig, betrouwbaar of onbetrouwbaar zullen zien. Anders gezegd, deze kern stuurt de wijze waarop u uw omgeving waarneemt en dus hoe u in het leven staat. Dat feit, uw perceptie van de omgeving, bepaalt uw gevoeligheid voor stress. Ziet u, als Marianne, de wereld om u heen eerder als bedreigend dan als accepterend, gevaarlijk in plaats van veilig, dan zult u een persoonlijkheidsstructuur ontwikkelen die gekenmerkt wordt door angst, onzekerheid, tobben en een overgevoeligheid voor (vermeende) kwetsing. Deze verzameling van karaktereigenschappen die we neuroticisme noemen, verhoogt de kans om een depressie te ontwikkelen na een stressvolle gebeurtenis vele malen. Hoewel een gevoelige gevaarsignalering in het overleven van pas kan komen (daarom wordt deze eigenschap mogelijk nog steeds van generatie op generatie overgedragen en komt die zo veel in de bevolking voor)[19], schiet een hypergevoelig systeem zijn doel voorbij. Dan loopt u het risico in de stress te geraken terwijl daar nauwelijks een aanleiding voor is. Met als gevolg een beschadigde hippocampus. Vanwege de combinatie van een overgevoeligheid in het hersensysteem dat gevaar signaleert en een gehavend deel van de hersenen dat de (daaropvolgende) stressreactie in toom moet houden, zitten nu een half miljoen Nederlanders 'overspannen thuis'.

WAAROM PSYCHOTHERAPIE WERKT

Veel mensen met psychische problemen gaan in psychotherapie en veel van de problemen die in psychotherapie aan de orde zijn, hangen samen met angst en onzekerheid, anders gezegd het gevoel van dreigend gevaar. Dreigend gevaar wordt gesignaleerd door de amandel. Bij angstige of tobberige mensen is de amandel actiever of reageert heftiger op situaties die we als angstig zouden kunnen ervaren. Angstige mensen zijn angstig omdat hun systeem van gevaarsignalering overactief is: ze zien gevaar waar dat niet is, maken zich zorgen zonder een aanleiding, zijn onzeker zonder (objectieve) reden, want hun biologische systeem suggereert dat er wel degelijk gevaar dreigt. Praten over die angst, over de onzekerheid en het vermeende dreigende gevaar helpt, want veel studies geven aan dat angst en onzekerheid verminderen dankzij psychotherapie, praten dus, zij het in het kader van depressies, angststoornissen, of stoornissen in de persoonlijkheidsontwikkeling. Nu weten we waarom. Omdat psychotherapie het gebied vooronder in onze hersenen activeert.

Het vooronder in onze hersenen (zie figuur op pagina 185) is gelegen net boven onze ogen in het onderste deel van de voorste hersenen. Het is het oudste deel in de voorste hersenen en is onder te verdelen in een binnenste deel en een deel meer aan de buitenkant. Het binnendeel heeft zeer uitgebreide en directe verbindingen met de emotionele centra in het brein, zoals de amandel. De verbindingen vormen een tweerichtingsverkeer, zodat vooronder en amandel elkaar wederzijds kunnen beïnvloeden. De buitenkant heeft minder uitgesproken verbindingen met de amandel.

In een proefopstelling kregen personen plaatjes te zien terwijl ze in een scanner lagen. Deze plaatjes hadden een dreigend karakter, zoals angstige of boze gezichten of een pistool dat op hen was gericht, of een neutrale uitstraling. De proefpersonen moesten afwisselend twee gelijke plaatjes identificeren (gelijke gezichten, hetzelfde pistool) of een woord kiezen dat de emotie die zij bij het zien van het plaatje beleefden, het beste beschreef. De amandel werd, zoals verwacht, actief bij het zien van bedreigende situaties of gezichten. Bij het kiezen van de woorden die de emotie die zij beleefden het beste omschreven, werd het vooronder geactiveerd en nam tegelijkertijd de activiteit van de amandelkern sterk af. Het benoemen van de ervaren emotie, een substituut voor het erover praten, vermindert dus de activatie van het systeem in de hersenen dat gevaar signaleert. Aangezien deze activatie leidt tot de fysieke ervaring van de angst (via de stresshormonen), leidt verminderde activiteit van de amandel tot vermindering van de angst. Psychotherapie leidt tot angstreductie omdat praten over de angst, via activatie van het vooronder in de hersenen, leidt tot verminderde activiteit in het orgaan in de hersenen dat gevaar registreert. Zo kunnen we leren de wereld als minder bedreigend te zien door onze amandelkern met behulp van psychotherapie in een lagere versnelling te zetten.

We kunnen niet alleen negatieve emoties (leren) onderdrukken met het vooronder van ons brein, met positieve gaat het ook. In een ander experiment werd een aantal mannen gevraagd naar erotische filmfragmenten te kijken, afgewisseld met neutrale stukjes film. In de ene conditie konden zij van de erotische film genieten, in de andere moesten zij hun best doen deze emoties zo veel mogelijk te onderdrukken, zodat de erotische film hen koud liet. Niet onverwachts werd de amandel actief bij het zien van de seksueel opwindende stukjes film, evenals de hypothalamus, die de lichamelijke reacties op onze emoties bepaalt (de gevoelde opwinding dus). In de conditie waarin de proefpersonen hun emoties onderdrukten, werd het voorste deel van de hersenen actief en viel de activiteit in de amandel en hypothalamus weg. De proefpersonen konden hun (positieve) emotionele reactie dus effectief onderdrukken door hun voorste hersenen te activeren.

Nu begrijpt u hoe we onze emoties kunnen reguleren en onze impulsen kunnen beheersen. Het bewust (leren) reguleren van zowel onze positieve als onze negatieve emoties, via het activeren van het vooronder in onze hersenen, is wat waarschijnlijk ten grondslag ligt aan de effectiviteit van psychotherapie.

HOE ERFELIJK IS DEPRESSIE?

Om te onderzoeken wat de invloed van erfelijke factoren, genen dus, op het ontstaan van depressies is, kan men verschillende methodes toepassen.[20] De eerste en meest algemene manier is de families van een patiënt met een bepaalde aandoening, in dit geval depressie, te vergelijken met de familie van een controlepersoon die niet aan die ziekte lijdt. Die controlepersoon dient zo veel mogelijk qua opleiding, sociale achtergrond en leeftijd op de patiënt te lijken. Het onderzoek richt zich dan op de vraag of depressie vaker voorkomt bij de familie van de patiënt dan in de controlefamilie. Dat blijkt inderdaad het geval: depressie komt drie keer zo vaak voor in families van een patiënt die zelf aan een depressie lijdt als in families van controlepersonen. Dit wil echter nog niet zeggen dat het ontstaan van depressies altijd alleen erfelijk bepaald is, want het kan ook door niet-erfelijke factoren vaker in families voorkomen (zoals armoede, geweld, drankmisbruik). Om de rol van die factoren te kunnen uitsluiten, moeten we tweelingen onderzoeken, want die zijn blootgesteld aan dezelfde omgeving. Eeneiige tweelingen bezitten voor honderd procent dezelfde genen, bij twee-eiige tweelingen is dat gemiddeld vijftig procent (evenveel als gewone broers en zussen). Als het risico om depressie te krijgen volledig door genen wordt bepaald, hebben altijd beide helften van een eeneiig tweelingpaar een even grote neiging tot depressie. Is de rol van genen nihil, dan is de overeenkomst tussen eeneiige tweelingen niet groter dan die tussen vreemden.

Uit dergelijke studies blijkt dat het erfelijk bepaalde risico om een depressie te krijgen gemiddeld vijftig procent is. Dat is evenveel als bij kanker, suikerziekte en hart- en vaatziekten.

Een stille oude man

Over het geheugen

Meneer C. heeft jarenlang in het bedrijfsleven gewerkt en is relatief vroeg met pensioen gegaan. Dat is gebruikelijk bij mensen die lange tijd in de 'tropen' hebben gewerkt, zo legt hij mij uit. Hij heeft zich nog een aantal jaren goed 'bezig kunnen houden' met wat commissariaten en 'hier en daar een bestuursfunctie' bij een liefdadigheidsinstelling. Maar de afgelopen jaren is hij toch wel veel thuis geweest, zegt zijn vrouw, die op het spreekuur is meegekomen. 'Mijn man is nu vijfenzeventig jaar en ik vind hem niet meer de oude,' zegt ze. 'Hij komt tot weinig. Hij zit soms hele dagen in de stoel en leest wat of kijkt tv. Dat is niets voor hem. En het lijkt wel of het steeds erger wordt.' Volgens meneer C. zelf valt het allemaal wel mee. Inderdaad, hij heeft niet zo'n zin om het huis uit te gaan, behalve om zo nu en dan zijn oude studievrienden te zien die in de buurt wonen. En hij leest de krant en kijkt het nieuws. Veel anders is er toch niet te doen, vindt hij. Zijn vrouw is het niet met hem eens. 'Ik merk dat hij echt veranderd is. Hij doet minder, maar het lijkt ook wel alsof hij minder onthoudt.' Hij vergeet wanneer een van zijn dochters heeft gebeld, is zijn bril voortdurend kwijt en ze durft hem niet meer alleen de boodschappen te laten doen. 'Laatst was hij te voet een krantje kopen, maar twee uur later was hij nog niet thuis. Ik maakte me natuurlijk dodelijke zorgen en stond met de hoorn in de hand om de politie te bellen, toen hij samen met onze drogist uit de

buurt voor de deur stond. Zij had hem zien ronddolen.'
De echte aanleiding van hun komst is dat het de afgelopen wintervakantie helemaal verkeerd is gegaan. Ze verblijven altijd in hetzelfde plaatsje in Zwitserland, in hetzelfde hotel, maar omdat ze dit jaar laat hadden geboekt vanwege de bevalling van hun dochter, zaten ze in een ander hotel. 'De eerste dagen was mijn man helemaal in de war. Hij kon onze kamer telkens maar niet vinden en herhaaldelijk moest hij door het personeel naar de kamer worden teruggebracht.'

Mevrouw C. onderbreekt zichzelf en vraagt of ze me even alleen kan spreken. Haar man staart stil voor zich uit en lijkt niet gehinderd door dit verzoek. Het komt me inderdaad als een goed idee voor om haar apart te spreken, want het gesprek begint pijnlijke vormen aan te nemen. Wanneer ze zonder beperking over haar man kan spreken, blijkt dat er inderdaad meer aan de hand is. Het is mevrouw C. opgevallen dat haar man duidelijke problemen met zijn geheugen heeft en dat deze toenemen. Hij vergeet niet alleen dat zijn kinderen hebben gebeld, maar moet steeds weer herinnerd worden aan de naam van zijn tweede kleinkind, dat deze winter geboren is. Hij praat er wel omheen, door hem 'mijn nieuwe baby' te noemen, en dat lijkt grappig, maar het is in werkelijkheid omdat hij de naam vergeten is. 'Hij leest de krant nog wel, maar ik heb echt het gevoel dat hij 's avonds niet meer weet wat hij 's ochtends gelezen heeft. Aan de andere kant, met zijn studievrienden, die hij elke paar weken ziet, kan hij uren spreken over vroeger, zonder dat ze, geloof ik, iets aan hem merken.'

In het gesprek dat ik met meneer C. zelf heb wanneer hij weer is teruggekeerd in de spreekkamer, valt in eerste instantie niet zo erg veel op. Het is een aimabele man die evident sociaal door de wol geverfd is. Hij spreekt gemakkelijk over zijn leven, kinderen en werk en je zou denken dat er niet veel met hem aan de hand is. Tenzij je doorvraagt. 'Wanneer is uw kleinkind dan geboren? In welk hotel was u laatst op vakantie?' Op deze vragen komt een ontwijkend antwoord en hij draait eromheen 'Mijn jongste kleinkind, die... eh... is nog maar een baby, we zijn kort daarop naar Zwitserland gegaan. De naam van het hotel weet

EEN STILLE OUDE MAN

ik niet meer, maar daar let ik ook niet op. Mijn vrouw regelt de vakanties altijd. Ik volg haar al jaren, ik doe altijd wat ze zegt, hahaha.'

Het lijkt grappig maar het is een charmante manier om de lacunes in zijn geheugen op te vullen. Ergens lijkt meneer C. te voelen dat er iets niet klopt, maar of hij helemaal weet wát er niet klopt?

Het is misschien wat confronterend om te doen, maar ik neem hem toch een korte geheugentest af, het *mini mental state exam*, een testje dat me in een aantal minuten een aanwijzing kan geven of er inderdaad sprake is van een stoornis in het geheugen. Dat blijkt zo te zijn, de score is eenentwintig, duidelijk onder de achtentwintig tot dertig die de norm is. Wanneer ik meneer C. drie woorden geef om te onthouden, 'hoed', 'boom', 'rood' en hem na een aantal minuten vraag die weer op te noemen, kan hij nog alleen 'boom' reproduceren. Als ik hem de datum van vandaag vraag, kan hij die niet noemen. Nu zou dat nog wel normaal kunnen zijn voor iemand die niet werkt en geen afspraken heeft, maar de maand heeft hij ook fout en over het jaar moet meneer C. wel erg lang nadenken, en dan zit hij er nog tien jaar naast.

Dat ziet er niet goed uit. Waarschijnlijk lijdt meneer C. aan een beginnende dementie. De stoornissen in het geheugen, de verwarring in het voor hem onbekende hotel en het zwerven door de buurt wijzen in die richting. De tijdens ons gesprek objectief gebleken stoornissen in het geheugen en de slechte prestatie in het door mij afgenomen testje versterken mijn vermoeden. Ik besluit nog wat extra onderzoek aan te vragen. Uitgebreider neuropsychologisch onderzoek zal het geheugen beter kunnen vastleggen en ook andere mentale functies zoals aandacht en intelligentie. Daarnaast moeten eventuele behandelbare oorzaken van een dementie uitgesloten worden. Zijn bloeddruk is normaal, maar ik zal toch een hersenscan laten maken om te kijken of er sprake is van kleine herseninfarcten die soms tot dementie kunnen leiden. Ik laat zijn schildklierfunctie bepalen en een aantal vitamines in het bloed omdat afwijkingen daarin in zeldzame gevallen op dementie lijkende verschijnselen kunnen geven.

Wanneer na enkele weken de resultaten van de verschillende

onderzoeken bekend zijn, is de diagnose duidelijk. De hersenscan van meneer C. laat een verwijding van de vochthoudende ruimtes zien en een afname van het volume van de hippocampus, een structuur aan beide kanten van het midden van de hersenen gelegen en die met enige goede wil op een omgekeerde komma lijkt (zie figuur op pagina 39). Dit is het deel van de hersenen dat verantwoordelijk is voor het opslaan van informatie in het geheugen. Tekenen van infarcten zijn er niet en schildklierfunctie en vitamines zijn normaal. Het neuropsychologisch onderzoek daarentegen laat duidelijke afwijkingen zien in het korte- en middellangetermijngeheugen. Het onthouden van rijtjes woorden gaat slecht en ook figuren uit het geheugen natekenen kan meneer C. nauwelijks.

Meneer C. lijdt aan dementie, zeer waarschijnlijk van het type alzheimer. Honderd procent zeker zullen we dat pas weten op het ogenblik dat we de hersenen van meneer C. onder de microscoop zouden kunnen onderzoeken, maar ook zonder die finale zekerheid is de diagnose met grote waarschijnlijkheid te stellen. Ik bespreek mijn bevindingen eerst alleen met mevrouw C., die hoewel emotioneel geschokt, eigenlijk toch niet erg verbaasd is. De vraag wat ze de komende tijd kan verwachten, kan ik slechts in algemeenheden beantwoorden. Voorspellers voor het beloop hebben we niet echt en het proces van mentale achteruitgang dat de kern van de dementie van alzheimer vormt, varieert in duur van enkele tot vele jaren. Wel is zeker dat het proces gestaag en onafwendbaar is. Het verval dat aanvangt in de hersenkern die het leren stuurt, zal zich van cel tot cel via de hersenschors uitbreiden totdat meer dan tachtig procent van de zenuwcellen in de hersenen verdwenen is.

AUGUSTE D.

De dementie van het type dat nu zijn naam draagt, is door Alois Alzheimer beschreven aan de hand van één enkele patiënt. Alzheimer leerde deze patiënte, nog altijd bekend onder haar gedeeltelijke naam, Auguste D., op 26 november 1901 kennen, toen hij, als *Oberartzt*, deze eenenvijftigjarige vrouw in de *Anstalt für Irre und Epileptische* in Frankfurt am Main opnam. Alzheimer was een zorgvuldig man en schreef de gesprekken met zijn patiënten minutieus op papier, zodat we meer dan honderd jaar later zijn eerste gesprek met Auguste D. nog op de voet kunnen volgen. Niet geheel onverwachts stelt hij haar als eerste vraag hoe ze heet en krijgt als antwoord 'Auguste'. 'Wat is uw achternaam?' vraagt hij, en weer zegt ze 'Auguste'. 'Hoe heet uw man?' probeert Alzheimer op een andere manier, maar opnieuw luidt het: 'Auguste, geloof ik.' Dat schoot niet op. Hoewel Auguste D. alle objecten die Alzheimer haar toont, zoals een sigaar (hij rookte er vele per dag, toen kon dat nog, ook in de aanwezigheid van patiënten), een potlood, een kroontjespen, een portemonnee, boek en sleutelbos, foutloos benoemen kan, weet ze niet waar ze is, noch hoe lang ze er al is (ze antwoordt op de vraag van Alzheimer 'drie weken', terwijl ze er nog geen uur is opgenomen). Auguste weet nog wel dat ze een echtgenoot en een dochter heeft, in welke stad ze geboren is (Cassel, het huidige Kassel) maar veel meer dan dat kan ze zich niet herinneren. In welk jaar ze leeft, de naam van de keizer van Duitsland (die lag toch op ieders lippen bestorven) kent ze niet meer, maar wanneer Alzheimer haar voorwerpen in handen geeft die ze met gesloten ogen moet voelen, kan ze feilloos het betaste object herkennen. En toch kan ze niet eens onthouden wat ze enkele minuten daarvoor gegeten heeft.

Alzheimer is gefascineerd door deze patiënte. Zij lijkt op de patiënten met een ernstige dementie die hij vaak gezien heeft, maar die waren veel ouder dan Auguste D. Dit betrof immers een vrouw van amper eenenvijftig jaar. Wat was er met haar aan de hand? Alzheimer zal jaren op dit antwoord moeten wachten, want pas na haar overlijden, vijf jaar na hun eerste kennismaking, kan hij de hersenen van deze patiënte op 9 april 1906 onderzoeken. Wat hij onder de microscoop aantreft, heeft hij nog nooit gezien. In plaats van allerlei vaatafwijkingen die hij meestal in de hersenen ziet van patiënten die aan dementie zijn overleden, zit de hersenschors bij deze patiënte vol vreemde vezeltjes (fibrillen) die volgens hem tot de dood van miljoenen hersencellen hadden geleid. Daarnaast ziet hij afzettingen (plaques) van eiwitstructuren in de schors van de hersenen. Alzheimer besluit deze casus te presenteren op het eerstvolgende congres, het zevenendertigste congres van psychiaters uit het zuidwesten van Duitsland, dat tijdens het weekeinde van 3 november 1906 in Tübingen plaatsvindt. 'Über einen eigenartigen Erkrankung der Hirnrinde' (Over een bijzondere ziekte van de hersenschors) heet zijn lezing die hij aan de achtentachtig daar verzamelde psychiaters ten gehore brengt. Zijn microscopische bevindingen toont hij zijn gehoor door gebruik te maken van dia's, hetgeen in die tijd als enorm innovatief geldt. Of de inhoud van zijn presentatie ook indruk maakte, blijft echter ongewis, want niemand uit het publiek stelde een vraag. Desalniettemin vindt zijn werk snel navolging. De Italiaanse psychiater Gaetano Perusini, die als gastonderzoeker op het lab van Alzheimer werkt, publiceert in 1909 nog drie van dergelijke gevallen en beschrijft de casus Auguste D. in nog meer detail dan Alzheimer in de (in 1907) gepubliceerde versie van zijn voordracht had gedaan. De roem begint kort hierop wanneer zijn chef, Kraepelin, de meest vooraanstaande psychiater uit die tijd (en volgens sommigen zelfs aller tijden), dit ziektebeeld onder de titel 'Alzheimerische Krankheit' in zijn achtste druk (1910) van zijn Lehrbuch für Studierende und Ärzte opneemt. Vanaf dat ogenblik is het begrip 'dementie van Alzheimer' gemeengoed.

ALOIS ALZHEIMER

Alois Alzheimer wordt op 14 juni 1864 in het plaatsje Marktbreit in Beieren geboren, waar zijn vader notaris is. Alois stamt uit een katholieke familie van leraren en pastoors. Een goede opleiding staat derhalve hoog aangeschreven. Vandaar dat zijn ouders naar het nabijgelegen, grotere Aschaffenburg verhuizen waar zich, in tegenstelling tot in hun dorp, een gymnasium bevindt. Aan hetzelfde gymnasium heeft vader Eduard Alzheimer zijn middelbare school gevolgd. Zoals zoveel toekomstige hoogleraren in de psychiatrie uit die periode is Alois zeer gegrepen door de botanische wetenschap[1], maar hij besluit toch arts te worden. Als Alois aangeeft dat hij geneeskunde wil gaan studeren, staat zijn vader erop dat hij naar Berlijn gaat, omdat daar naar verluidt de beste hoogleraren zijn.

Inderdaad wemelt het er van wereldberoemde wetenschappers, zoals de in Pommeren geboren Rudolf Virchow, een van de grootste hersenonderzoekers aller tijden. Ook de ontdekker van de verwekkers van tuberculose en cholera, Robert Koch, is in die periode hoogleraar in Berlijn. In de herfst van 1883 vertrekt Alzheimer naar Berlijn om er zijn studie aan te vangen. Hij aardt niet echt in deze negentiende-eeuwse metropool en besluit al na een jaar zijn studie voort te zetten aan de veel kleinere, en dichter bij huis gelegen universiteit van Würzburg, waar ook zijn oudere broer Karl studeert. Op zijn aandringen wordt hij daar corpslid, wat hem tijdens de daar gebruikelijke degengevechten een ontsierend litteken oplevert dat van oog tot mondhoek over zijn linkerwang loopt. In 1887 ontvangt hij in Würzburg zijn artsenbul en studeert af op de scriptie over een onderwerp dat weinig met zijn toekomstige werk te maken zal hebben: wasvormende klieren in de oren. Goed door de microscoop leren kijken leert hij echter wel van zijn begeleider, de Zwitser Rudolph Albert von Kölliker, een vaardigheid die hem later zeer van pas zal komen. Zijn interesse en bekwaamheid in het microscopisch onderzoeken van (hersen)weefsel krijgt een verdere stimulans door zijn vriendschap met Franz Nissl die in dezelfde psychiatrische kliniek in Frankfurt am Main, waar Alois zijn opleiding tot psychiater volgt, werkzaam is. Deze samenwerking, die levenslang zal duren, is van grote invloed op het onderzoek van Alzheimer. Nissl is namelijk een van de grote histologen (weefselonderzoekers) uit zijn tijd. Hij ontwikkelt een kleuring die bepaalde zenuwcellen onder de microscoop zichtbaar maakt die nog steeds gebruikt wordt en zijn naam draagt ('Nissl-kleuring'). Samen onderzoeken zij hersenweefsel, waarbij Alzheimer zich op het onderzoek bij overleden patiënten concentreert en Nissl op de meer fundamentele aspecten, zoals het beter zichtbaar maken van zenuwcellen. Hun zes boeken tellende werk, *Histologische und histopathologische Arbeiten über die Großhirnrinde*, behoort tot de standaardwerken uit die tijd. Ze vormen een productief en complementair koppel, waarvan Alzheimer de methodische en Nissl de creatieve helft uitmaakt. In 1895 wordt Alzheimer directeur van de kliniek waar hij zijn opleiding had gevolgd, in Frankfurt dus. Zeven jaar later verhuist Alzheimer naar de kliniek in Heidelberg die onder leiding staat van een van de meest vooraanstaande psychiaters ooit, Emil Kraepelin. Binnen een jaar verlaat Alzheimer Heidelberg echter alweer om samen met Kraepelin naar München af te reizen. Alzheimer wordt door Kraepelin tot hoofd van het laboratorium voor hersenonderzoek benoemd maar veel geld om het in te richten krijgt hij er niet voor. Hij financiert een groot deel van het lab echter zelf aangezien hij weduwnaar is van een welgestelde vrouw en zo over voldoende privé-middelen beschikt. In zijn lab bestudeert hij de hersenen van de patiënten die overlijden in de kliniek in München maar ook hersenmateriaal van patiënten uit zijn tijd in Frankfurt. Veruit de beroemdste van deze patiënten is Auguste D., die aan een ernstige vorm van dementie lijdt. De hersenafwijkingen bij deze patiënte – opstapeling van eiwitten in de hersencellen – waren niet eerder beschreven en Alzheimer presenteert ze, als gezegd, in 1906 op een Duits psychiatrisch congres. In 1911 beschrijft Alzheimer een tweede geval met dezelfde verschijnselen en soortgelijke hersenafwijkingen.[2] Mede vanwege deze belangrijke ontdekkingen en ook omdat hij bekendstaat als een begaafd onderwijzer, wordt Alzheimer in 1912 benoemd als hoogleraar en hoofd van de psychiatrische afdeling van de universiteit van Breslau (in het voormalige Pruisen, nu Wroclaw in Polen). Enkele dagen voorafgaande aan zijn verhuizing wordt Alois ziek, waarschijnlijk als gevolg van reumatische koorts die, zoals gebruikelijk bij die ziekte, zijn hart aantast. Hoewel hij zich nog drie jaar met overgave op zijn werk stort, herstelt hij niet meer. Alois

Alzheimer overlijdt op zondag 19 december 1915, omringd door zijn zusters en kinderen, op eenenvijftigjarige leeftijd aan hartfalen. Alzheimer heeft altijd gedacht dat de dementie die hij beschreef, een bijzondere vorm van dementie was, een zeldzame uiting van een veel voorkomend ziektebeeld. Dementie, zo dacht hij, was meestal een gevolg van aderverkalking, arteriosclerose, en slechts in uitzonderlijke gevallen het gevolg van de opstapeling van eiwitten in de hersenen die hij zelf voor het eerst beschreven had. Deze veronderstelling heeft standgehouden tot een twintigtal jaar geleden. Pas toen werd duidelijk dat de dementie die Alzheimer in de eerste jaren van de twintigste eeuw had beschreven, de ziekte is die de eenentwintigste eeuw zal domineren.

DEMENTIE HEEFT DE TOEKOMST

Dementie zal de ziekte van deze eeuw zijn omdat ze een aandoening is van voornamelijk (zeer) oude mensen. En we worden almaar ouder. In een recent artikel in het vooraanstaande wetenschapsblad *Science* blijkt dat we sinds 1850 steeds langer leven en dat het eind daarvan nog niet in zicht is. Was de levensduur in 1850 in het land met op dat moment de langste levensverwachting, Noorwegen, vijfenveertig jaar, in 1960 was Nederland het land waar we het oudst ter wereld werden, namelijk zevenenzeventig jaar. Sinds 1990 is dat Japan; daar kon men er in 2002 van uitgaan vijfentachtig jaar te zullen worden. Was de stijging in levensverwachting tot omstreeks 1950 grotendeels te danken aan verlaging van de sterfte onder kinderen en jongvolwassenen (door verbeterde voeding, toegenomen hygiëne, stijging van inkomen en de uitvinding van antibiotica), de laatste decennia komt de toename van de levensduur voornamelijk op conto van langer levende ouderen. Voor Japanners is de levensverwachting voor 65-jarigen gestegen van dertien jaar in 1950 tot tweeëntwintig jaar in 2001. Anders gezegd en indrukwekkender: de kans dat een Japanner van 65 jaar honderd jaar oud wordt, is gestegen van één op de duizend in 1950 tot vijf procent nu. Vijftig keer zo groot! Er is voorlopig geen aanleiding aan te nemen dat deze (lineaire) stijging ten einde loopt. Extrapolerend zal de levensverwachting in 2040 rond de drieënnegentig jaar zijn (we weten alleen nog niet welk land dan de oudste mensen zal kennen). Dit is een hoopvolle boodschap. Met één kanttekening. Aangezien het risico op dementie exponentieel toeneemt met de leeftijd, zal, hoe ouder we worden, de kans dat we onze laatste jaren dement zullen doorbrengen alleen maar groter worden. En die is nu al niet gering.

In verschillende studies is onderzocht hoe vaak dementie in de algemene bevolking voorkomt. Studies uit de Verenigde Staten van de westkust (Seattle) tot de oostkust (Baltimore), in Italië en in Rotterdam komen allemaal met ongeveer dezelfde getallen. De kans op dementie neemt sterk toe met de leeftijd. Bij mensen tussen de vijfenzestig en zeventig jaar is het risico op dementie nog slechts 0,4 procent, maar dan verdubbelt het elke vijf jaar dat men ouder wordt, zodat de kans dat we op vijfentachtigjarige leeftijd dement zullen zijn, meer dan vijf procent bedraagt. Een op de twintig mensen boven de vijfentachtig jaar lijdt dus nu aan dementie.

Dementie is een ziekte van oudere mensen. Dat is het al sinds mensenheugenis. Dat met het ouder worden (sommige) geestelijke vermogens achteruit kunnen gaan, was de Egyptenaren vierduizend jaar geleden al opgevallen. Zij waren vast niet de eersten die dit merkten, maar wel de eersten die het opschreven. De Griekse wiskundige Pythagoras uit de zevende eeuw voor onze jaartelling beschouwde verlies van mentaal functioneren zelfs als onverbrekelijk verbonden met ouderdom, *senium* in het Grieks[3], en hij stond daarin niet alleen. De Griekse filosofen Plato en Aristoteles gingen er eveneens van uit dat veroudering en dementie synoniem waren. De Romeinse jurist, politicus en filosoof Cicero was het echter niet eens met de automatische koppeling tussen veroudering en verlies van mentale functies. Hij suggereerde zelfs dat een actief (geestelijk) leven achteruitgang in het mentaal functioneren zou kunnen tegengaan, een stelling die meer dan tweeduizend jaar later van zeer veel visie blijkt te getuigen.

De meeste artsen zijn er altijd al van uitgegaan dat achteruitgang in het mentaal functioneren een ziekte is en geen onderdeel van normale veroudering. Zo meenden de Griekse artsen Hippocrates en Galenus dat dementie een gevolg is van stoornissen in de hersenen. Deze (juiste) veronderstelling ging echter samen met het West-Romeinse Rijk ten onder. Pas ten tijde van de Verlichting brak het besef weer door dat dementie een ziekte zou kunnen zijn en de eerste pogingen tot classificatie van dementie zijn dan ook uit die tijd afkomstig. De Engelse anatoom Thomas Willis, tevens lijfarts van koning Charles II, beschreef dementie in zijn boek *Practice of Physick* als een uitvloeisel van verschillende oorzaken, waarvan sommige in de hersenen waren gelegen. Zo ook twee eeuwen later de Franse arts Jean Etienne Esquirol, die dementie in zijn boek *Des Maladies mentales considérées sous le rapport médical, hygiénique et médico-légal* (1838) beschreef als een ziekte van de hersenen '...*caractérisée par l'affaiblissement de la sensibilité, de l'intelligence et de la volonté*' (gekenmerkt door een verzwakking van de gevoeligheid, het verstandelijke vermogen en de wil). Maar ook zijn zeer accurate beschrijving van dementie maakte geen einde aan het debat of dementie bij veroudering hoort of dat het verschijnsel een proces is waarvan we gevrijwaard kunnen blijven, ook al worden we zo oud als Methusalem. Zelfs de uiteenzetting door Alzheimer van zijn twee gevallen van dementie deden dit debat niet verstommen, want beide patiënten waren op relatief jonge leeftijd (zesenveertig en eenenvijftig jaar) dement geworden. Ook Alzheimer zelf ging ervan uit dat de door hem opgetekende dementie een betrekkelijk zeldzaam ziektebeeld was en *niet* hetzelfde als de dementie die bij ouderen wordt gezien. Zo is het niet onbegrijpelijk dat men in de decennia daaropvolgend de termen 'preseniele dementie' en de 'ziekte van Alzheimer' door elkaar heen gebruikte, in de veronderstelling dat alle vormen anders dan die door Alzheimer beschreven, inherent aan het senium zijn. Opvallend is dat er wel unanimiteit bestond over het feit dat de verschijnselen van dementie, of deze nu werden gevonden bij de vroeg ontstane 'vorm' of op oudere leeftijd begonnen, identiek waren. Zo blijkt uit de handboeken uit het begin van de twintigste eeuw dat de dementie die toen beschreven werd, niet verschilt van het beeld zoals we het nu beschouwen.

Dementie begint, zo schreef Kraepelin al in zijn handboek uit 1910, met verlies van het geheugen. Kenmerkend is dat het geheugenverlies eerst evident wordt bij de meest recente, dagelijkse gebeurtenissen en pas op het allerlaatst de herinneringen uit de jeugd verdwijnen. Het geheugenverlies lijkt dus op een film die achteruit spoelend wordt gewist. Eerst verdwijnen de gebeurtenissen die kortgeleden plaatsvonden. Geleidelijk loopt de film verder terug en worden de herinneringen van langer geleden uitgevlakt. Kennis wordt weggeveegd die jaren eerder is geleerd, zoals een vreemde taal, subtiele sociale omgangsvormen, wiskundige formules. En op het laatst, als de spoel bij de kindertijd is aangekomen, veegt de dementie onze basaal geleerde vaardigheden, zoals manieren, omgangsvormen en gebruik van bestek, uit. Zo eindigt de patiënt met dementie zoals hij begonnen is: met een blanco filmspoel. De dood volgt, ook honderd jaar nog na het sterven van Auguste D., door (long)infecties vanwege verslikken of langdurige bedverpleging.

Het geheugenverlies bij dementie begint dus aan het eind van de film, bij de informatie die het meest recent is opgeslagen. Zo was het ook bij meneer C. begonnen. Het vergeten van kleine dingen, zoals waar de bril voor het laatst is neergelegd, zo onbetekenend dat niemand aan een beginnende dementie zal denken. Totdat het iets opmerkelijker wordt, zoals vergeten dat jouw dochter nog geen dag geleden heeft gebeld. Ook dat wordt misschien nog wel vergoelijkt. Pas als we niet meer weten wat we 's morgens in de krant gelezen hebben, begint het echt duidelijk te worden.

De dementie kondigt zich aan met het 'vergeten' van alledaagse, recente, gebeurtenissen. Het woord vergeten staat niet voor niets tussen aanhalingstekens. Want om te kunnen vergeten moeten we eerst de informatie in onze hersenen hebben opgeslagen. En dat is nu juist wat bij dementie niet gebeurt. Bij dementie wordt geen nieuwe informatie in de hersenen vastgelegd. Ze krijgt daarom de gelegenheid niet eens om vergeten te worden. Nieuwe informatie kan niet meer worden opgenomen, zodat de patiënt namen niet meer onthoudt, de weg in een vreemde omgeving niet kan terugvinden en geen idee meer heeft wat er in de wereld aan de hand is. Niets nieuws wordt meer geleerd, geen enkele nieuwe ervaring wordt opgeslagen. Het leven vult zich niet meer. Zonder nieuwe informatie op te slaan, bestaat het leven slechts uit verleden, zoals blijkt uit het levensverhaal van de ongelukkige die in de wetenschap bekendstaat onder zijn initialen HM.

WAAR GEHEUGEN BEGINT

HM wordt in 1926 geboren als enig kind in een Canadees arbeidersgezin. De eerste jaren uit zijn leven verlopen zonder bijzonderheden totdat een fietser hem op zijn zevende, terwijl hij op straat aan het spelen is, omverrijdt. Hij maakt een stevige smak en verliest vijf minuten het bewustzijn. De daaropvolgende drie jaar heeft hij nergens last van. Hij functioneert prima op school, heeft veel vriendjes en is de oogappel van zijn ouders. Zijn leven verandert echter als bij donderslag op zijn tiende wanneer hij, tijdens een autoritje met zijn ouders, een epileptische aanval krijgt. Het blijft aanvankelijk bij kleine aanvalletjes, maar op zijn zestiende krijgt hij de eerste grote epileptische aanval, waarbij hij het bewustzijn volledig verliest ('grand mal'-aanvallen genoemd).[4] Zo kleine epileptische aanvallen nog wel onopgemerkt kunnen verlopen, bij grand mal is dat zeker niet het geval. Dergelijke aanvallen beginnen meestal met een schreeuw, waarop de patiënt het bewustzijn verliest, stuiptrekkende bewegingen maakt en urine verliest. Dit is ook voor de omgeving een angstaanjagende situatie. Wellicht dat het optreden van dergelijke aanvallen de reden is dat HM op school zo vaak wordt gepest dat hij deze verlaat om elders zijn diploma (echter pas met eenentwintig jaar) te behalen. HM gaat vervolgens aan de lopende band werken maar ook daar moet hij weg: zijn aanvallen treden zo frequent op dat hij een te groot risico loopt zich te verwonden. Aangezien alle beschikbare medicijnen zonder enig resultaat zijn geprobeerd, besluiten de artsen tot een draconische maatregel, namelijk een neurochirurgische operatie. In 1953 – HM is zevenentwintig jaar oud – verricht dokter William Scoville, verbonden aan het Neurological Institute van McGill University in het Canadese Montreal, de operatie waarbij hij beiderzijds de voorste delen (ook wel de polen genoemd) van de slaapkwabben verwijdert. Epileptische aanvallen ontstaan nogal eens als gevolg van beschadigingen in dit gebied. Het is een risicovolle operatie, want het weghalen van deze hersendelen is nooit eerder gedaan. Maar de ingreep is een succes. Althans wat betreft het verminderen van de epileptische aanvallen. De kleine aanvallen treden nu nog maar zelden op en de grand mal-aanvallen minder dan eens per jaar.

De prijs die HM hiervoor moet betalen, blijkt echter zeer hoog. Meteen na de operatie valt op dat HM geheugenproblemen heeft. Hij herkent de artsen en verpleegkundigen die hij voorafgaande aan de operatie bij naam gekend heeft, niet meer. Hij kan zijn kamer op de gang niet meer vinden. Sterker, geen van de dagelijkse gebeurtenissen op de afdeling blijven bij hem hangen, het is alsof niets nieuws zich meer in zijn hersenen afzet. Wat hij gelezen heeft, óf hij iets gelezen heeft, enig aspect uit het wereldnieuws, het beklijft niet. Enkele weken na de operatie keert HM terug naar zijn ouderlijk huis, waar hij met zijn beide ouders woont. Korte tijd later verhuist het gezin naar een straat in dezelfde buurt. Ook al is het nieuwe adres slechts enkele straten verwijderd van zijn oude woning, HM kan de weg naar zijn nieuwe huis met geen mogelijkheid vinden. Toch is hij prima in staat het adres van zijn voormalige woning te noemen, inclusief huisnummer. Ook het oude telefoonnummer kent hij nog steeds.

In de loop van de jaren komt HM zo nu en dan weer in het ziekenhuis voor nader onderzoek en luncht dan met een van de artsen. Nooit blijkt hij in staat, ook al is het slechts enkele minuten na de genoten maaltijd, aan te geven wat hij gegeten heeft. Hij weet zelfs niet eens dát hij geluncht heeft. Opvallend is dat ondanks zijn enorme handicap zijn algemene intelligentie (IQ) gedurende al deze jaren stabiel is en niet is gedaald ten opzichte van de periode voor de operatie, namelijk 105-110. Zijn logisch redeneren, woordenschat en vermogen tot problemen oplossen zijn eveneens ongestoord. Het verwijderen van beide polen van de slaapkwab heeft blijkbaar een specifieke functie van de hersenen aangetast: het opslaan van nieuwe informatie. Opmerkelijk is namelijk dat de informatie die HM in zijn geheugen heeft opgeslagen voordat hij is geopereerd, niet verloren is gegaan, met uitzondering van de informatie uit de weken net voor de operatie. Immers, hoewel HM het nieuwe huisadres nooit geleerd heeft, blijft het oude adres dat hij voor de operatie al kende, paraat tot zijn dood. Blijkbaar is het deel van de hersenen dat tijdens de operatie verwijderd is, gekoppeld aan het vastleggen van nieuwe informatie maar niet betrokken bij het opdiepen van reeds (lang geleden) opgeslagen kennis.

HM was de eerste maar niet de enige patiënt bij wie opviel dat beschadiging van een specifiek gebied in de hersenen tot geheugenstoornissen leidt. In de jaren daarop werd nog een aantal patiënten beschreven bij wie aantasting van de voorste delen van de slaapkwabben dergelijke dramatische stoornissen in het opslaan van nieuwe informatie tot gevolg had. De patiënten vertoonden allen hetzelfde beeld als HM: niets van wat om hen heen gebeurde, beklijfde, terwijl herinneringen van lang(er) geleden onaangetast waren. Deze bevindingen konden maar tot één conclusie leiden: geheugen, althans de functie die daaraan voorafgaat, het opslaan van nieuwe informatie, zetelt in de slaapkwab. Maar dit gebied is groot en bevat verschillende structuren. Daarom was nog niet met zekerheid te zeggen welk deel in de slaapkwab verantwoordelijk was voor het vastleggen van informatie. Om die vraag te beantwoorden was onderzoek bij apen noodzakelijk.

De eerste die dergelijke studies opzette, is Larry Squire, nu hoogleraar aan de Universiteit van Californië in San Diego en inmiddels een van de meest vooraanstaande geheugenonderzoekers ter wereld. Hij heeft tientallen studies bij apen verricht om de rol van de hersenen bij het geheugen te begrijpen. Op basis van de gevolgen van de hersenoperaties die bij HM en een aantal andere patiënten waren geobserveerd, besloot hij in het midden van de jaren tachtig van de twintigste eeuw de rol van de grootste hersenkern uit de slaapkwab, de hippocampus, te onderzoeken. Het principe dat ten grondslag ligt aan zijn studies, is eenvoudig: verwijder de hippocampus en onderzoek welke functies verloren gaan. Zijn hypothese was dat verwijdering van de hippocampus zou leiden tot een sterke vermindering van het vermogen nieuwe informatie op te nemen, in andere woorden: het leren zou belemmeren.

In het eerste experiment opereerde Squire samen met zijn naaste medewerker dr. Stuart Zola-Morgan acht java-apen (*Macaca fascicularis*) en verwijderde beiderzijds de hippocampus. Nadat de dieren geheel waren hersteld, probeerden ze de apen nieuwe informatie aan te leren. Ze lieten de apen een object zien, een kopje bijvoorbeeld. Onder dit kopje was een rozijn verborgen. Als de aap het kopje optilde, zag hij de rozijn en kon hij deze opeten (apen houden erg van rozijnen). Zodra de aap geleerd had dat het optillen van het object (het kopje dus) tot een beloning leidt, voegden de onderzoekers een tweede, nieuw, object toe (een schoteltje bijvoorbeeld). Ook nu weer was een rozijn verborgen en wel zo dat die altijd onder het nieuw geplaatste object te vinden was. De aap moest dus onthouden dat hij een van de twee objecten al eerder gezien had (het kopje) en begrijpen dat hij het andere, nieuwe, object moest optillen om de rozijn te bemachtigen. Gedurende de voortgang van de test werd het oude object vervangen (het kopje in dit voorbeeld) door weer een nieuw object, een beker bijvoorbeeld. Telkens zat de rozijn onder het nieuw geplaatste voorwerp verborgen. Normaal gesproken leren apen dit principe zeer snel, ze weten steeds onder het nieuwste object te kijken om de rozijn te vinden. De apen bij wie de hippocampus was verwijderd was dit echter nauwelijks aan te leren, want ze vergaten steeds weer welke van de twee het nieuw geplaatste en welke het oude object was. Kortom, zonder hippocampus waren de apen ernstig belemmerd in het opnemen van nieuwe informatie.

Squire had aangetoond dat apen zonder hippocampus geen nieuwe informatie kunnen opnemen. Dit moet betekenen, zo concludeerde hij, dat dit het deel van de hersenen is dat voortdurend nieuwe informatie opslaat, zoals het nieuws van de dag, de namen van de mensen die we voor het eerst ontmoeten, het laatste modewoord, het vinden van de hotelkamer in een voorheen onbekend hotel. Blijkbaar is de hippocampus het deel van de hersenen dat betrokken is bij het vastleggen van nieuwe informatie. Dit is het gebied dat essentieel is voor leren, voor het opslaan van ervaringen, voor het vullen van uw leven.

Deze essentiële functie (want hoe zou u kunnen opgroeien en overleven als u niet zou kunnen leren en onthouden?) is het brandpunt geweest van honderden studies met als vraag: hóe leert de hippocampus? Met name onderzoek bij vogels heeft ons hierover veel wijzer gemaakt. Dat is minder verwonderlijk dan het misschien zo op het eerste gezicht lijkt. Vogelhersenen lijken namelijk in veel opzichten op die van de mens en vogels communiceren, net als mensen, ook. Althans ze zingen. Dat zingen doen ze niet het hele jaar door. Ze zingen met name wanneer ze contact willen maken, nieuwe contacten. In de lente dus. En iedere lente zingen ze een nieuw lied, zoals ons gezegde al aangeeft. Dat nieuwe lied moeten ze leren.

WAAR GEHEUGEN WERKT

Kanaries (*genus Passeriformes*) beschikken over een specifiek gebied in de hersenen om te kunnen zingen, het hoge vocale centrum. Wordt dat centrum beschadigd, dan kunnen de kanaries nog wel zingen, maar geen wijs meer houden. De kanarie gaat erbij zitten alsof hij zingen wil, maar er komt slechts een afschuwelijk gekraak uit zijn keel.[5] De grootte van het vocale centrum lijkt samen te hangen met het zangvermogen.

Zo is het zanggebied groter bij kanariemannetjes, die mooier en gevarieerder zingen dan vrouwtjes. Verder hebben mannetjes met een uitgebreid zangrepertoire een groter zanggebied dan hun minder vocaal begaafde seksegenoten. Datzelfde geldt voor winterkoninkjes, zoals het volgende onderzoek aantoont.

Het zal u niet zijn ontgaan dat niet alle mensen even veel of even mooi zingen. Bij vogels is het niet anders. Winterkoninkjes (*Cistothorus palustris*) uit New York en Californië bijvoorbeeld, hoewel van dezelfde soort, verschillen aanzienlijk in hun zangrepertoire. Zo kent de New Yorkse soort honderdvijftig liedjes terwijl de Californische tak niet meer dan vijftig wijsjes kan voortbrengen. In een elegant onderzoek van professor Fernando Nottebohm van Rockefeller University in New York, werden vijftien winterkoninkjes uit de moerassen bij de Hudson-rivier in New York gevangen en evenveel uit de moerassen van de Grizzly Island Wildlife Area in Californië. Van elke vogel werden tussen de drie- en achthonderd liedjes op bandjes opgenomen op het moment dat deze vogeltjes het meest zingen, namelijk in de twee uur voor zonsopgang. Alleen de afzonderlijke wijsjes (die verschilden in het geluidspatroon dat werd opgenomen) werden geteld. Dat bleken er inderdaad gemiddeld 159 te zijn voor de vogels uit New York en 54 voor de Californische winterkoninkjes. Meteen na het zingen werden hun hersenen onderzocht, waarbij met name de grootte van de zangkern werd gemeten. De New Yorkse winterkoninkjes hadden duidelijk grotere zangkernen dan hun minder getalenteerde Californische familieleden.

De grootte van het zangcentrum in de hersenen is dus gekoppeld aan de omvang van het zangrepertoire, zowel bij kanaries als bij winterkoninkjes. Deze vogels zingen echter niet het hele jaar door. Ze zingen met name in de lente. De liedjes voor de nieuwe lente leren kanaries al ruim van tevoren, in de voorafgaande herfst namelijk. Ze leren de wijsjes van de oudere mannetjes (het zijn met name de mannetjes die zingen) en ze oefenen de nieuwe zangpatronen de hele herfst lang. Eerst zingen de kanaries nogal voorzichtig en improvise-

EEN STILLE OUDE MAN

ren ze, maar naarmate de herfst vordert, klinkt hun zang zekerder en wordt hun melodie vaster. In januari zijn ze klaar om hun nieuwe lied de komende lente ten gehore te brengen. Ze blijven een paar maanden stil en dan zingen ze er luidkeels op los, hun nieuwe lied voor een nieuwe wereld. Kortom, hun zangcentrum is niet het gehele jaar even actief. Zou dit wisselende beroep dat de natuur op het zangcentrum doet, gevolgen hebben voor de grootte van het zangcentrum? Met andere woorden, zou het zangcentrum van vogels van grootte veranderen naargelang het gebruik ervan varieert? Nottebohm besloot te onderzoeken of het zangcentrum van kanaries verandert met de seizoenen:

> Eenentwintig kanaries die in april waren geboren, werden in aparte kooitjes geplaatst. Bij negen van hen werden in april van het jaar daarop de hersenen onderzocht (in de lente dus, de periode dat ze hun nieuwe zangrepertoire geleerd hebben en ten gehore brengen). De hersenen van de overige twaalf kanaries werden in september van datzelfde jaar onder de microscoop gelegd (in de periode dat kanaries nauwelijks zingen en nog niet begonnen zijn om hun nieuwe zangrepertoire te leren). Het bleek dat het volume van het zangcentrum in april twee keer zo groot was als in september. De onderzoekers concludeerden dat het zangcentrum blijkbaar groeit in de maanden tussen september en april, de periode waarin de kanaries de nieuwe liedjes voor het volgende seizoen leren.

Professor Nottebohm toonde met dit onderzoek aan dat het volume van het zangcentrum in kanaries niet statisch is maar verandert in de loop van het jaar. Dat is op zich al een bijzondere ontdekking. Helemaal opmerkelijk is zijn tweede bevinding dat het zangcentrum niet zozeer groeit wanneer de vogels het meeste zingen, in de lente dus, als wel in de periode dat de kanarie nieuwe wijsjes *leert* (in de herfst) en weer kleiner wordt wanneer het nieuwe zangrepertoire eenmaal is aangeleerd. De belangrijkste ontdekking van Nottebohm, die hem wereldberoemd heeft gemaakt, is dus dat delen van de hersenen (van kanaries althans) groeien door te leren. Leren en oefenen leiden blijkbaar tot groei in de hersenen. Dat wisten we allang van spieren, maar dat dit ook gold voor hersenen, was werkelijk een openbaring.

Hoe komt dat? Hoe kunnen hersenen groeien doordat een bepaalde functie (in dit geval zingen) wordt geoefend? Worden de zenuwen dikker? Of nog revolutionairder: worden er nieuwe zenuwcellen bij de kanarie gevormd? Nottebohm en zijn medewerkers op Rockefeller University besloten deze vraag te beantwoorden met een voor die tijd (in 1994) nieuwe methode. Enkele jaren eerder was ontdekt dat door een stof (bij levende dieren) in te spuiten die in het delende DNA wordt ingebouwd, het delen van cellen zichtbaar gemaakt kon worden wanneer de hersenen in een later stadium (na overlijden) onder de microscoop worden bekeken. Nottebohm besloot deze stof bij kanaries in te spuiten en te kijken of celdeling plaatsvond in het zangcentrum van deze vogels.

De stof die zich aan DNA bindt werd gedurende een periode van tien dagen bij vijfentwintig kanaries ingespoten in de maanden mei en september. Veertig of 128 dagen na het inspuiten van deze stof werden hun hersenen onderzocht op de aanwezigheid van nieuwe zenuwcellen. Zo kon nagegaan worden of en wanneer *nieuwe* cellen werden aangemaakt in het zangcentrum van deze vogels. Het bleek dat er inderdaad veel nieuwe neuronen in de hersenen van deze kanaries waren gevormd. Het grootste aantal was aangemaakt in de periode dat de kanaries nieuwe liedjes hadden geleerd, in de herfst dus, en het minst in de zomermaanden, de periode dat ze niet zingen en ook niets nieuws leren.

Inderdaad, in de hersenen van zangvogels worden voortdurend nieuwe cellen in het zangcentrum gevormd. Dat is een ontdekking met verstrekkende gevolgen. Blijkbaar delen hersencellen zich. Maar dat niet alleen. De bevinding dat de nieuwe zangcellen met name ontstaan in de periode dat de kanarie nieuwe liedjes leert, suggereert dat leren, althans het aanleren en onthouden van nieuwe zangpatronen bij de kanarie, leidt tot nieuwvorming van zenuwcellen. Leren leidt dus tot de vorming van nieuwe cellen in de hersenen. Zou dit een algemeen principe betreffen? Is deze bevinding bij de kanarie te extrapoleren naar ander leergedrag, in de zin dat leren, onthouden, tot groei in de hersenen leidt? Het is slechts een kleine stap van kanarie naar mees, maar deze stap heeft wel dit basale mechanisme in de hersenen bevestigd: de hersenen groeien wanneer ze leren.

Mezen komen veel voor in de bossen van het gematigde klimaat van Noord-Amerika (New York, bijvoorbeeld). Aan het einde van de zomer en het begin van de herfst verandert er veel in het leven van de mees. Terwijl de mees in de zomer voornamelijk insecten eet, moet hij in de winter van zaad leven, omdat de insecten dan inmiddels van de kou gestorven zijn. Zaadjes zijn echter aanzienlijk schaarser dan insecten en dientengevolge moeten deze vogeltjes in de herfst en winter een veel groter gebied afgrazen dan in de zomer. Het gevolg is dat in de herfst hun leefruimte verdriedubbelt. Behalve in omvang verandert de leefomgeving van de mees in de herfst in meer opzichten. Het landschap krijgt een ander aanzien: de bomen veranderen van kleur, verliezen hun blad en worden ten slotte kaal. Uiteindelijk valt de sneeuw, waardoor nog meer oriëntatiepunten voor de mees verloren gaan. Gedurende deze periode van verstrekkende verschuiving in zijn leefmilieu moet de mees zaadjes zoeken om de winter door te komen. Het vogeltje moet dus heel wat leren en onthouden in de overgang van zomer naar winter. Zou dit tot de aanmaak van nieuwe cellen leiden in het gebied dat bij de mees, net als bij de mens, verantwoordelijk is voor het opslaan van nieuwe informatie?

Ook nu weer waren Nottebohm en zijn medewerkers in staat deze vraag te beantwoorden, niet het minst vanwege de fantastische mogelijkheden die ze hebben om het gedrag van vogels te bestuderen. Naast een aantal verdiepingen in de gebouwen van Rockefeller University, in een van de duurste wijken van New York, de Upper East Side van Manhattan, heeft zijn onderzoeksgroep ook nog eens de beschikking over 360 hectaren New Yorkse natuur. Daar, in het Field Research Center for Ecology and Ethology in Millbrook, New York, prachtig gelegen in de bossen van Dutchess County die zo indrukwekkend van kleur veranderen wanneer de herfst aanbreekt, hebben zij mezen bestudeerd terwijl die, in hun natuurlijke omgeving, de overlevingsslag maakten van herfst naar lente:

> In de loop van twee jaar werden vierenzeventig mezen gevangen en werd bij hen thymidine ingespoten, de stof die vrijwel meteen wordt opgenomen in nieuw gevormd DNA en die zichtbaar in de cellen blijft ook wanneer de hersenen maanden later onder de microscoop onderzocht worden. Onmiddellijk na het inspuiten van de stof werden ze weer vrijgelaten. Na verloop van zes weken werden er zevenentwintig van de vierenzeventig vogels teruggevangen, iets later nog eens vijftien. Direct na het terugvangen werden de hersenen van deze vogeltjes onderzocht. Het viel op dat er in de maand oktober twee keer zoveel delende cellen werden aangetroffen als in het voorjaar. Leren van nieuwe informatie leidt ook bij de mees tot een toename van nieuwe zenuwcellen.

De studie in mezen ondersteunt de bevinding bij kanaries dat leren, of het nu het leren van een nieuw lied betreft of het vinden van zaden in een veranderende omgeving, leidt tot de aanmaak van nieuwe zenuwcellen in de hersenen. Hoewel mezen minder ver van de mens afstaan dan misschien zo op het oog lijkt, bevinden ratten zich, omdat het zoogdieren zijn, weer een stapje dichter bij ons mensen. Zou ook bij de rat hetzelfde principe opgeld doen als bij vogels, namelijk dat leren hersenengroei stimuleert?

Om te onderzoeken hoe snel ratten kunnen leren, wordt vaak de waterdoolhoftest gebruikt, naar de ontwerper, Richard Morris, de 'Morris Water Maze' genoemd. In een bak met water dat troebel is gemaakt, wordt net onder de waterspiegel een platformpje geplaatst dat voor de rat niet zichtbaar is. Na een tijdje zwemmen heeft de rat door waar het platform zich bevindt omdat hij zich kan oriënteren aan de hand van voorwerpen die rondom de bak zijn geplaatst (en die niet van plaats veranderen). Op die manier kan hij ook onthouden waar het platformpje zich bevindt. De rat wordt uit de bak gehaald en er na enige tijd weer in gezet. De mate van leren wordt gemeten aan de tijd die de rat nodig heeft het (niet-verplaatste) platform weer te vinden. In deze studie ging het er niet om te onderzoeken hoe snel de ratten leren, maar om het effect te bestuderen van het leren zelf op de hippocampus. Om te kunnen vergelijken wat het effect van leren op de hippocampus is, werd bij een andere groep ratten een controletest gebruikt die erg op de voorgaande lijkt, maar waar geen leren bij te pas komt. In die opzet wordt de rat ook in de bak met water geplaatst maar nu bevindt het platformpje zich boven de waterspiegel, zodat het voor de rat direct zichtbaar is. Vanzelfsprekend vindt de rat dit platform direct en is leren hierbij geen factor van belang.

Na afloop van deze testen werden de hersenen van de ratten onderzocht. In de hippocampus van de ratten die hadden moeten leren, was het aantal neuronen verdubbeld. Bij de ratten die niets hadden hoeven te leren (in de controletest dus), waren er in de hippocampus geen nieuwe zenuwcellen bij gekomen. De verdubbeling van het aantal neuronen was waarschijnlijk het resultaat van een langere en betere overleving van cellen die al bestonden voordat het leren begon.

Leren, in dit geval het onthouden van een bepaalde plaats in een watervlakte, leidt ook bij de rat tot de vorming van nieuwe zenuwcellen in het gebied dat bij rat (en mens) verantwoordelijk is voor het opslaan van nieuwe informatie. Wat voor vogels geldt, is blijkbaar ook van toepassing op zoogdieren, zoals de rat. Opnemen van nieuwe informatie leidt tot groei in de hippocampus, het deel van de hersenen dat daarvoor verantwoordelijk is.

Leren is vanzelfsprekend een proces dat zeer vroeg in het leven begint, onmiddellijk na de geboorte al. Als leren de hersenen op volwassen leeftijd al blijkt te beïnvloeden, dan zal dit waarschijnlijk al helemaal zo zijn wanneer we het meest in ons opnemen, namelijk wanneer we opgroeien. Bij mensen is dat nog niet onderzocht, bij muizen al wel.

Laboratoriummuizen (-ratten ook trouwens) leiden een betrekkelijk saai bestaan. Ze leven alleen of in kleine groepjes van vier in een glazen bak, niet veel groter dan een schoenendoos, met wat water en voedsel binnen bereik en zaagsel op de grond. In dit onderzoek uit 1997 van het

Salk Institute in La Jolla, Californië werden vierentwintig muizen willekeurig in twee groepen verdeeld. De muizen waren jong, net van de moederborst. De ene groep werd in groepjes van vier gehuisvest zoals normaal gebruikelijk is, klein en saai dus; de andere groep kreeg de ruimte. Zij werden met z'n allen (twaalf) in een grote bak geplaatst met veel afleiding in de vorm van papieren en plastic buisjes waar ze doorheen konden klauteren, een rad om in te rennen, een tunnel om doorheen te kruipen en ze kregen naast het gewone eten ook nog allerlei lekkernijen zoals brokjes appel, kaas en popcorn (Amerikaans onderzoek, schreef ik al). Een verrijkte omgeving werd dat genoemd. De muizen werden ingespoten met een stof die delende cellen zichtbaar maakt. Na enkele weken werden de hersenen van de beide groepen muizen met elkaar vergeleken. De muizen in de 'verrijkte' omgeving hadden vijftien procent meer nieuwe zenuwcellen in de hippocampus dan de muizen die in de gewone, prikkelarme, omgeving waren opgegroeid. Dit was niet zozeer het gevolg van de aanmaak van nieuwe cellen als wel van het langer overleven van eenmaal aangemaakte cellen.[6]
Nieuwe informatie, leren dus, of het nu het zangrepertoire is van de kanarie, het vinden van voedsel door de mees, het vermijden van de verdrinkingsdood voor de rat, of speeltjes onderzoeken bij de babymuis, de hersenen groeien ervan. Zoals Nottebohm voor vogels had vastgesteld, was nu ook aangetoond bij zoogdieren. De hersenen zijn een dynamisch orgaan, gevoelig voor, en beïnvloedbaar door, de omgeving, in elk geval wanneer het gaat om het opnemen van nieuwe informatie. Leren leidt tot de aanmaak van zenuwcellen die ervoor zorgen dat we de nieuwe gegevens kunnen vastleggen. Maar raken onze hersenen dan nooit vol?

WAAR GEHEUGEN EINDIGT

Hoe maakt het brein, meer in het bijzonder de hippocampus, het deel in de hersenen verantwoordelijk voor het opslaan van informatie, ruimte voor het bewaren van nieuwe gegevens? Het lijkt namelijk moeilijk voor te stellen dat een heel leven aan informatie in dat ene, relatief kleine, gebied wordt opgeslagen. Sterker, we wéten dat de hippocampus niet alle informatie opslaat, want hoe kon HM anders zijn adres en telefoonnummer van vóór de verhuizing nog kennen terwijl hij helemaal geen hippocampus meer had? Zou dit deel van de hersenen misschien een soort tijdelijk geheugendepot zijn waar de nieuw geleerde informatie wordt opgeslagen, de plaats innemend van oude, minder bruikbare gegevens?

Een studie bij kanaries, nu eens niet verricht door Nottebohm, maar door onderzoekers van Princeton University, wijst inderdaad in die richting. Bij het onderzoeken van de aanmaak van nieuwe zenuwcellen bleek dat direct voorafgaande aan de periode van groei een groot aantal zenuwcellen in het zangcentrum van deze vogeltjes afstierf. Opmerkelijk was dat onmiddellijk voorafgaande aan de aanleg van nieuwe zenuwcellen, de (oude) zangcellen in hetzelfde gebied doodgingen. Het leek erop dat het leren van een nieuw zangrepertoire gepaard ging met het opruimen van de zangcellen uit het vorige seizoen die het 'oude' repertoire bevatten. Zo kwam er mogelijk ruimte voor het zangprogramma van het nieuwe seizoen. Wat zou de kanarie ook moeten met de partituur van het afgelopen jaar?

Is het voortdurend wissen van oude gegevens het mechanisme dat voorkomt dat de hippocampus vol raakt met onnodige en overtollige informatie? Dat zou betekenen dat het afsterven van de oude zenuwcellen in de hippocampus noodzakelijk is voor het vormen van nieuwe herinneringen. Anders gevraagd, is vergeten een voorwaarde voor onthouden?

Het presenilin-gen stuurt de ontwikkeling van (nieuwe) zenuwcellen overal in de hersenen en dus ook in de hippocampus. Via een ingewikkelde maar elegante techniek zijn wetenschappers in een samenwerking tussen vier Amerikaanse universiteiten erin geslaagd een muis te kweken waarbij dit gen in de hippocampus niet tot uiting komt. Twee groepen muizen, een met en een zonder het presenilin-gen, werden met elkaar vergeleken. Beide groepen werden in een 'verrijkte' omgeving geplaatst met veel speeltjes. Zoals verwacht, nam het aantal cellen in de hippocampus bij de muizen toe omdat ze in een verrijkte omgeving waren gehuisvest. Het aantal nieuwe zenuwcellen in de muizen zonder het presenilin-gen was echter zevenendertig procent lager dan bij de muizen die dit gen nog wel hadden. De conclusie van de onderzoekers was dat presenilin inderdaad noodzakelijk is voor de vorming van nieuwe neuronen in de hippocampus.

Muizen leren zeer snel de plaats te herinneren waar ze een letterlijk pijnlijke ervaring hebben opgedaan. Dat leren ze in één enkele keer. Vandaar dat dit model vaak gebruikt wordt om het geheugen van muizen te testen. Muizen worden in dit model in een ruimte gebracht waar ze een pijnlijke schok toegediend krijgen. Wanneer muizen korte tijd later nog eens in diezelfde ruimte worden geplaatst, bevriezen ze van angst: ze blijven stokstijf staan. Aan dit gedrag is onmiddellijk te zien dat ze zich de situatie van de schoktoediening herinneren. Een groep muizen met en een groep zonder het presenilin-gen werd een schok gegeven en twee weken later weer in de ruimte waar ze die schok gekregen hadden, teruggeplaatst. Toen ze weer in die ruimte werden gezet, viel op dat de muizen *zonder* presenilin de situatie van twee weken ervoor veel *beter* hadden onthouden. Dat was geheel tegen de verwachting in, het geheugen van de muizen was vooruitgegaan in plaats van verminderd, terwijl ze juist minder nieuwe neuronen hadden gevormd. Het opslaan van nieuwe en recente informatie, kortom het onderdeel van het geheugen dat gekoppeld is aan de functie van de hippocampus, blijkt *beter* te functioneren wanneer er *minder* nieuwe zenuwcellen worden gevormd. Dat lijkt een paradox. Maar, zo stellen de onderzoekers van de vier universiteiten die deze experimenten hebben uitgevoerd, wellicht is de groei van nieuwe neuronen in de hippocampus niet het gevolg van het opslaan van nieuwe informatie, maar vindt deze veeleer plaats om oude informatie uit te wissen, zodat er ruimte voor nieuwe gegevens ontstaat. Dit zou betekenen dat informatie slechts tijdelijk in de hippocampus verblijft. Of deze veronderstelling klopt, is door de eerder genoemde neurobioloog Larry Squire, in een van zijn vele studies naar de functie van de hippocampus bij apen, onderzocht. Het onderzoek was opgezet om na te gaan hoe lang informatie opgeslagen blijft in de hippocampus. Anders gezegd, is het geheugen ooit onafhankelijk van de hippocampus? Elf apen werden getraind om verschillende voorwerpen te herkennen. Na een interval van enkele weken werd bij de apen de hippocampus beiderzijds operatief verwijderd. Het interval tussen training en operatie liep uiteen van zestien tot vier weken. Als controle dienden zeven apen die op dezelfde tijdstippen waren getraind in het herkennen van dezelfde objecten maar die niet werden geopereerd. Twee weken na de operatie werden de elf geopereerde apen de voorwerpen getoond die ze hadden moeten onthouden. Hun prestatie werd vergeleken met die van de zeven niet- geopereerde controle-apen. De apen die zestien, twaalf en acht weken voor de operatie waren getraind in het herkennen van de voorwerpen, deden het net zo goed als de niet-geopereerde apen. Deze apen ondervonden dus geen last van het verwijderen van hun hippocampus. De apen die twee en vier weken voor de operatie waren geoefend, deden het echter veel slechter dan de apen waarbij de hippocampus niet was verwijderd. De onderzoekers concludeerden dat de hippocampus noodzakelijk is om dingen enkele weken te kunnen onthouden en daarna nauwelijks een rol meer van betekenis speelt voor het geheugen.

Zoals al vermoed op basis van de geheugenstoornissen van HM, blijkt de hippocampus noodzakelijk voor het korte-termijngeheugen, voor het opslaan van nieuwe gegevens. Bij het bewaren van informatie die ouder is dan enkele weken speelt deze hersenkern echter geen duidelijke rol. Gegevens van weken geleden moeten dus ergens anders in de hersenen zijn opgeslagen. Dit betekent dat herinneringen binnen enkele weken van de hippocampus naar andere delen van de hersenen verhuizen, waar de opslag ervan een permanenter karakter heeft. Onderzoek bij muizen heeft inderdaad aangetoond dat dit is wat waarschijnlijk ook met onze ervaringen gebeurt.

Een internationale groep onderzoekers, afkomstig uit de Verenigde Staten, Canada, Frankrijk en Polen, onderzocht de hersenen van muizen die één dag en zesendertig dagen na het toedienen van een schok werden teruggeplaatst in de ruimte waar de schok eerder was toegediend (en waar de herinnering aan het gebeurde, zoals gezegd, zich openbaart door het verstijven van de muis). Zij gebruikten een zeer moderne methode om te kijken welk deel van de hersenen actief werd ten tijde van de terugplaatsing, namelijk door de activiteit van genen te meten in verschillende hersengebieden van deze muizen. In de muizen die zesendertig dagen na de schoktoediening waren teruggeplaatst, was geen activiteit in de hippocampus te zien maar wel in de verschillende gebieden in de voorste hersendelen. In de muizen die al na één dag waren teruggeplaatst, werd het tegenovergestelde gevonden: verhoogde activiteit in de hippocampus, maar niet in de voorste hersendelen. Dat suggereerde dat de recente, één dag oude, herinneringen in de hippocampus waren opgeslagen en de gebeurtenissen van zesendertig dagen geleden zich in de voorste hersendelen bevonden. Om er helemaal zeker van te zijn dat ze het bij het rechte eind hadden, beschadigden de onderzoekers de voorste hersendelen bij een andere groep muizen. Toen deze muizen zesendertig dagen na het toedienen van de schok weer in dezelfde ruimte werden gezet, verstijfden ze niet. De herinnering aan de schoktoediening was met het verwijderen van de voorste hersendelen weggewist.

Het geheugen bestaat uit ten minste twee gebieden. Het hersengebied dat onze nieuwe ervaringen voor korte tijd opslaat, en de gebieden die ze permanent in onze hersenen verankeren. De hippocampus is het deel waar uw recente ervaringen tijdelijk worden opgeslagen. Daar blijven ze waarschijnlijk totdat nieuwe zenuwcellen de informatie gaan verdringen, zodat uw hersenen weer gereed zijn voor het laatste nieuws. Om ervoor te zorgen dat de gegevens niet voor altijd verloren gaan, verhuist de informatie die u echt belangrijk vindt, of soms om onbegrijpelijke redenen[7], naar (onder andere) de voorste hersendelen, waar de opslag een duurzamer karakter heeft.

WAAROM EMOTIE ONS GEHEUGEN VERBETERT

De amandelkern is een hersenkern die vastzit aan de hippocampus. Dat is niet zonder reden. Terwijl de hippocampus verantwoordelijk is voor het opslaan van nieuwe informatie, bepaalt de amandel met welke emotionele waarde we die informatie opslaan en daarmee hoe goed we de nieuwe gegevens in ons geheugen verankeren. Uit ervaring weet u dat feiten die een belangrijke emotionele lading voor u hebben, aanzienlijk beter in uw geheugen worden opgeslagen dan neutrale evenementen. Dat is geen toeval, want dergelijke gebeurtenissen zullen waarschijnlijk belangrijke informatie bevatten, zodat we ervan kunnen leren. Zo is ook in het volgende onderzoek aangetoond.

Tien vrouwelijke proefpersonen werden in dit onderzoek betrokken. De wetenschappers hadden besloten louter vrouwen in dit onderzoek te betrekken omdat vrouwen aantoonbaar meer intense emotionele ervaringen rapporteren dan mannen en meer lichamelijke verschijnselen vertonen wanneer ze dergelijke intense ervaringen beleven. De tien vrouwen werden 96 scènes getoond van de test die vaak gebruikt wordt om emotionele reacties bij proefpersonen op te wekken, de International Affective Picture System (IAPS). Deze plaatjes verbeelden afwisselend nare, vrolijke en neutrale scènes. De proefpersonen moesten hierbij aangeven hoe sterk de emotie was die het betreffende plaatje opwekte. Tegelijkertijd werd hun hersenactiviteit in een scanner gemeten. Drie weken later werden hun dezelfde 96 foto's getoond maar nu aangevuld met 48 nieuwe van soortgelijke taferelen, waarbij de vrouwen moesten aangeven of ze het plaatje eerder hadden gezien en hoe zeker ze daarvan waren. De plaatjes werden in willekeurige volgorde vertoond. Tijdens de eerste sessie, toen de proefpersonen de emotionele taferelen voor het eerst zagen, werd de amandel actief, waarbij de mate van activiteit was gekoppeld aan de mate van emotionele lading die de plaatjes voor de proefpersonen hadden. Toen drie weken later de scan werd herhaald tijdens het vertonen van de 144 plaatjes, viel op dat de vrouwen de plaatjes die hen de eerste maal het meest hadden aangegrepen, het best hadden onthouden. Hoe groter de activiteit in de amandel was geweest ten tijde van de eerste sessie, des te beter ze de plaatjes herkenden. De conclusie is dat we beter onthouden wanneer we iets meemaken wat ons raakt en nu weten we ook waarom. Toegenomen activiteit in de amandel is de reden waarom u nog precies weet waar u was toen John F. Kennedy werd vermoord, of, voor de jongeren onder u, waar u zich op 11 september 2001 bevond. We slaan onze informatie op in de hippocampus, maar de amandel die onze emotionele reactie op onze omgeving bepaalt, maakt uit hoe goed we die informatie opslaan.

Wat eenmaal permanent in de schors van onze hersenen opgeslagen ligt, ligt daar goed. Uw herinneringen zijn daar niet makkelijk uit te verwijderen. Daar zijn ernstige letsels voor nodig, zoals infarcten of bloedingen. De gegevens die in de hippocampus, uw tijdelijke depot, bewaard worden, bevinden zich in een kwetsbaarder situatie. Een flinke klap op het hoofd die tot een hersenschudding leidt, kan al aardig wat van de daar bewaarde informatie verloren doen gaan. Maar de hippocampus is niet alleen gevoelig voor ongelukken, ook de normale processen in het leven, zoals veroudering, laten hem niet onberoerd. Die tijdelijke opslagruimte is duidelijk niet voor de eeuwigheid gebouwd; het depot begint al vanaf de vroege volwassenheid barsten te vertonen. De capaciteit om nieuwe informatie op te slaan, neemt gestaag af vanaf het dertigste en schrompelt ineen vanaf het zeventigste levensjaar. Terwijl onze algemene intelligentie, concentratie, aandacht en reactietijd tot op hoge leeftijd intact blijven, neemt de capaciteit om nieuwe informatie op te nemen op veel jongere leeftijd al af. Anders gezegd, de veroudering van de hersenen begint bij de hippocampus.

GEHEUGENVERLIES EN VEROUDERING

Wanneer begint de veroudering van het brein? Het lijkt een simpele vraag, maar geheel beantwoord is die nog steeds niet. Dit komt mede vanwege het feit dat het in kaart brengen van *verandering* in de hersenen niet gemakkelijk is. Om verandering te meten moet men dezelfde persoon ten minste tweemaal onderzoeken en dat ging tot voor kort niet, omdat de technieken ertoe ontbraken. Nog niet zo heel lang geleden moesten we, om een idee te krijgen hoe de hersenen gedurende de loop van het leven veranderen, de hersenen van overleden kinderen, volwassenen en ouderen bestuderen en die met elkaar vergelijken. Dergelijk onderzoek heeft voor- en nadelen. Een onbetwistbaar voordeel is dat men de hersenen van overledenen onder een microscoop kan bekijken. Op die manier heeft Alzheimer de veranderingen in de hersenen van zijn demente patiënten kunnen vinden. Maar verder kleven er alleen maar nadelen aan. Hersenen veranderen razendsnel vanaf het ogenblik dat de dood intreedt en weerspiegelen dus slechts ten dele de toestand tijdens het leven. Zo krimpen de hersenen onmiddellijk, komen er stoffen vrij waardoor sommige structuren beschadigen en raakt de verhouding tussen de verschillende zenuwcellen uit het lood. Alleen hersenweefsel dat snel (binnen twaalf uur) na overlijden wordt verkregen en onveranderlijk wordt gemaakt via het bewaren in speciale vloeistoffen of invriezen, is nuttig voor onderzoek. Het grootste nadeel van onderzoek bij overleden patiënten, zeker wanneer we geïnteresseerd zijn in verandering van de hersenen, is echter dat we maar één keer kunnen meten en dus per definitie verandering bij dezelfde persoon nooit zullen kunnen zien. Slechts zeer recent, om precies te zijn in 2004, zijn de eerste resultaten verschenen van studies waarbij herhaalde hersenmetingen, gebruikmakend van moderne beeldvormende technieken, zijn verricht over de hele leeftijdsspanne. Een studie bij kinderen en adolescenten stamt uit de Verenigde Staten, een studie bij volwassenen uit Nederland.

Beide studies waren in eerste instantie niet eens opgezet om de normale veroudering van het brein te meten. De Amerikaanse studie staat onder leiding van Judy Rapoport van het National Institute of Mental Health, het grote onderzoeksinstituut van de Amerikaanse overheid, net buiten Washington, D.C. Dr. Rapoport is kinderpsychiater en ze lijkt weinig veranderd sinds ze als twintigjarige hippie op de Dam in Amsterdam gitaar speelde om haar rondreis door Europa te kunnen financieren. Judy Rapoport is niet primair in normale hersenverandering geïnteresseerd; haar baanbrekend werk richt zich op kinderen met schizofrenie. Ook het Nederlandse onderzoek, uitgevoerd door hersenonderzoeksters Hilleke Hulshoff Pol en Neeltje van Haren verbonden aan het Rudolf Magnus Instituut voor Neurowetenschappen en het UMC Utrecht, had tot opzet hersenverandering bij schizofrenie in kaart te brengen. Maar zoals bij dergelijk onderzoek gebruikelijk is, dienen de veranderingen bij patiënten vergeleken te worden met de variatie die bij het normale leven hoort. En zo werd, bijna als bijzaak, gevonden hoe onze hersenen zich gedragen als we ouder worden.

In de studie van Rapoport werden vijfenveertig kinderen van vijf tot elf jaar om de twee jaar onderzocht door gebruik te maken van niet-radioactieve scantechnieken. In een tweede studie van haar werden dertien kinderen en adolescenten tussen de vier en eenentwintig jaar om de twee jaar gescand. Met name de dikte van de hersenschors werd gemeten. Het bleek dat in de eerste levensjaren die dikte toeneemt en vanaf het begin van de puberteit dunner wordt. Hierbij viel een bepaald patroon op: de in de menselijke ontwikkeling oude gebieden, zoals gebieden die te maken hebben met zien, bewegen en voelen, rijpen het eerst, terwijl de gebieden die meer recent bij de mens zijn ontstaan, zoals het spraakgebied en de voorste hersendelen, pas later in de puberteit rijpen.

In het Nederlandse onderzoek werd het volume van de hersenen bij honderdtien personen variërend tussen de zestien en achtenvijftig jaar tweemaal met een tussenpauze van ongeveer vijf jaar gemeten met behulp van een hersenscan. Uit deze studie blijkt dat de hersenen als geheel stoppen met groeien vanaf het vijfentwintigste jaar en dan iets beginnen te krimpen. De echte achteruitgang treedt pas later op, pas na het vijfenveertigste jaar, en dan nog zeer geleidelijk.

Uit deze twee studies wordt duidelijk dat de hersenen rond het vijfenveertigste levensjaar beginnen te verouderen. Deze bevindingen zijn in overeenstemming met eerder onderzoek waarin hersenen van overledenen werden bestudeerd. Daaruit komt naar voren dat de rijping van de hersenen[8] begint aan het einde van de zesde maand van de zwangerschap en voortduurt tot omstreeks het vijfendertigste levensjaar. De rijping begint in de oudere, primitievere, hersengebieden, zoals die verantwoordelijk zijn voor bewegen en voelen, en eindigt in de meest ontwikkelde, complexe, gebieden, zoals die voor de spraak, het plannen en organiseren. Daarna is het even stil, waarop vanaf de middelbare leeftijd de verbindingen tussen de verschillende hersengebieden dunner lijken te worden en het volume van de hersenen zeer langzaam (met minder dan één procent per jaar) maar wel gestaag afneemt. Er is echter één gebied waar de afname in zenuwcellen aanzienlijk sneller verloopt: de hippocampus. Zowel bij apen als bij mensen treedt met het vorderen van de leeftijd een duidelijke verkleining op van dit deel van de hersenen. Dit is waarschijnlijk niet een gevolg van verlies aan zenuwcellen, maar te wijten aan een vermindering van het aantal verbindingen tussen deze zenuwcellen. Kortom, uw brein wordt heel geleidelijk kleiner naarmate u ouder wordt, waarbij de hippocampus proportioneel het meeste krimpt. Dat is het slechte nieuws. Het goede nieuws is dat deze achteruitgang niet onherroepelijk, noch onvermijdelijk is. Sterker, u kunt op een eenvoudige en bereikbare manier uw hersenen voor de ouderdom behoeden en het proces van veroudering vertragen.

EEN 'FACELIFT' VAN HET BREIN

Het is allang niet meer ongewoon om grote hoeveelheden geld en moeite te besteden aan het bevechten van de lichamelijke, althans uiterlijke, verschijnselen van veroudering. Privé-klinieken voor plastische chirurgie, tegenwoordig accurater cosmetische chirurgie genoemd, tieren niet alleen in Hollywood welig. Ook in Nederland kunt u, soms zelfs vergoed door de ziektekostenverzekering, uw oogleden laten 'liften', gezichtsspieren (tijdelijk) verlammen, rimpels laten opspuiten en nog verdergaande interventies riskeren, alles om de onherroepelijke veroudering van uw lichaam uit te stellen. En uw hersenen? Kunt u daar het tempo van de sluipende teloorgang proberen te vertragen? Dat kan inderdaad. De hersenen blijken nog veel flexibeler dan de huid. Terwijl de elastine die ons vel strak gespannen houdt, onvermijdelijk (versneld door ultraviolette straling en roken) haar rekbaarheid onomkeerbaar verliest, blijken onze hersenen veel elastischer van aard.[9] Niet alleen kunt u het functieverlies van uw hersenen vertragen, u kunt er misschien zelfs voor zorgen dat ze weer gaan groeien. Net als toen u jong was. En dat zonder botulinumtoxine (botox voor ingewijden), silicone of het scalpel. Gewoon door een beetje te rennen:

> De resultaten van achttien verschillende studies naar het effect van lichaamsoefening op de geestesvermogens van ouderen werd in een artikel in het wetenschappelijke tijdschrift *Psychological Science* geanalyseerd. Deze achttien studies hadden alle onderzocht of het bevorderen van lichamelijke fitheid bij ouderen tussen vijfenvijftig en vijfenzeventig jaar hun geestelijke vermogens zou verbeteren. De verschillende studies hadden lang niet alle dezelfde opzet. Sommige gebruikten slechts kortdurende trainingen (vijftien tot dertig minuten per sessie) andere langere trainingsperiodes (veertig tot zestig minuten per keer), en kracht- en cardiovasculaire (conditie) training werden door elkaar gebruikt. Ook de duur van de trainingsperiode varieerde van enkele maanden tot meer dan een halfjaar. Toch was het effect verbluffend: de ouderen die fysiek getraind hadden, deden het vier keer zo goed op allerlei mentale tests als de ouderen die niet aan fitnesstraining hadden deelgenomen (de controlegroepen). De combinatie van kracht en duurtraining had het beste effect terwijl trainingssessies korter dan dertig minuten zinloos bleken. De effecten van training werden al na slechts enkele maanden duidelijk.

Fitnesstraining is niet alleen merkbaar in de mentale vermogens van ouderen, onze hersenen worden er ook zichtbaar groter en fitter van:

EEN STILLE OUDE MAN

In het Beckman Institute van de University of Illinois in de Verenigde Staten werd bij vijfenvijftig ouderen van tussen de vijfenvijftig en tachtig jaar het volume van de hersenen onderzocht. Tevens werd hun lichamelijke conditie in kaart gebracht door de zuurstofopname tijdens inspanning te meten (een objectieve maat voor de lichamelijke conditie). Zoals te verwachten was, bleek dat hoe ouder de proefpersonen waren, des te kleiner hun hersenen. De verbazingwekkende bevinding was echter dat hoe fitter de ouderen waren, des te groter hun hersenen waren in relatie tot hun leeftijd. De lichamelijk fitte ouderen leken dus minder last te hebben van de leeftijdseffecten op hun brein. Met name de hippocampus bleek bij de fitte ouderen beschermd te worden tegen de krimp die normaal gesproken optreedt met het vorderen van de leeftijd.

Een goede lichamelijke conditie is niet alleen goed voor het aantal hersencellen dat in ouderdom overleeft, maar net zo belangrijk voor een betere functie van deze cellen, zo toonde een tweede studie van het Beckman Institute aan. Negenentwintig geestelijk en lichamelijk gezonde ouderen tussen de achtenvijftig en zevenenzeventig jaar deden mee aan dit Amerikaanse onderzoek. Vijftien van hen kregen gedurende zes maanden drie keer per week drie kwartier conditietraining, de veertien anderen deden hetzelfde aantal keren even lang strekoefeningen, zonder zich in te spannen. Alle deelnemers werden voorafgaande aan de interventie (trainen of strekken) getest terwijl ze in een hersenscanner lagen en een taak moesten doen waar ze hun aandacht goed bij moesten houden. Na de zes maanden was de groep die conditietraining had gehad, inderdaad aanzienlijk fitter dan de controlegroep die slechts strekoefeningen hadden gedaan. Niet alleen dat, de fitte groep deed het veel beter op de aandachtstaak en hun hersenactiviteit werd navenant groter.

Lichamelijke fitheid sterkt de hersenen van ouderen zowel in vorm als in functie. Fitheid lijkt het verlies van hersenweefsel dat met ouderdom samenhangt, te verminderen en maakt de hersenen actiever en effectiever. Deze hoopgevende bevindingen betekenen dat veroudering van de hersenen geen onvermijdelijk, onomkeerbaar en onbeïnvloedbaar proces is. Integendeel, veroudering van de hersenen is af te remmen. Zoals bij winterkoninkjes, kanaries, ratten, muizen, apen en ten slotte bij mensen is aangetoond: de hersenen zijn geen statisch, onveranderlijk orgaan. Uw hersenen zijn flexibel, plastisch en vormbaar. Wanneer u uw lichaam goed verzorgt, profiteren uw hersenen daar even sterk van. Een gezonde geest in een gezond lichaam is stoffelijker dan u dacht.

Met deze kennis komt een einde aan de vraag of dementie een onontkoombaar lot is, onverbrekelijk aan veroudering gekoppeld. Veroudering van de hersenen is, hoewel onherroepelijk, te verzachten, uit te stellen en te vertragen. De ziekte van Alzheimer is even onherroepelijk, maar niet af te remmen en nauwelijks te beïnvloeden.[10] Het duizenden jaren oude debat of dementie een onvermijdelijk gevolg van ouderdom is, lijkt beantwoord door de bevindingen dat veroudering van de hersenen te vertragen is.[11] Dementie afremmen kunnen we echter (nog) niet.

WAAR DEMENTIE BEGINT

Veroudering van het brein begint tussen ons veertigste en vijftigste. Wanneer begint dementie? Hoewel duidelijke verschijnselen van dementie meestal pas na het vijfenzestigste jaar zichtbaar worden, wil dat nog niet zeggen dat het proces dat ten grondslag ligt aan dementie, ook dan pas op gang komt. Inderdaad blijkt de functievermindering van het geheugen jaren eerder te beginnen dan dat de eerste verschijnselen van dementie aan het daglicht treden. Dit blijkt uit een onderzoek dat gebruik maakte van de mensen die deelnamen aan de wereldberoemde Framingham-studie, dezelfde groep mensen bij wie voor het eerst is aangetoond dat roken de kans op hart- en vaatziekten vergroot.

De proefpersonen, allen afkomstig uit het dorpje Framingham in de Amerikaanse staat Massachusetts, zijn voor het eerst onderzocht in 1948 en daarna iedere twee jaar opnieuw door verschillende onderzoekers gezien. Onderzoek bij deze oorspronkelijk meer dan vijfduizend mensen omvattende groep heeft onder andere aangetoond dat roken, verhoogd cholesterol, overgewicht en hoge bloeddruk het risico op hart- en vaatziekten verhogen. Uit deze groep van vijfduizend werden 1085 mensen ouder dan vijfenzestig jaar tussen januari 1976 en maart 1978 onderzocht met behulp van een aantal geheugentesten, waaronder het onthouden van een rijtje woorden om die na een interval van twintig minuten te reproduceren. Zij waren allen gezond en vertoonden geen enkel duidelijk teken van dementie ten tijde van dit onderzoek. Vervolgens werden zij gedurende dertien jaar iedere twee jaar onderzocht op verschijnselen van dementie. Na afloop van de dertien jaar hadden vijfenvijftig mensen (5,3 procent) dementie ontwikkeld. Toen de resultaten van hun geheugentesten van dertien jaar eerder erbij werden gehaald, bleek dat deze mensen toen al een vermindering in hun geheugenfunctie hadden vertoond. Met name het vermogen tot reproduceren van de kort daarvoor geleerde woorden was afgenomen. Jaren voordat de eerste verschijnselen van dementie duidelijk worden, is er al sprake van stoornissen in het korte-termijngeheugen.

DE FRAMINGHAM-STUDIE

De Framingham-studie is waarschijnlijk een van de langdurigste en tevens beroemdste medische studies uit de twintigste eeuw. Het werd de Amerikaanse gezondheidsinstanties omstreeks 1930 duidelijk dat hun land met een nieuw type ziekte te kampen had: hart- en vaatziekten. Hoewel misschien moeilijk voor te stellen, kwamen hartinfarcten in het begin van de twintigste eeuw nauwelijks voor en waren dus een onbelangrijke doodsoorzaak. Dat blijkt ook uit een blik in de medische leerboeken uit de eerste decennia van de twintigste eeuw: er is nauwelijks iets over dergelijke ziekten terug te vinden. Tien jaar later was dat dramatisch anders. Hartziekten waren doodsoorzaak nummer één in de Verenigde Staten geworden. De gezondheidsinstanties besloten te onderzoeken wat hieraan ten grondslag lag.

Aanvankelijk zou men geneigd zijn patiënten met klachten aan het hart te ondervragen hoe hun leven eruit had gezien voordat ze ziek werden om er op die manier achter te komen of zij verschilden van mensen zonder hartklachten. Het probleem met dergelijke studies is echter dat het verkrijgen van informatie door terug te blikken niet erg betrouwbaar is. De patiënten vergeten veel en herinneren zich misschien niet meer wat belangrijk zou kunnen zijn. In plaats van terugblikken is het beter om vooruit te kijken, anders gezegd door mensen langdurig te volgen en hun leefgewoonten goed in kaart te brengen. Een dergelijke studie heet een longitudinale studie, ook wel follow-upstudie genoemd, omdat de mensen gevolgd worden in de tijd. Een dergelijke studie is wetenschappelijk het betrouwbaarst, maar er is een hoop geduld voor nodig, want het kan (gelukkig) even duren tot een dertigjarige een hartinfarct krijgt. Daarnaast is zo'n studie pas echt informatief wanneer de mensen in de studie zo getrouw mogelijk de gewone bevolking vertegenwoordigen, anders zijn er geen algemene conclusies uit te trekken. Dat probleem lost men op door een steekproef te nemen uit een bepaalde streek of stad.

Dat besloten onderzoekers te doen en daarvoor kozen ze het dorpje Framingham in de Amerikaanse staat Massachusetts. In 1948 werden 5209 mensen tussen dertig en zestig jaar oud uit Framingham bij het onderzoek betrokken. Elke twee jaar werden deze mensen lichamelijk onderzocht, waarbij leefgewoonte (bijvoorbeeld roken), eetpatroon, lichamelijke beweging, bloeddruk en suiker, vetten en cholesterol in het bloed werden gemeten. Vanaf 1971 zijn de kinderen van de oorspronkelijke groep mensen ook in het onderzoek betrokken, zodat naast omgevingsfactoren ook genetische invloeden kunnen worden onderzocht. Inmiddels zijn vanzelfsprekend duizenden van de eerste groep overleden. Deze studie heeft voor het eerst aangetoond dat de reden daarvan te zoeken was in het aantal sigaretten dat ze rookten (in 1960 voor het eerst gepubliceerd), de hoogte van hun bloeddruk, cholesterol en vetzuren (1961) en het gebrek aan lichaamsbeweging (1967). De invloed van deze ene studie op onze volksgezondheid is nauwelijks te overschatten.

EEN STILLE OUDE MAN

Blijkbaar is het allereerste verschijnsel van dementie een vermindering in het vermogen nieuwe informatie op te nemen, zoals het onthouden van een rijtje nieuwe woorden. Ver voordat de eerste symptomen van dementie zich onmiskenbaar openbaren, zijn subtiel al afwijkingen in het geheugen aantoonbaar die zich met name uiten in het opslaan van nieuwe informatie. Het leren van nieuwe informatie is een functie waar, zoals u nu weet, een intacte hippocampus voor nodig is. Zou dat betekenen dat de ziekte van Alzheimer in de hippocampus begint?

Inderdaad blijkt uit tientallen studies dat de eerste microscopische afwijkingen bij patiënten met de ziekte van Alzheimer in de hippocampus ontstaan. Juist dit gebied in de hersenen en het nauw betrokken deel van de hersenschors, de entorhinale cortex, zijn in het vroegste stadium van de dementie van Alzheimer al veranderd. Zoals Alzheimer zelf had beschreven, bestaan de microscopische afwijkingen uit twee soorten veranderingen. In de eerste plaats worden in de cellen kluwen van vezels (de zogenaamde neurofibrillaire kluwen) gevonden die, zo blijkt nu, uit een bepaald eiwit, τ (tau) genoemd, zijn opgebouwd. Daarnaast werd door Alzheimer ook buiten de cellen een opeenhoping van een andere stof gevonden, waarvan we nu weten dat het ook een eiwit is: amyloïd. Deze afzetting leidt tezamen met de vezeltoename in de cellen tot de dood van de zenuwcellen in de hippocampus.

De afzetting van amyloïd is een gevolg van een stoornis in de stofwisseling van dit eiwit, die soms veroorzaakt wordt door een bekende genetische mutatie, maar in de meeste gevallen een nog onbekende oorzaak heeft. Waarschijnlijk begint de ziekte van Alzheimer met een stofwisselingsstoornis in het omzetten van amyloïd, waardoor de afbraak van dit eiwit stagneert en opstapeling buiten de cellen begint. Hoe dit proces op gang komt, is onduidelijk. Waarom het in de hippocampus begint, eveneens. Wel is helder dat het verlies aan zenuwweefsel in de hippocampus bij patiënten met de ziekte van Alzheimer enorm is. Door herhaaldelijk scans te maken van de hersenen van dergelijke patiënten, is duidelijk geworden dat het volume van de hippocampus met vijftien procent *per jaar* afneemt (bij gezonde ouderen gaat het slechts om enkele procenten per jaar). Dat is het gevolg van een gigantische afname in het aantal zenuwcellen: ten tijde van hun overlijden is bij deze patiënten vierentachtig procent van de neuronen uit hun hippocampus verdwenen.

DEMENTIE IN AL HAAR VORMEN

Hoewel de dementie van het type alzheimer de meest voorkomende vorm is, is het zeker niet de enige. Uit grote bevolkingsonderzoeken is gebleken dat van alle vormen van dementie het type alzheimer ongeveer zeventig procent uitmaakt. De andere dertig procent is het gevolg van aderverkalking (arteriosclerose), de oorzaak waarvan Alois Alzheimer en de meeste artsen tot een twintigtal jaren geleden dachten dat die het meeste voorkwam. Deze vorm wordt vaak bij patiënten gezien die een te hoge bloeddruk hebben en die als gevolg van kleine, vaak nauwelijks opgemerkte, herseninfarctjes dement worden. Deze vorm wordt daarom ook wel multi-infarctdementie genoemd. Het beloop is iets anders dan bij de dementie van Alzheimer. Het begin is vaak meer plotseling en het beloop is minder geleidelijk, omdat ieder volgend klein infarct de toestand weer iets verslechtert. De achteruitgang is meer schoksgewijs, hoewel dat de patiënt zelf en de omgeving pas opvalt als de arts ernaar vraagt. Daarnaast komt de mengvorm voor waarbij patiënten zowel de ziekte van Alzheimer hebben als verschijnselen vertonen als gevolg van infarcten.

TOT SLOT: LEVEN ZONDER GEHEUGEN

Het geheugen begint met het opslaan van informatie. Zonder vast te leggen wat we meemaken, zonder nieuwe informatie op te nemen, bestaat er geen geheugen. Het onthouden van de schijnbaar meest onbelangrijke gegevens, zoals het beeld van de bakstenen van het huis aan de overkant die tot in het detail zichtbaar worden gemaakt door de avondzon, alledaagse informatie zoals een boodschappenlijstje, het laatste modewoord, de vertrektijd van het vliegtuig, tot de meest wezenlijke herinneringen, moeten eerst worden vastgelegd voordat we ze ooit kunnen onthouden. Dat opslaan van de informatie gebeurt in de hippocampus, de grote hersenkern die beiderzijds diep in onze hersenen verscholen is. Daar vindt de eerste stap in het geheugen plaats.

De informatie verblijft hier echter slechts tijdelijk, want binnen enkele weken verhuist (een gedeelte) ervan naar de plekken in de hersenen waar de informatie blijvend wordt opgeslagen. Deze plaatsen zijn in de voorste hersendelen gelegen, maar waarschijnlijk in veel meer gebieden. Zo zullen visuele herinneringen in de visuele hersenschors worden opgeslagen, herinneringen die geluid en stemmen betreffen in de gehoorsschors enzovoort. Welke informatie naar de hersenschors verhuist voor blijvende opslag en op basis waarvan de keuze daarin wordt gemaakt, is nog niet duidelijk. Wel weten we dat de hippocampus, door informatie naar de permanente pakhuizen in onze hersenschors over te brengen, ruimte vrijmaakt voor het opslaan van nieuwe informatie. Hierbij maakt de hippocampus gebruik van een principe dat bij vogels en zoogdieren (en dus ook bij de mens) aanwezig is: onze hersenen vernieuwen zich voortdurend. Of het zangvogels, ratten, muizen, apen of mensen betreft, in de hippocampus vinden voortdurend celdelingen plaats die ervoor zorgen dat nieuwe zenuwcellen kunnen worden gevormd. Deze zenuwcellen worden met name geproduceerd wanneer nieuwe informatie wordt opgeslagen, wanneer we leren. Bij de winterkoninkjes betreft dat het leren van een nieuw lied voor de komende lente, bij de mees het vinden van zaadjes om de winter door te komen, bij de rat het onthouden van een veilige plaats in een zee van water. In alle gevallen neemt als gevolg van het leren het aantal nieuwe zenuwcellen in de hippocampus toe. Waarom dat gebeurt, is nog niet opgehelderd. Sommige onderzoekers suggereren dat de aanmaak van nieuwe cellen het schoonvegen van oude, overtollige informatie betreft, zodat er weer ruimte komt voor het opslaan voor nieuwe gegevens. In elk geval betekent het dat ons geheugen een dynamisch proces is, afhankelijk van een vitaal en flexibel systeem van nieuwvorming van zenuwcellen.

Deze openbaring heeft twee consequenties. Aangezien de nieuwvorming van zenuwcellen bevorderd wordt door leren, betekent dit dat we de aanmaak van neuronen kunnen stimuleren. Door te leren, namelijk. Oefening en leren doet de hersenen, althans de hippocampus, groeien. Nu begrijpt u waartoe het memoreren van die talloze rijtjes woorden, alle rivieren in Azië, de ontelbare wiskundige formules en nog zoveel meer leerstof waarvan u van tevoren wist dat u deze informatie zelden of nooit zou gebruiken, diende: mest voor uw brein. Dat leren een bron van hersengroei is, blijft niet beperkt tot de middelbare-schooljaren. Tot op hoge leeftijd blijkt leren en oefenen tot verbeterde functie van het brein te leiden, hoewel nog niet is aangetoond dat de hersenen er ook van groeien dan wel minder door krimpen. Van lichamelijke fitness is dat al wel bewezen: conditietraining leidt tot een groter en gezonder brein. Zo kunt u met beleid, wilskracht en oefening de veroudering van uw hersenen temmen, door uzelf geestelijk en lichamelijk te blijven stimuleren.

De keerzijde van deze hoopgevende eigenschap van de hippocampus is echter dat wanneer de nieuwvorming van zenuwcellen in dit deel van de hersenen belemmerd wordt, het verval in hoog tempo volgt. Juist omdat de hippocampus zo afhankelijk is van groei van nieuwe zenuwcellen, zal iedere interruptie daarin tot een verkleining en tot verminderde functie van dit orgaan leiden. Mogelijk dat daarom de hippocampus zo gevoelig is voor de destructieve effecten van de ziekte van Alzheimer.

Wanneer de nieuwvorming van zenuwcellen in de hippocampus stokt, om welke reden dan ook, treedt onmiddellijk een relatieve achteruitgang in de functie ervan op. Dat is wat bij de dementie van Alzheimer gebeurt, want bij die ziekte treedt in eerste instantie een beschadiging op in de hippocampus omdat, om nog onverklaarbare redenen, juist in dat hersengebied stapeling van eiwitten plaatsvindt die de cellen vernielt.

EEN STILLE OUDE MAN

Het laatste stukje film van ons leven wordt in de hippocampus geproduceerd. Maar als deze hersenkern niet functioneert, als de beelden niet op de gevoelige plaat worden vastgelegd, wordt er geen nieuw stukje film gemaakt. Dan blijft de spoel leeg, dan is er geen heden en wordt dus ook geen verleden meer geschapen. Zoals de gesprekken die meneer C. nog gisteren met zijn dochter heeft gevoerd maar die voor hem nooit hebben bestaan omdat ze nooit zijn vastgelegd. Meneer C. 'vergeet' niet, hij heeft het in wezen nooit geweten. Daar begint de dementie. Dementie begint met niet te weten. Pas later, wanneer de ziekte voortschrijdt en de gebieden in de hersenschors aantast waar de herinneringen van langer geleden zijn vastgelegd, begint het vergeten in echte zin, dan wordt de spoel gewist van achter naar voren, van het niet meer bestaande heden naar het gestaag verblekende verleden.

De dief

Over motivatie en macht

Samen met de arts-assistent zie ik Paul op de Eerste Hulp, waar hij door de ambulance is gebracht. Hij heeft een poging tot zelfdoding gedaan. Zijn vriendin, Kim, heeft hem kort nadat ze van de koopavond was thuisgekomen op de vloer voor het bed gevonden met twee lege strips Valium en een afscheidsbrief op het nachtkastje. Hij wilde dood, had hij geschreven. Zoals het nu ging, kon het niet langer en hij had spijt over wat hij Kim had aangedaan. Ze kon beter verder leven zonder hem. Daarom was hij nu vertrokken. Kim kon Paul niet wakker maken, maar hij ademde nog wel. Ze belde 112 en de mensen van de hulpdienst waren snel ter plaatse.

Paul is al jarenlang verslaafd aan de cocaïne. Het leven met hem is een hel geworden, zegt Kim. Alles draait om de cocaïne en om het geld dat daarvoor nodig is. Paul heeft allang geen baan meer, dus moet Kim voor het geld zorgen. Kim werkt als kapster en verdient goed, maar vrijwel al het geld gaat naar Paul voor zijn drugs. En als ze protesteert, vallen er rake klappen. Ja, natuurlijk had ze al vaak gedacht om bij hem weg te gaan. Maar ze kan hem toch niet alleen laten, dat blijkt nu wel. Wie had hem anders gevonden?

Valium is bij overdoseringen niet dodelijk, en Paul raakt snel uit zijn coma. Hij wordt van de intensive care naar de afdeling psychiatrie overgeplaatst. Eerst moeten we uitzoeken wat er precies met Paul aan de hand is. Is er sprake van een depressie, hoe erg is de verslaving en aan welke middelen is Paul verslaafd? Zelden gebruiken mensen die verslaafd zijn maar één verslavend middel, en dat blijkt ook bij Paul het geval te zijn. Naast cocaïne gebruikt Paul grote hoeveelheden alcohol. Het is maar goed dat Paul toen hij de overdosis Valium had genomen, niet ook gedronken had, want die combinatie kan wel dodelijk zijn.

Paul is in het contact een leuke, aardige en open jongeman van midden twintig met kort blond stoppeltjeshaar. Hoewel nog iets suf van de resten Valium in zijn bloed (het duurt enkele dagen totdat het middel volledig uit zijn bloed zal zijn verdwenen), maakt hij goed contact. Heel verassend is dat hij nauwelijks somber is. Althans veel minder moedeloos dan je zou verwachten bij iemand die gisteren nog een poging heeft gedaan om een eind aan zijn leven te maken. Hij heeft er spijt van, met name vanwege de schrik die hij Kim heeft bezorgd. Hij voelt zich überhaupt schuldig over hoe hij Kim behandelt, want hij geeft toe dat hij haar om het geld 'onder druk' zet, zoals hij het noemt. We geven Paul vitamine (B) omdat mensen die slecht eten als gevolg van alcoholverslaving, daaraan vaak een tekort hebben.

Paul heeft inderdaad geen depressie, maar wel een ernstig verslavingsprobleem. 'Ik begon cocaïne te gebruiken toen ik bij een computerbedrijf in het magazijn werkte,' vertelt Paul. 'Elk weekeinde als we met z'n allen uitgingen, snoof ik cocaïne. Dat deden we allemaal.' Aanvankelijk gebruikte hij het alleen in de weekeinden, maar allengs merkte hij dat hij er ook midden in de week behoefte aan had. Het maakte het werk zoveel minder saai en hij kreeg er 's avonds weer lekker energie van om uit te gaan. Probleem was wel dat het gebruik steeds meer geld kostte, en zoveel verdiende Paul niet. Hij besloot een paar dure computers uit het magazijn te gappen en ze te verkopen aan een dealer. Er stonden er toch een paar honderd, en als er een of twee ontbraken, zouden ze dat niet zo snel merken. Maar dat gebeurde natuurlijk wel en Paul werd ontslagen. Hij stond op straat. 'Ik ben eigenlijk mijn hele leven een dief geweest,' verduidelijkt Paul. Met zijn 'hele leven' bedoelt hij echter vanaf zijn verslaving. Daarvoor stal hij namelijk niet. 'Coke is een hersenverbreder,' zegt Paul en het gebruik ervan stimuleerde hem tot het maken van grootse plannen voor de perfecte roof. Het bleef echter bij kleine diefstalletjes, zoals het stelen van autoradio's; de grote roof bleef, gelukkig, uit. Met het geld van Kim en lenen bij vrienden kon hij nog enige tijd in zijn behoefte – zo'n drie keer per week – voorzien. Soms gebruikte hij zoveel dat hij er gespannen en opgejaagd van werd en dan was het effect eigenlijk helemaal niet prettig: hij bleef maar wakker en soms werd hij zelfs 'paranoia'. Het duurde niet lang of Paul merkte dat alcohol die gejaagdheid prima onderdrukte en dat hij er beter van sliep. Zo begon hij vaker alcohol te drinken – tot een kratje pils per dag, met name in de weekeinden.

Uiteindelijk kon Paul niet meer genieten zonder een lijntje en als hij geen cocaïne had, kwam hij tot niets meer. Zijn nieuwe baan, als schappenvuller bij een supermarkt, die hij met veel moeite had gekregen, raakte hij ook weer kwijt: hij kwam vaak te laat omdat hij zijn alcoholroes aan het uitslapen was. Pauls leven verviel van kwaad tot erger. Met zijn enig overgebleven steunpilaar, Kim, maakte hij vrijwel voortdurend ruzie, want 'zij vindt dat we de rekeningen moeten betalen, en ik vind dat daar niet zo'n haast mee is'. Bij een van deze ruzies kneep hij haar de keel dicht en toen ging er wel een lichtje branden dat het zo niet langer kon. Die zelfde avond nog zei Kim hem dat ze bij hem wegging. 'Ik zat tot over m'n oren in de schulden, mijn enige houvast was bij me weggegaan. Een baan had ik niet meer. Ik zag er geen gat meer in,' zegt Paul, terwijl de wanhoop die hij gisteren toch sterk moet hebben gevoeld, nauwelijks meer in zijn stem doorklinkt. Zijn leven lag in gruzelementen.

Het treurigste is echter dat een dag later, weer actief en vrijwel in zijn gewone doen, Paul weg wil. Van de spijt over zijn levensloop en het berouw ten opzichte van Kim is niet zo veel meer over. Na een mislukte poging van de arts-assistent probeer ik hem ervan te overtuigen dat hij echt behandeling moet hebben voor zijn verslaving, want zonder professionele hulp komt hij er niet van af. Maar mij lukt het evenmin. Paul wil weg. Ik weet wel waarom, hij wil weer cocaïne hebben, de zucht is te groot. Als ik dat bespreek, ontkent Paul dat in heftige bewoordingen en hij wordt zichtbaar prikkelbaar. Hij stopt voorgoed, dat weet hij nu zeker. Hij is wakker geworden, zo kan het echt niet langer. Hij zal laten zien dat hij het alleen kan. Kim gelooft hem. Ik niet.

VERSLAVING: EEN IDEEËNGESCHIEDENIS

Verslaving bestaat vanaf het ogenblik, duizenden jaren geleden, dat de mens erachter kwam dat sommige stoffen effecten op onze geestelijke vermogens en ons gemoed kunnen hebben. Toch is het pas zeer recent dat verslaving als een echte ziekte wordt gezien. Een van de eersten die verslaving als een ziekte karakteriseerden, was de Amerikaan Benjamin Rush die leefde in de tweede helft van de achttiende eeuw, de tijd van de verlichting. Rush had geneeskunde gestudeerd aan de universiteit van Edinburgh en was daarna naar de Verenigde Staten geëmigreerd. Hij ging ervan uit dat alcoholisme een ziekte was, met als belangrijkste kenmerken de zucht naar het middel en de onmogelijkheid met drinken te stoppen. Totale onthouding was volgens hem de enige manier om verslaving de baas te worden. Rush organiseerde een publieke campagne, waarbij hij alcoholisten aanspoorde hun wilskracht te gebruiken om de drank te laten staan. Dit leek inderdaad effect te hebben, want de alcoholconsumptie nam in de jaren volgend op deze publieksvoorlichting avant la lettre aanzienlijk af.

In die laatste jaren van de negentiende eeuw drong het besef door dat ook andere middelen dan alcohol verslavend konden werken, zoals cocaïne en morfine. Dit inzicht was aanvankelijk geheel afwezig. Sterker, cocaïne werd als medicijn toegepast en, onder andere, ter verbetering van de stemming aan patiënten voorgeschreven. Daarnaast was recreatief gebruik ervan schering en inslag, met name bij de Europese en Amerikaanse intelligentsia. Een speciale wijn waarvan cocaïne een belangrijk bestanddeel was, werd een doorslaand commercieel succes.

DE DIEF

Niet veel later, in 1886, werd coca-cola op de markt gebracht, zodat nu ook de minder bedeelden zich te goed konden doen aan de opbeurende effecten van de cocaïne die dit suikerdrankje bevatte. Over het succes van deze prikdrank zal ik niet verder uitweiden. Cocaïne werd echter zeker niet alleen in drankjes verkocht. Het werd ook onopgelost, als poeder, veel gebruikt waarbij het met name gesnoven werd. Menig beroemd dichter en wetenschapper zegt er inspiratie uit verkregen te hebben, onder wie Sigmund Freud, die het gebruikte om zijn eigen stemming en die van zijn patiënten te verbeteren. De gevaren van cocaïne op de lange termijn werden pas langzaam onderkend en hoewel het risico op verslaving in het begin van de twintigste eeuw duidelijk was, werd cocaïne nog jarenlang tegen verschillende kwalen voorgeschreven. En niet alleen cocaïne: ook morfine is decennialang vrijwel onbeperkt gebruikt en voorgeschreven.

COCAÏNE

Cocaïne is het actieve bestanddeel van de *Erythroxylon coca*, een plant die in het Andesgebergte groeit. Al duizenden jaren kauwen de Andesbewoners op de bladeren ervan, zodat de cocaïne vrijkomt. Nadat de Spanjaarden Latijns-Amerika hadden veroverd, lieten zij de cocaproductie sterk opvoeren. De kolonialen hadden immers al snel ontdekt dat de inheemse bevolking, die door hen als dwangarbeiders werd ingezet, veel langer en harder kon blijven werken als ze cocabladeren kauwde. Ook hielp het honger te stillen, zodat ze minder eten hoefden te krijgen.

In het midden van de negentiende eeuw werd cocaïne voor het eerst in Europa gesynthetiseerd en vrijwel onmiddellijk daarna veelvuldig gebruikt. Het feit dat cocaïne extra energie geeft en het uithoudingsvermogen vergroot, werd door velen, onder wie een aantal schrijvers, gewaardeerd. Naar verluidt schreef Robert Louis Stevenson in 1886 *The Strange Case of Dr. Jekyll and Mr. Hyde* binnen drie dagen onder invloed van cocaïne. Het bekendste gebruik van cocaïne is waarschijnlijk de toepassing ervan in coca-cola. Vanaf zijn introductie in 1886 was het een belangrijk bestanddeel

ervan. Coca-cola werd dan ook aangeprezen als een stimulerend drankje (dat was niets te veel gezegd).
In 1883 was cocaïne voor het eerst beschreven als medicijn. Freud las het artikel en publiceerde kort daarna (1884) een artikel waarin hij cocaïne aanprees als middel tegen depressieve gevoelens. Zoals voor hem gebruikelijk baseerde hij deze informatie op onderzoek bij één persoon, in dit geval hemzelf. Cocaïne werd ook als lokaal verdovingsmiddel gebruikt, de enige indicatie waar het nu nog (in gewijzigde vorm weliswaar) in de geneeskunde voor wordt ingezet. Het risico op verslaving werd niet veel later onderkend. Cocaïne werd in 1903 uit de coca-cola gehaald en in de meeste landen staat cocaïne vanaf het begin van de twintigste eeuw als verslavend middel te boek.

Morfine is oorspronkelijk als geneesmiddel ontwikkeld en is inderdaad voor verschillende toepassingen werkzaam gebleken. Het minst omstreden is de toepassing van morfine bij de pijnbestrijding, waarvoor het nog steeds een van de meest effectieve middelen is. Morfine werd aanvankelijk ook voorgeschreven voor de behandeling van psychische stoornissen, zoals angst, depressie en psychose omdat daar, tot het midden van de twintigste eeuw, geen werkzame medicijnen voor beschikbaar waren. De effectiviteit van morfine voor de behandeling van deze klachten is echter niet indrukwekkend.

Jarenlang is morfine ook gebruikt voor betrekkelijk lichte kwalen: het middel werd toegepast tegen hoest en diarree omdat morfine inderdaad de hoestprikkel (en ook de ademhaling als geheel) onderdrukt en de darmen stillegt.[1] Vanwege deze brede toepassing van morfine waren aan het eind van de negentiende eeuw honderdduizenden mensen aan de effecten van de stof blootgesteld en het is daarom niet verwonderlijk dat juist in de geneeskundige toepassing het verslavende effect van morfine aan het licht kwam. Het viel artsen op dat gebruik ervan tot een aantal typische effecten leidde die, hoewel niet kenmerkend voor verslaving, veel worden gezien bij gebruik van verslavende middelen. In de eerste plaats merkten zij dat steeds hogere doses van de stof nodig waren om het beoogde effect (pijnstilling bijvoorbeeld) te bewerkstelligen, een verschijnsel dat we nu tolerantie noemen. Men kwam er ook achter dat stoppen van sommige verslavende middelen resulteerde in zeer onaangename, doch in het geval van morfine ongevaarlijke, onttrekkingsverschijnselen. Dat deze effecten van morfine duidelijk waren, althans bij de medische stand, blijkt wel uit de beschrijving van Frederik van Eeden, schrijver, maar ook psychiater, in zijn boek *Van de koele meren des doods* uit 1900. In dat verhaal wordt morfine toegepast vanwege haar vermeende stabiliserende effecten op de psyche. De hoofdpersoon uit het boek, de labiele, depressieve en soms psychotische Hedwig, raakt eraan verslaafd. Van Eeden beschrijft in enkele zinnen hoe de verslaving bij haar ontstaat: '...en om haar doodsangst voor het terugkeren van den waanzin te stillen, gaf hij haar een weinig morfine onder de huid ingespoten. Dit verkwikte en kalmeerde haar zeer, zodat zij, onwetend voor 't gevaar en niet voldoende door hem gewaarschuwd, aandrong op herhaalde toediening dezer weldadige artsenij. Na een paar weken leerde zij zichzelf het gif toedienen, en eer zij wist in welken valstrik zij was geraakt, kon zij er niet meer buiten.'[2]

> MORFINE
>
> Morfine is het werkzame bestanddeel van opium, een stof die al langer dan vierduizend jaar bekend is en verkregen wordt uit de zaden van *Papaver somniferum* en die, zoals de naam zegt, tot (onder meer) slaperigheid leidt. De in Mesopotamië levende Soemeriërs noemden de bloem waaruit deze zaden verkregen worden, de vreugdeplant. Toen was dus al duidelijk dat opium naast slaperigheid ook een aangenaam gevoel geeft. Papaver somniferum was rond die tijd ook bekend in Europa, aangezien resten van deze zaden in vierduizend jaar oude opgravingen in Zwitserland zijn gevonden. De Grieken en Romeinen verbeeldden hun goden van de slaap, Hypnos en Somnos, met de opiumbloem.

Het eerste medicinale gebruik van opium stamt waarschijnlijk van de Egyptenaren, maar deze toepassing is voor het eerst omstreeks 400 v.Chr. beschreven door de Griekse arts Hippocrates, die de pijnstillende werking van opium het belangrijkst vond. In de achtste eeuw had opium zich verspreid over de Arabische landen, India en China en werd daar uitgebreid, ook in de geneeskunde, gebruikt. Hoewel de Egyptenaren, Grieken en Romeinen goed op de hoogte waren van de uiterst effectieve pijnstillende werking van opium en het daar ook veel voor toepasten, ging deze kennis, zoals zoveel, verloren met de ondergang van het West-Romeinse Rijk en werd opium tijdens de Middeleeuwen in Europa niet meer toegepast.[3]

Pas met de ontdekkingsreizen en de daaropvolgende explosie in wereldhandel werd opium door de Europeanen herontdekt. In de eerste helft van de zestiende eeuw kwam de Zwitser Paracelsus (iedereen had een 'Latijnse' naam in die tijd) erachter dat opium goed oplosbaar was in alcohol, zodat er een drankje van te maken was dat hij laudanum ('te prijzen') noemde. Laudanum werd te pas en te onpas (meestal het laatste) gebruikt – lees er de oude romans maar op na. Geheel onbegrijpelijk is het niet, want opium heeft naast kalmerende (somniferum) en pijnstillende effecten ook een stemmingsverbeterende, zo niet antidepressieve, werking, zoals Thomas de Quincey in zijn boek uit 1821 *Confessions of an Opium Eater*, uitgebreid beschrijft. Eerder hadden de beroemde Engelse artsen, Thomas Sydenham en Robert Burton dit ook al opgemerkt.

Hoewel opium in Europa voornamelijk als een medicijn werd beschouwd, was men wereldwijd wel degelijk op de hoogte van de verslavende effecten ervan. Zo had de keizer van China, omdat hij zich bewust was van het verslavende effect van opium, de import ervan verboden. De Engelsen die met hun East India Company de wereldhandel in opium (gekweekt in Turkije en India) stevig in handen hadden, vonden dat niet zo'n goed idee: met behulp van de Engelse vloot en het leger dwongen zij China de import van opium te hervatten en te legaliseren (de zogenoemde Opiumoorlogen uit 1839-1842 en 1856-1860). Niet zonder effect: men schat dat aan het eind van de negentiende eeuw een kwart van de Chinese mannen aan opium was verslaafd. In 1803 wist de Duitse apotheker Friedrich Wilhelm Sertürner het werkzame bestanddeel uit opium te isoleren en noemde de nieuw verkregen stof morfine, naar Morpheus, de Griekse god van de dromen. Morfine werd echter pas veelvuldig toegepast toen de Schotse arts Alexander Wood in 1843 ontdekte dat het ook ingespoten kon worden. Per injectie bleek morfine veel sneller en sterker te werken dan wanneer het als pil werd geslikt. Morfine per injectie werd voor het eerst op grote schaal gebruikt tijdens de Amerikaanse burgeroorlog (1861-1865) en in de Frans-Duitse oorlog van 1870. De effectiviteit (met name als pijnbestrijder) was onomstreden, maar duidelijk werd ook dat morfine sterk verslavend was, zeker wanneer het werd ingespoten. Om die reden ontwikkelde Bayer, een van de eerste grote Duitse farmaciebedrijven, in 1895 heroïne, in de veronderstelling dat het een niet-verslavend alternatief voor morfine was. Niet dus.

Aan het begin van de twintigste eeuw werd verslaving als verschijnsel algemeen onderkend en waren ook de kenmerken ervan goed in kaart gebracht. Toch wekten de verslaafden zelf weinig interesse op bij medici en onderzoekers. Een van de redenen hiervoor was dat men verslaafden als 'slappelingen' zag of als slachtoffers van maatschappelijke misstanden, maar in elk geval niet als zieke mensen. Degenen die de verslaafden als zwakkelingen beschouwden, dachten dat ze zucht naar de stof bleven houden omdat ze de onthoudingsverschijnselen, die meestal na het staken van het gebruik van het verslavende middel optreden, niet konden verdragen. Als ze nu maar over voldoende discipline en wilskracht zouden beschikken, dan zouden ze de onthoudingsverschijnselen vast wel kunnen doormaken zonder weer terug te vallen in hun oude gewoontes, zo luidde de redenering. Anders gezegd: verslaving was de 'eigen schuld' van mensen zonder ruggengraat. Hier hoorden strenge maatregelen, zoals heropvoeding, bij. Aangezien die niet leken te helpen, vond men het de taak van de staat om de mens tegen zichzelf in bescherming te nemen: de consequentie van deze redenatie was dat verslavende middelen verboden werden verklaard. Deze opvatting is nog steeds dominant aanwezig in vrijwel alle (westerse) culturen, met de drooglegging van de Verenigde Staten in de jaren twintig van de vorige eeuw als een extreem uitvloeisel. Deze beweging heeft geleid tot de juridisering van de verslaving. De andere school gaat ervan uit dat verslaving (louter) sociaalmaatschappelijke oorzaken heeft, oftewel een gevolg is van materiële en intellectuele achterstand, maatschappelijke marginalisering en sociale ongelijkheid. Voor de volgelingen van deze school zijn verslaafden slachtoffers van een inadequaat systeem. Dat is de socialisering van de verslaving.

De overeenkomst tussen deze ogenschijnlijk tegengestelde opvattingen is dat ze beide verslaving beschouwen als een probleem van de staat, niet als dat van het individu. Beide stromingen hebben ook met elkaar gemeen dat verslaving niet als ziekte wordt gezien, laat staan als het gevolg van een stoornis in de hersenen. Pas geleidelijk en betrekkelijk recent, aan het eind van de vorige eeuw, klonken stemmen op die, op basis van wetenschappelijke feiten, ervoor pleitten verslaving als een (lichamelijke en psychische) ziekte op te vatten. Sedertdien is inderdaad duidelijk geworden dat stoornissen in de hersenen de crux vormen van verslaving, waarbij veranderingen in de hersenen zowel oorzaak als gevolg van verslaving zijn.

VERSLAVING

Verslaving wordt gekenmerkt door een aantal onderscheiden aspecten, waaraan de afgelopen decennia verschillend belang is gehecht. Tegenwoordig gaan we ervan uit dat het belangrijkste kenmerk van verslaving de verslaving zelf is: het feit dat de persoon het gebruik van het verslavende middel niet kan opgeven. Zoals u zich misschien kunt voorstellen, de meeste verslaafden willen helemaal niet verslaafd zijn. Ze zouden er veel voor over hebben om er voorgoed van af te komen. Vrijwel alle verslaafden beseffen maar al te goed dat hun gedrag hen en hun omgeving naar de afgrond leidt en doen meestal veel pogingen om te stoppen. Soms lukt dit kortdurend maar meestal vallen ze weer terug in hun oude gewoonte. Ook al is de verslaafde in staat (even) te stoppen met het gebruik van het verslavende middel, het grootste deel van hen slaagt er niet in voor de rest van hun leven van dat middel af te blijven. En wanneer ze de verslavende stof dan weer gebruiken, kunnen ze binnen een mum van tijd niet meer zonder. Dit terugvallen na (soms) maanden onthouding is een van de meest typerende aspecten van verslaving. Desondanks heeft men zich in het onderzoek naar verslaving laten afleiden door verschijnselen die meer in het oog springen dan het verslaafde gedrag zelf, zoals de onthoudingsverschijnselen die soms optreden na staken van gebruik van het verslavende middel. Waarschijnlijk werd men op een dwaalspoor gebracht omdat onthoudingsverschijnselen zo dramatisch kunnen verlopen, voor morfine wederom prachtig beschreven door Van Eeden in *Van de koele meren des doods*: 'Men meende terstond te kunnen ophouden met de inspuiting, daar Hedwig niet nauwkeurig de hoeveelheid kon opgeven die ze gebruikte. Maar toen werden de verschijnselen zo ernstig, dat men verplicht was weer een gave toe te dienen. Het bleek dat ze zeer grote hoeveelheden gewend was, elke gave genoeg om vele mensen te doden. In die dagen lag ze zonder helder besef, met rode, koortsige vlekken op 't bleek en mager gelaat, aan niets anders denkend dan aan de wijze waarop ze meer van het gif zou kunnen machtig worden. Ze had hevige stoornissen in maag en ingewand, voortdurende kramppijnen en zij kon niets inhouden, zelfs lepeltjes melk werden weer uitgebraakt.'[4]

DE BIOLOGIE VAN ONTHOUDING

Het mechanisme dat tot onthoudingsverschijnselen leidt, loopt voor de verschillende middelen uiteen, maar het principe is voor alle gelijk: onttrekkingsverschijnselen treden op omdat de hersenen zich hebben aangepast aan de verslavende stof. Deze stoffen hebben namelijk alle gemeen dat ze functies overnemen van natuurlijke moleculen die in de hersenen voorkomen; ze vervangen als het ware de normaal aanwezige stoffen in de hersenen. Dat gaat goed zolang het verslavende middel aanwezig is (ingenomen wordt, dus) om de functie van de natuurlijke stof over te blijven nemen. Staakt men echter het gebruik van het verslavende middel, dan blijken de hersenen de natuurlijke stof niet meer voorradig te hebben. De hersenen hoefden deze immers niet meer aan te maken omdat in de functie werd voorzien door het verslavende middel. Het duidelijkst is dit voor alcohol en morfine. Wanneer iemand jarenlang (veel) alcohol heeft gebruikt en van de ene op de andere dag stopt, ontstaat in de loop van enkele dagen een (levensgevaarlijk) onthoudingssyndroom, ook wel het delirium tremens genoemd. De persoon wordt angstig en verward, gaat trillen, ziet dingen die er niet zijn (beestjes met name) en kan uiteindelijk epileptische aanvallen krijgen (meestal de derde dag na staken van de alcohol). Artsen hadden allang ontdekt dat deze verschijnselen zeer goed te voorkomen zijn door de patiënt kalmerende middelen (barbituraten en benzodiazepinen – valiumachtigen) te geven (alcohol zelf werkt natuurlijk ook). Wanneer de patiënt zo'n kalmerend middel toegediend krijgt, ontwikkelt het bij alcoholverslaving horende onthoudingssyndroom zich niet. Het blijkt dat alcohol, barbituraten en benzodiazepinen op hetzelfde hersensysteem aangrijpen. Dit systeem is over het gehele brein verspreid en is verantwoordelijk voor het reguleren van hersenactiviteit, voornamelijk door het af te remmen.[5] De activiteit ervan wordt bepaald door de aanwezigheid van in de hersenen voorkomende stoffen. En wat blijkt? Alcohol en de valiumachtigen imiteren die natuurlijk in de hersenen voorkomende moleculen.[6] Na langdurig gebruik van alcohol gaan de hersenen de natuurlijke stof minder produceren omdat alcohol in de behoefte van de hersenen voorziet. Zolang men alcohol blijft gebruiken, is er niets aan de hand. De functie van de natuurlijke stof in de hersenen is immers overgenomen door de alcohol. Maar zodra de alcohol aan het lichaam (aan de hersenen dus) onttrokken wordt (door stoppen van gebruik), valt deze onnatuurlijke vervanger weg. Intussen is echter nauwelijks meer van de lichaamseigen stof voorradig. Het resultaat is het onthoudingssyndroom: het lichaam wordt de stof onthouden die het nodig heeft om normaal te functioneren. Omdat de normale functie ontbreekt zijn de onthoudingsverschijnselen een spiegelbeeld van de functie die de lichaamseigen stof vervult. Aangezien alcohol de functie van een remmende stof in de hersenen vervangt, zijn de onthoudingsverschijnselen bij staken van alcohol dus ontremming. Deze ontremming uit zich in angst, onrust, trillen en leidt uiteindelijk tot kortsluiting in de hersenen: epileptische aanvallen.

Voor morfine geldt hetzelfde verhaal. Morfine (althans opium waar het van afgeleid is) is al vanuit de oudheid bekend als de beste pijnstiller en dat is nog steeds zo. Dat morfine zo'n geweldig effectieve pijnstiller is, berust niet op toeval. Morfine vervangt namelijk de natuurlijk in de hersenen voorkomende pijnstillers. Deze stoffen zijn ruim veertig jaar geleden ontdekt en zijn endorfinen genoemd: endogene (in het lichaam voorkomende) morfinen. Het aantonen van hun aanwezigheid in de hersenen betekende een wetenschappelijke doorbraak: blijkbaar beschikken de hersenen over hun eigen natuurlijke pijnstillers. Plotseling was het onthoudingssyndroom dat optreed na staken van morfine, volkomen verklaarbaar. Morfine vervangt de natuurlijke, door de hersenen geproduceerde, endorfinen. Vanaf het ogenblik dat van buitenaf, door het gebruik van morfine, in de natuurlijke behoefte van endorfinen wordt voorzien, stoppen de hersenen endorfinen te fabriceren. Zolang de gebruiker morfine blijft slikken, is er niets aan de hand. Ontbreekt morfine echter, dan treedt het tekort aan endorfinen onmiddellijk aan het licht – er is namelijk geen voorraad meer in de hersenen aanwezig. Dit gebrek uit zich in de dan optredende onthoudingsverschijnselen die bij morfine bestaan uit braken, pijnen overal in het lichaam, rillingen, kippenvel en het gevoel een erge griep te hebben. (Endorfinen worden ook verhoogd afgescheiden bij infectieziekten en bij stress in het algemeen.) Hoewel niet gevaarlijk, is *cold turkey* (*cold* vanwege de koude rillingen, *turkey* vanwege het kippenvel) wel een zeer onaangename ervaring.

Hoe onaangenaam of gevaarlijk ook, de onthoudingsverschijnselen zijn niet de reden waarom men verslaafd blijft. Want hoewel onthoudingsverschijnselen ook optreden na staken van antidepressiva, bloeddrukverlagende middelen en neusdruppels, verslavend zijn deze geen van alle. Andersom zijn cocaïne en amfetamine sterk verslavend, maar staken van gebruik leidt nauwelijks tot onthoudingsverschijnselen. Kortom, het optreden van onttrekkingsverschijnselen kan verslavingsgedrag niet afdoende verklaren. Dat was natuurlijk ook al wel duidelijk geworden uit het gedrag van miljoenen verslaafden. Een groot aantal van hen slaagt er wel degelijk in door die periode van de onthoudingsverschijnselen heen te komen, maar bezwijkt enkele weken of maanden later toch weer voor de verleiding van de verslavende stof.

Wat drijft mensen er dan toe om de lichamelijke en geestelijke gezondheid van henzelf, en vaak van hun omgeving, te verwoesten in het (meestal) volle besef van de destructieve gevolgen van hun gedrag? Als het gebruik van de verslavende stof al begonnen is om een prettig gevoel te krijgen, zorgen (even) te vergeten, (geestelijke of lichamelijke) pijn te stillen, is dat doel bij de verslaafde allang verdampt. Een tweede raadsel is dat niet iedereen die een potentieel verslavende stof gebruikt ook daadwerkelijk verslaafd wordt. Integendeel: hoewel negentig procent van de mensen alcohol drinkt en een derde van ons allen wel eens drugs heeft gebruikt, raakt slechts een (kleine) minderheid verslaafd. Van alle mensen die verslavende stoffen gebruiken, zij het alcohol, cocaïne of morfine, is niet meer dan ongeveer zeventien procent verslaafd. Is men echter eenmaal verslaafd, dan is er geen ontkomen meer aan.

Wie wordt er dan verslaafd en hoe komt het dat ze verslaafd blijven? Het antwoord heeft te maken met motivatie, macht, aanzien en sociale status. Maar niet op de manier die u denkt.

VERSLAVING EN DE HERSENEN

In 1954 toonden James Olds en Peter Milner, beiden werkzaam op McGill University in Montreal, als eersten aan dat verslaving in de hersenen ontstaat. Hun onderzoeksopzet, die sindsdien tot voorbeeld is geworden van vrijwel elk dierlijk verslavingsonderzoek, bestond erin ratten de gelegenheid te geven hun eigen hersenen te prikkelen. Afhankelijk van de plaats in de hersenen bleven de ratten zichzelf stimuleren totdat ze erbij neervielen. De ratten waren 'verslaafd' geworden.

De experimenten verlopen alle volgens hetzelfde stramien. De ratten worden onder narcose geopereerd waarbij een zeer kleine elektrode in hun hersenen wordt geplaatst. Deze elektrode is via een lang maar dun snoertje verbonden met een stroomkastje. Het snoertje is zo lang en soepel dat ze zich vrijelijk kunnen bewegen. Enkele weken na de operatie is de wond genezen en merken de ratten niet eens meer dat ze een elektrode in hun hoofd hebben: ze bewegen ongehinderd en onbekommerd. Het experiment gaat dan als volgt. De rat wordt in een kooitje geplaatst waar zich een pedaaltje bevindt. De rat loopt wat rond in het kooitje en zal na verloop van tijd uit nieuwsgierigheid op het pedaal drukken om te kijken of er iets gebeurt. Aanvankelijk gebeurt er niets. Toch blijven de ratten ongeveer vijfmaal per uur het pedaal indrukken omdat je tenslotte nooit zeker weet. Dat is maar goed ook, want na een uur wordt het pedaal op het stroomkastje aangesloten en nu vindt er wel degelijk iets plaats: elke keer wanneer de rat het pedaal nu indrukt, treedt er een stroomstootje in de hersenen op (na langer dan een halve seconde blijvend indrukken gaat de stroom vanzelf uit). Door deze elektrische prikkel verandert het gedrag van de rat als bij toverslag: in reactie op deze eerste stroomstoot gaat de rat als een razende in zijn kooi rondsnuffelen en alles aanraken wat hij tegenkomt, op zoek naar de bron van die sensatie. Nadat hij in zijn speurtocht het pedaal voor de tweede keer aanraakt en nu opnieuw dit zelfde gevoel ervaart, is het hem duidelijk: het pedaal is er de oorsprong van. Vanaf dat moment houdt de rat op met ronddolen en zoeken: hij blijft het pedaal indrukken, eerst één keer per seconde, later in een tempo dat vijf keer zo hoog ligt.

Het was Olds en Milner duidelijk dat elektrische stimulatie van bepaalde hersengebieden zeer uitgesproken gedrag bij de rat kon opwekken, gedrag dat volledig in het teken staat van het steeds weer verkrijgen van die stimulatie in de hersenen. Maar met deze informatie waren de onderzoekers nog niet tevreden. Zoals goede wetenschappers betaamt, gingen zij verder op onderzoek uit en wel in de hersenen van de ratten. Ze voerden tientallen operaties uit waarbij ze telkens de elektrode in een ander gebied van de hersenen plaatsten. Uiteindelijk ontdekten ze dat als de elektrode in een bepaald gebied werd geplaatst, de rat het pedaal met een tempo van meer dan duizend keer per minuut indrukte. Daarnaast bleken de ratten er veel voor over te hebben om zich te kunnen blijven stimuleren.

Om de sterkte van de drang naar stimulatie verder uit te zoeken, lieten Olds en Milner de ratten eerst het gevoel ervaren dat het indrukken van het pedaal opwekte. Daarna plaatsten ze een rasterwerk tussen de rat en het pedaal, zodat de rat dit rasterwerk moest oversteken om het pedaal in te drukken en de stimulatie te verkrijgen. De ratten leerden uit ondervinding dat ze eenmaal bij het pedaal aangekomen zichzelf drie keer konden stimuleren, daarna moesten ze weer terug over het rasterwerk en konden zij aan de andere kant zichzelf weer drie keer stimuleren door een zich daar bevindend pedaal in te drukken. Zo werden de ratten gedwongen steeds heen en weer het rasterwerk over te steken om zichzelf de begeerde stroomstoot in de hersenen te kunnen blijven verschaffen. Om uit te zoeken hoeveel pijn de ratten voor de hersenstimulatie over hadden, werd het rasterwerk geleidelijk onder steeds sterkere stroom gezet. Als controlesituatie werd precies dezelfde opzet gebruikt, maar in dit geval kon een rat die vierentwintig uur geen eten had gekregen, voedsel verkrijgen door het raster over te steken. Het bleek dat de ratten die zichzelf wilden stimuleren, twee keer zoveel stroom (en dus pijn) verdroegen als de uitgehongerde ratten. Sommige ratten bleven het raster zelfs oversteken tot ze erbij neervielen.

De experimenten van Olds en Milner toonden voor het eerst aan dat zich in de hersenen gebieden bevinden die, wanneer gestimuleerd, een zeer uitgesproken behoefte opwekken tot steeds hernieuwde prikkeling, zodanig zelfs dat de dieren er vrijwel alles voor over hebben om in deze stimulatie te voorzien. Het gedrag van de ratten in deze experimenten doet erg aan verslavingsgedrag denken: een vrijwel onverzadigbare behoefte tot toediening van de prikkel en een bijkomend gedrag dat tot de ondergang leidt. Zou wat zich daar in de hersenen afspeelt, inderdaad het mechanisme zijn dat aan verslaving bij de mens ten grondslag ligt?

Het is om begrijpelijke redenen niet mogelijk te onderzoeken of mensen hun eigen hersenen tot uitputting toe zouden stimuleren wanneer ze daartoe de kans krijgen. Dergelijke experimenten zijn ethisch niet toelaatbaar. Toch is een enkel geval bekend waaruit blijkt dat wanneer mensen de gelegenheid krijgen bij zichzelf bepaalde hersengebieden elektrisch te stimuleren, ze hetzelfde gedrag vertonen als dat van ratten. Dit weten we vanwege een uitzonderlijke situatie waarbij elektrodes bij een patiënte in de hersenen werden geplaatst met als doel onbehandelbare pijn te verlichten. Haar artsen van de afdeling neurologie van het Albert Einstein College of Medicine in New York deden hiervan in 1986 verslag in het toepasselijk genaamde wetenschappelijke tijdschrift *Pain*. De achtenveertigjarige alcoholiste had al jaren last van rugpijn vanwege een hernia. Talloze operaties, bedrust en medicijnen hadden hierin geen verandering gebracht. Uiteindelijk werd besloten een elektrode in de hersenen te plaatsen die de patiënte, via een draad die onder de huid was verbonden met een stroomkastje, zelf kon aan- en afzetten. Kort na de operatie merkte de vrouw dat het aanzetten van de stroom een zeer aangenaam (seksueel) gevoel bij haar teweegbracht. Vanaf dat ogenblik raakte de vrouw er verslaafd aan zichzelf met het stroomapparaatje te stimuleren. Ze deed dit zo vaak dat ze haar hygiëne begon te verwaarlozen en een zweer ontwikkelde aan de vingertop waarmee ze het knopje bediende. Wanhopig vroeg ze haar familie het stroomkastje los te koppelen, om telkens weer kort daarop te smeken het apparaat terug te krijgen. Hoewel dit slechts om één specifiek geval gaat, suggereert het toch dat ook mensen in staat zijn zichzelf te gronde te richten ter verkrijging van een bepaalde activiteit in de hersenen.

Het gedrag bij deze ene patiënte en dat van de talloze onderzochte ratten vertoont verassend veel gelijkenis met dat van de verslaafde: het staat geheel in het teken van de te verkrijgen stimulatie. Deze drang is zo sterk dat het vrijwel alle andere behoeften verdringt: eten en slapen worden opgeofferd aan het alomvattende doel van het verkrijgen van die prikkel in de hersenen.

Hoewel deze experimenten aantonen dat verslaving in de hersenen ontstaat, maken ze niet duidelijk hóe die ontstaat. Dat is onderzocht door de effecten van verslavende stoffen in de hersenen nader te bekijken, gebruikmakend van dezelfde principes die bij elektrische stimulatie zijn toegepast. Het enige verschil is dat er, in plaats van een elektrisch draadje, een buisje, waar de verslavende stof doorheen kan stromen, in de hersenen wordt gebracht. Op die manier krijgen de ratten de gelegenheid zichzelf een verslavende stof (al dan niet direct in de hersenen) toe te dienen. Het effect is niet anders dan bij stroomtoediening. De ratten zijn in een mum van tijd verslaafd.

Het meest toegepast is de toediening van verslavende stoffen in de aderen, meestal de halsader, van ratten. De ratten worden onder algehele verdoving geopereerd en een buisje wordt in de grote halsader geplaatst. Dit buisje wordt via een slangetje verbonden aan een apparaat waarmee vloeistof in de ader kan worden gepompt. Enkele weken na de operatie is de rat geheel hersteld en gewend aan het slangetje. De rat scharrelt weer in zijn kooi rond alsof hij nooit anders geweten heeft. Nu moet hij er nog achter zien te komen dat door dat slangetje, onder bepaalde condities, een stofje kan stromen. De rat weet natuurlijk niet dat er een stofje via het buisje in zijn bloed en dan in de hersenen komt, maar merkt wel dat als hij een bepaalde handeling uitvoert er iets verandert. Die handeling varieert met de proefopstelling, maar in alle gevallen moet de rat er iets voor doen. Soms moet de rat in een bepaald gebied van de kooi lopen, soms een pedaal indrukken, dan weer een hendel overhalen na het horen van een geluid. Na zeer korte tijd komt het dier erachter om welk gedrag het gaat. Zodra de rat doorheeft hoe hij zichzelf de verslavende stof kan toedienen, is, net als bij de elektrische stimulatie, het hek van de dam. De rat kan of wil niet meer stoppen. Hij gaat door zichzelf de stof toe te dienen, je zou zeggen tegen beter weten in, tot hij er letterlijk bij neer valt. Het maakt niet uit of het cocaïne, amfetamine, morfine, heroïne, of alcohol betreft. In alle gevallen is het gedrag van de rat gelijk: de rat blijft zichzelf de verslavende stof toedienen tot hij van uitputting niet meer kan. Dit proces van zelftoediening ontstaat razendsnel maar niet zo snel als bij elektrische stimulatie, want dan treedt de verslaving al na de eerste stroomstoot op. Voor morfine en heroïne (hetgeen dezelfde soort stoffen zijn) neemt het proces enkele minuten in beslag; voor amfetamine en cocaïne enkele dagen.

Een elegant aspect van deze experimenten is dat het buisje ook op verschillende plaatsen *in* de rattenhersenen zelf kan worden gebracht en zo proefondervindelijk kan worden uitgezocht op welke plek in de hersenen het effect van de verslavende stoffen het meest uitgesproken is. Hierbij valt een consistent patroon op: het verslavende effect is het sterkst wanneer het buisje zich in de schil van de *nucleus accumbens* bevindt. De accumbens is een klein gebied vol hersencellen diep in de hersenen gelegen. Het ziet eruit als een M&M-chocoladepinda, met een kern (de pinda) en een schil (de chocola). Deze hersenkern bevat miljoenen verbindingsbanen met verschillende delen van de hersenen die verantwoordelijk zijn voor het initiëren van bewegingen en het ervaren van emoties.

Geluk
Als verslavende stoffen de meest verslavende werking hebben wanneer de rat deze middelen in die ene hersenkern, zijn accumbens, kan toedienen, is een voor de hand liggende veronderstelling dat het effect dat deze stoffen daar teweegbrengen, erg aangenaam is. Waarom zouden

de ratten zich anders zoveel moeite getroosten zich bepaalde moleculen in dat specifieke gebiedje toe te dienen? Zou het hier om het genot- of lustcentrum in de hersenen gaan?

Om te onderzoeken of dit gebied inderdaad met het ervaren van genot te maken heeft, moeten we echter eerst uitzoeken of ratten kunnen genieten, en dat is ingewikkelder dan bij mensen die we het gewoon kunnen vragen. Toch kunnen we nagaan of ratten iets lekker vinden. Het blijkt namelijk dat wanneer ratten iets zoets te proeven krijgen, ze ritmisch hun tong uitsteken, ze smakken dus een beetje. Bitter voedsel leidt bij deze dieren tot schudden met de kop en de poten en ze gaan geeuwen. Opmerkelijk is dat apen en baby's precies hetzelfde gedrag vertonen wanneer ze iets lekker en vies vinden. Chimpansees en orang-oetans smakken met hun mond en tong bij het proeven van zoet; bij een onaangename smaak schudden ze hun hoofd en geeuwen ze net als de ratten. Pasgeboren baby's vertonen ditzelfde gedrag: smakken bij genot, geeuwen en rillen bij een bittere smaak. Kortom, we kunnen wel degelijk een indruk krijgen of dieren (en mensen) die niet spreken kunnen, iets lusten of niet.

Het blijkt dat stimulatie van de accumbens in ratten niet tot meer genot leidt: ratten gaan, wanneer hun hersenen daar worden gestimuleerd, zoete vloeistoffen niet lekkerder vinden. Ze gaan niet vaker smakken en ook niet vaker hun tong uitsteken. Ratten stimuleren zichzelf dus waarschijnlijk niet omdat ze meer lusten, evenmin omdat ze meer genieten van wat ze meemaken.

Desalniettemin blijft dergelijk onderzoek bij ratten onbevredigend. Om echt uit te zoeken wat de rol van de accumbens is, of het een centrum van aangename gevoelens, lust of geluk is, zullen we toch onderzoek bij mensen moeten doen. En een van de eerste vragen is dan: speelt het gebied een rol bij genieten, bij geluk? Om deze vraag te kunnen beantwoorden moeten we eerst gevoelens van geluk bij mensen opwekken. Dat is makkelijker dan het lijkt. Het horen van bepaalde muziek, bijvoorbeeld, leidt bij sommigen onder ons (meest muziekliefhebbers natuurlijk) tot een intens geluksgevoel. Van dit gegeven maakte een aantal Canadese onderzoekers van McGill University in Montreal op een inventieve manier gebruik.

Vijf mannen en evenveel vrouwen die ten minste acht jaar muziekopleiding hadden gevolgd, namen deel aan dit experiment. Zij hadden allen gemeen dat ze van bepaalde, voor hen specifieke, mooie muziek kippenvel kregen. Dit werd door de onderzoekers als teken gezien dat ze zeer sterke positieve gevoelens, geluk dus, bij het horen van muziek konden ervaren. Ze mochten elk een lievelingsstuk opgeven dat bij hen meestal aangename gevoelens opwekte. Het betrof in alle gevallen klassieke muziek, zoals voor een van de proefpersonen het adagio van het *Derde Pianoconcert* van Sergej Rachmaninov. Aangezien kippenvel bij het horen van mooie muziek vrijwel altijd bij hetzelfde stukje muziek optreedt, werd dat stuk van de muziek gespeeld terwijl de proefpersoon in een hersenscanner lag. Als controlemuziek werd een favoriet stukje van een van de andere proefpersonen gespeeld (het stuk muziek waarbij iemand kippenvel ontwikkelt, is namelijk zeer persoonsgebonden, een ander zal vrijwel nooit bij precies hetzelfde stuk muziek een dergelijk gevoel krijgen). In bijna tachtig procent van de scans rapporteerden de proefpersonen inderdaad dat ze kippenvel kregen bij het horen van hun favoriete stukje muziek, maar in geen enkel geval trad dit op tijdens de controleconditie. Tijdens het ervaren van het kippenvelgevoel werden verschillende gebieden in de hersenen van deze proefpersonen actief, waaronder de accumbens. Hoe sterker het gevoel van gelukzaligheid, des te sterker de toename in de accumbens. Ook in een andere studie leken geluk en activatie van de accumbens hand in hand te gaan.

Geluk en humor hangen vaak samen, hoe vlietend ook. Hoe belangrijk is humor niet in het maken van contact, het verminderen van spanning, het omgaan en verwerken van stress en het verluchtigen van het dagelijkse leven? Verschillende studies suggereren zelfs dat humor en lachen het cardiovasculaire, immuun- en hormoonsysteem versterken. Lachen is dus gezond. Toch is er opvallend weinig onderzoek naar gedaan. Een groep onderzoekers onder leiding van professor

Allan Reiss verbonden aan Stanford University in San Francisco, besloot hier verandering in te brengen:
> De onderzoekers lieten aan zestien proefpersonen grappige strips zien en dezelfde strips waar de clou uitgehaald was en die dus niet meer grappig waren. De zesendertig strips waren uit een totaal van honderddertig op grappigheid geselecteerd door een andere groep proefpersonen. Tijdens het vertonen van de strips lagen de proefpersonen in een hersenscanner. Bij het zien van de grappige plaatjes werd de accumbens actief, niet bij de plaatjes waar de clou uit was gehaald. Daarop concludeerden de onderzoekers dat de positieve ervaring van humor leidt tot activatie van de accumbens.

De accumbens lijkt dus op basis van enkele studies een rol te spelen bij gevoelens van geluk bij de mens, althans bij positieve gevoelens: het horen van mooie muziek en het ervaren van humor. Het appreciëren van muziek en humor is echter nogal subjectief. Handiger is een prikkel te bestuderen die minder beïnvloed wordt door individuele smaak: geld bijvoorbeeld. De effecten van (het winnen en verliezen van) geld op de hersenen wordt niet voor niets zoveel onderzocht. Geld is kwantificeerbaar en de meesten onder ons zullen het prettig vinden er wat van te krijgen en vervelend het kwijt te raken. Of geld ontvangen ook echt gelukkig maakt, was evenwel nog niet onderzocht en of het een effect in de hersenen heeft, was al helemaal ongewis. Deze prangende vraag is in 2001 op het National Institute of Health (NIH) beantwoord. Het NIH, gelegen in Bethesda, Maryland, is dan ook zeer goed toegerust voor het oplossen van wetenschappelijke raadsels. Het hectaren grote complex van laboratoria, hersenscanners, apenkolonies en gebouwen vol wetenschappers is een van de grootste onderzoekcentra ter wereld en wordt voor het leeuwendeel door de Amerikaanse overheid gefinancierd. Geen wonder dat veel vooraanstaand gedragsonderzoek van dit instituut afkomstig is. En doelmatig zijn ze er ook: voor het beantwoorden van deze levensvraag hadden Brain Knutson en zijn medewerkers genoeg aan acht proefpersonen:

Bij deze acht gezonde vrijwilligers (vier mannen) werd hun hersenactiviteit gemeten tijdens het doen van een spelletje. Tijdens dit spel konden zij geld winnen of verliezen door tijdig (niet) op een knopje te drukken. De proef was zo afgesteld dat ze hoe dan ook in tweederde van de pogingen geld zouden verdienen, maar daar waren de proefpersonen niet van op de hoogte. De winst of het verlies varieerde in grootte maar was voorafgaande aan elke keer dat ze (al dan niet) op de knop moesten drukken duidelijk aangegeven. De proefpersonen wisten dus voordat ze iets moesten doen (of laten) hoeveel ze stonden te winnen of te verliezen. Ze schreven ook op hoe zij zich voelden tijdens de test. En ja, de proefpersonen waren gelukkiger in de situatie dat ze geld zouden winnen en ongelukkiger als ze het zouden verliezen. In hun hersenen bleek met name de accumbens actief te worden elke keer dat ze geld verdienden. Opvallend was dat de activiteit al toenam *voordat* het geld daadwerkelijk werd ontvangen. Alleen al het vooruitzicht op een (geldelijke) beloning resulteerde in een verhoogde functie van dit orgaantje.

Uit dit eenvoudige experiment kunnen vergaande conclusies worden getrokken: geld maakt gelukkig (de uitdrukking dat geld niet gelukkig maakt, klopt dus niet) en de accumbens is niet alleen betrokken bij abstract geluk, zoals muziek en humor, maar ook bij het meer aardse geluk dat door geld wordt verschaft. Hierbij valt op dat het *vooruitzicht* op (geldelijk) geluk tot toegenomen activiteit in dit hersengebiedje leidt. Het lijkt er dus op dat deze M&M-achtige kern inderdaad betrokken is bij gevoelens van geluk, althans bij aangename en positieve gevoelens. Toch is dit niet het hele verhaal. Het blijkt namelijk dat de accumbens net zo actief wordt wanneer proefpersonen een onaangename ervaring te wachten staan als wanneer ze een beloning zullen krijgen.

HET GELUKSCENTRUM?

Naast de schil van de nucleus accumbens lijkt een ander gebied, het voorste deel van de *globus pallidum*, van essentieel belang voor het ervaren van positieve gevoelens. Wanneer dit gebied bij ratten wordt uitgeschakeld, blijken de ratten niet meer te kunnen genieten, integendeel. De reactie op het proeven van zoet en eerder als aangenaam ervaren voedsel is alsof de ratten een bittere smaak ervaren: zij gaan rillen en geeuwen. Sterker, de ratten vertonen helemaal geen positieve reacties meer op aangename prikkels. Het gebied lijkt dus noodzakelijk voor het ervaren van positieve emoties. Inderdaad blijkt wanneer bij mensen ditzelfde gebied elektrisch wordt gestimuleerd, deze personen zeer opgewonden en vrolijk gedrag gaan vertonen. Aangezien het voorste deel van de globus pallidum in nauw contact staat met de schil van de nucleus accumbens, spelen beide gebieden waarschijnlijk een belangrijke rol bij het ervaren van aangename en positieve gevoelens. Bij verslaving is het globus pallidum echter nog nauwelijks onderzocht.

Ongeluk

Shitij Kapur is een oorspronkelijk uit India afkomstige psychiater die al jaren onderzoek doet op de universiteit van Toronto in Canada. Zijn lezingen, die hij steevast gekleed in prachtige zijden Indiase jasjes over de hele wereld houdt, worden gekenmerkt door dezelfde nauwkeurigheid als zijn onderzoek. Kapur, een vriendelijke veertiger met een zachte stem die *the King's English* spreekt, geloofde niet dat de accumbens alleen maar actief wordt wanneer we iets prettigs meemaken. Zijn theorie is dat deze hersenkern bepaalt wat we belangrijk vinden en wat niet. Met andere woorden, volgens Kapur is de accumbens net zozeer onder de indruk van onaangename als van aangename ervaringen. En zo toonde hij in het volgende onderzoek aan:

Aan elf proefpersonen werden verschillend gekleurde cirkels vertoond terwijl ze in een hersenscanner lagen. Vijf seconden na presentatie van één bepaalde kleur (rood bijvoorbeeld) kregen de proefpersonen een pijnlijke schok toegediend, bij de andere kleuren niet. De vrijwilligers wisten dat na de rode kleur de schok zou komen. Zodra de rode cirkel verscheen die de schok 'aankondigde', werd de accumbens actief. De activiteit steeg dus voordat de pijn daadwerkelijk ervaren werd; de verwachting van de straf was al voldoende.

Met dit experiment toonde Shitij Kapur inderdaad aan dat de accumbens niet louter betrokken is bij gevoelens van geluk maar ook bij (het vooruitzicht op) onaangename gevoelens actief wordt. Toch is het moeilijk voor te stellen dat ratten deze hersenkern met verslavende stoffen blijven prikkelen als ze daarmee nare gevoelens zouden opwekken. De accumbens is niet het gelukscentrum, zoveel is inmiddels duidelijk, maar het strafcentrum zal het toch ook niet zijn.

Als we de experimenten nog eens goed onder de loep nemen, valt een belangrijke overeenkomst bij alle studies op: de accumbens wordt actief *voordat* beloning of straf daadwerkelijk ervaren wordt, bij het *vooruitzicht* op het krijgen van geld en bij de *anticipatie* op een pijnlijke schok, of die wordt toegediend of niet. Ook bij het muziekexperiment met het kippenvel blijkt dat eerder het vooruitzicht op het geluk ('kippenvelgevoel') dan de ervaring van dat gevoel op zich gemeten werd. Het experiment was namelijk zo opgezet dat de proefpersonen precies wisten welk deuntje ze zouden gaan horen. Niet alleen dat, ze wisten dat het deuntje kippenvel bij hen zou opwekken; het stukje lievelingsmuziek was immers specifiek met dat oogmerk uitgezocht. De proefpersonen wisten dus wat hen te wachten stond, ze beseften dat ze een gevoel van gelukzaligheid zouden krijgen. Ook in dat muziekexperiment betrof het dus waarschijnlijk de verwachting van de (in dit geval positieve) ervaring, niet de ervaring op zich. Inderdaad blijkt de accumbens niet betrokken bij het ervaren van geluk, niet bij het voelen van straf, maar wordt deze hersenkern actief bij de *anticipatie* op geluk, beloning of straf, zoals het volgende experiment overtuigend aantoont:

> Acht proefpersonen kregen afwisselend drie soorten vloeistof te proeven, zoet (een aangename prikkel), sterk zout (onaangenaam) en smaakloos (neutraal). De toediening van de verschillende smaken werd aangekondigd door een gekleurd figuurtje met voor elke smaak een verschillende kleur. De hersenactiviteit werd gemeten direct na het verschijnen van het figuurtje dat de smaak aankondigde (overeenkomend met de anticipatie op de te proeven vloeistof) en ook meteen na het proeven ervan. Van tevoren hadden de proefpersonen de verschillende

smaken uitgebreid geproefd, zodat ze wisten wat hen te wachten stond. Zodra het gekleurde figuurtje zichtbaar werd dat de zoete smaak aankondigde en dus *voordat* de zoete vloeistof daadwerkelijk werd geproefd, nam de activiteit in de accumbens toe. Anders gezegd, de hersenactiviteit steeg in anticipatie op de aangename sensatie. In mindere mate werd de accumbens ook actief bij het vooruitzicht op de zoute smaak. Kortom, de activiteit was niet gekoppeld aan het ervaren van de beloning zelf (of in het geval van de zoute smaak, straf), maar op de *verwachting* beloond (of gestraft) te zullen worden.

Als de accumbens actief wordt *voordat* beloning of straf ervaren wordt, wat is daar de betekenis van? Als het niet het beleven van geluk of ongeluk zelf betreft, maar daaraan vooraf gaat, wat is het dan wel? Het lijkt erop dat dit gebied in de hersenen ons voorbereidt op de beloning of straf. Wellicht dat het geen rol speelt bij geluk en ongeluk, beloning of straf op zich, maar dat het essentieel is voor het verkrijgen van geluk en bij het vermijden van ongeluk. Misschien is dit het deel van de hersenen dat ons in staat stelt gelukkig te worden, dat ons de middelen hiertoe verschaft. De motivatie ertoe misschien? Dat is inderdaad wat een groep gedragsonderzoekers van Emory University uit Atlanta in de Amerikaanse staat Georgia veronderstelde. Zij gingen ervan uit dat de accumbens niet zozeer een rol speelt bij *wat* we willen maar *hoe graag* we iets willen.

De onderzoekers zochten hun heil in de bekende beloning, geld. Tien mannen en zes vrouwen kregen een spaarpotje op een computerscherm te zien. De proef bestond uit twee condities. In de ene viel een dollarbiljet in het spaarpotje zonder dat de proefpersonen er iets voor hoefden te doen, in de andere conditie moesten de proefpersonen op tijd een knop indrukken, zodat het dollarbiljet in de spaarpot viel. Moeilijk was de taak niet, want ze hadden er voldoende tijd voor, ze moesten echter wel opletten. De accumbens werd alleen actief in de conditie dat de proefpersonen op tijd het knopje moesten indrukken om het geld in het spaarpotje te laten vallen, niet in de situatie dat het geld zonder hun inspanning in het spaarpotje viel.

Uit dit experiment blijkt dat de accumbens alleen ingeschakeld wordt als we iets graag willen én er ons best voor moeten doen het te verkrijgen. Anders gezegd, deze kern wordt actief als u gemotiveerd bent. Het is natuurlijk andersom: als dit gebiedje actief is, bent u gemotiveerd, als het actief is, dan wilt u echt, dan streeft u, dan doet u uw best. Vandaar dat de accumbens ook vlak naast het gebied ligt dat verantwoordelijk is voor het uitvoeren van handelingen. Zo is het mogelijk om razendsnel uw wensen om te zetten in daden. Letterlijk. De accumbens is niet het geluksorgaan, het is het orgaan dat u de kans geeft geluk te grijpen. Dit kleine gebiedje in de hersenen is zo veel belangrijker dan zijn omvang zou suggereren. Het levert namelijk het gereedschap voor het scheppen van geluk. Door u te motiveren.

Motivatie
Hoe doet de accumbens dat, u motiveren? Om die vraag te kunnen beantwoorden, moeten we op moleculair niveau in deze hersenkern kijken. Het antwoord ligt namelijk besloten in de stof waarvan dit gebiedje in de hersenen zich bedient om met andere delen van de hersenen te communiceren. Deze stof, dopamine, is een van de belangrijkste moleculen in ons brein en reguleert de signaaloverdracht tussen een groot aantal gebieden. Speelt dopamine in bepaalde hersengebieden een rol in beweging[7], in de accumbens is dopamine de stof die u aanzet tot het verkrijgen van wat u wilt. Dit weten we omdat door microscopisch kleine buisjes in de hersenen te plaatsen we niet alleen, zoals in de verslavingsexperimenten, stoffen in de hersenen kunnen toedienen maar we even zo gemakkelijk de concentratie van bepaalde stoffen in de hersenen kunnen meten. Zo kan in het vrij bewegende dier voortdurend de hoeveelheid dopamine worden bepaald in specifieke hersengebieden, waaronder, de in dit verhaal belangrijke, schil van de accumbens. In deze opzet kan dopamine in allerlei omstandigheden gemeten worden, zelfs tijdens rattenseks:

> Vruchtbare vrouwelijke ratten werden in een kooi geplaatst die in tweeën was gedeeld door een verticaal gaaswerk. In de ene kant van de

kooi werd het vrouwtje geplaatst. Nadat het vrouwtje enige tijd alleen in de kooi was geweest, werd in de andere helft van de kooi een mannetje gebracht. Zodra het scherm verwijderd werd, snelden de diertjes naar elkaar toe en copuleerden. Gedurende de gehele periode werd voortdurend dopamine in de accumbens van het mannetje gemeten via een buisje in zijn hersenen. Vanaf het ogenblik dat het mannetje in de kooi werd geplaatst, nam bij hem de hoeveelheid dopamine in de accumbens toe. Op het moment dat het scherm werd verwijderd en er werkelijk niets meer was dat hem van het vrouwtje scheidde, schoot de hoeveelheid dopamine in de accumbens bij hem nog veel verder omhoog, nog voordat de consummatie daadwerkelijk plaats had gevonden. Stijging van dopamine in de accumbens, in het motivatiecentrum dus, is direct gekoppeld aan de drijfveer tot actie. Hoe nabijer de kans tot succes des te groter de stijging van de dopamine. De dopaminetoename lijkt dus gerelateerd aan twee nauw verbonden aspecten: de mate van belangstelling én de wil om de beloning te verkrijgen. Anders gezegd, de hoeveelheid dopamine in dit hersengebiedje bepaalt niet zozeer wát u wilt (seksuele lust bijvoorbeeld bevindt zich bij de rat noch bij de mens in de accumbens) maar wel hoezeer u er uw best voor wilt doen om het te verkrijgen. Dit geldt niet alleen voor seks. Soms is materieel bezit voor de hersenen van bepaalde individuen net zo motiverend als seks voor de rat. Zoals een aantrekkelijke sportauto:

> In een Duits onderzoek, betaald door DaimlerChrysler, de makers van de Mercedes Benz, werden acht mannen van gemiddeld eenendertig jaar betrokken. De proefpersonen waren allen autoliefhebbers en waren in het bezit van een auto. Ze kregen in de hersenscanner plaatjes te zien van drie soorten auto's: sportauto's (ja, er zat een Mercedes tussen), gewone personenauto's en kleine stadsautootjes. De hersenactiviteit van deze acht auto-enthousiasten werd tijdens het vertonen van de auto-afbeeldingen gemeten en wat bleek? De accumbens werd actief, maar alleen bij het zien van de sportauto's. Bij de personenauto's trad geen noemenswaarde activiteit in de accumbens op, en tijdens het zien van de kleine stadsauto's nam de activiteit zelfs af. (De proefpersonen had-

den eerder aangegeven de sportauto's als meest begeerlijk te zien, de stadsauto's als minst aantrekkelijk en de personenauto's daartussenin.) De uitslag zal zijn effect op DaimlerChrysler niet gemist hebben: mooie auto's worden door de hersenen als een sterke motivator gezien.

LUSTEN OF WILLEN

De vraag die onderzoekers al een tijd bezighoudt, is of de accumbens betrokken is bij lusten, iets lekker vinden (*liking*) of iets willen (*wanting*). Het verschil lijkt klein maar is wezenlijk. We kunnen iets lekker vinden zonder het direct te willen hebben en andersom, we willen iets zonder het zeer lekker of fijn te vinden. Vaak moeten we ooit een eerste keer ervaren hebben dat hetgeen we nu willen, lekker was. Het eerste stukje chocola, of het eerste ijsje heeft ons de ervaring gegeven 'dat is lekker' en als gevolg van die ervaring zullen we het willen. Maar niet altijd is het nodig dat we een gevoel ervaren hebben om iets te willen. IJs willen we omdat we het geproefd hebben, maar willen we alleen maar macht als we weten hoe macht voelt, aanzien alleen maar nadat we ervaren hebben hoe dat is? Natuurlijk niet. We worden vaker gemotiveerd door wat we ooit hopen te ervaren, dan wat we ervaren hebben. We kunnen de beloning willen, zonder ervaren te hebben dat we die lekker vinden. Het is de verwachting van de beloning die ons motiveert, niet de beloning zelf. Iets willen motiveert ons, iets lekker vinden niet.

Dopamine in de accumbens stijgt als je iets ziet wat je mooi vindt én als je er je best voor moet doen het te verkrijgen. Dopamine in de accumbens is de drijfveer van onze motivatie. Dopamine maakt het verschil uit of we koning zullen worden of knecht, bewonderd of beschimpt, succesvol zullen zijn of falen. Maar wat heeft dat allemaal met verslaving te maken?

VERSLAVING EN MOTIVATIE

Het blijkt dat, zonder uitzondering, alle verslavende stoffen leiden tot een toename van dopamine in de accumbens. Ze doen dat ieder op een iets andere manier, maar het effect is in alle gevallen gelijk: de hoeveelheid dopamine neemt er toe. Maar wat gebeurt er nu bij verslaving? Dan stijgt dopamine op een onnatuurlijke manier, niet vanwege de zaken om ons heen die ons zouden interesseren en motiveren, maar als gevolg van een kunstgreep, een truc: de verslavende stof. En zoals het altijd in de hersenen toegaat: het maakt niet uit of het effect op natuurlijke of onnatuurlijke wijze ontstaat, als het er maar is. Anders gezegd, de hersenen zien geen verschil tussen dopaminestijging als gevolg van een gewone motivator (eten, seks, geld, aanzien) of als gevolg van een lijntje cocaïne. Het probleem is echter dat het effect van cocaïne vele tientallen malen sterker is dan dat van eten, seks, of geld, zodat als de accumbens kiezen moet, het liever het lijntje heeft. De hersenen zijn opportunistisch: het gaat om het resultaat, niet om de wijze waarop dit resultaat bereikt wordt. Vanwege dit hersenopportunisme zullen cocaïnegebruikers al snel merken dat het effect van de cocaïne veel sterker motiveert, veel sterker een gevoel van interesse opwekt, dan alle andere prikkels om hen heen. Zo gebeurt het dat de sterkste motivator niet meer een natuurlijke prikkel is, zij het geld, een sportauto, seks, succes, liefde, of noem maar op, maar een synthetisch stofje.

Er is nog een reden waarom cocaïne (of elk ander verslavend middel) de natuurlijke motiverende prikkels uit te omgeving overstemt: de hersenen passen zich aan. Hersenen zijn flexibel en adapteren zich razendsnel aan de veranderde situatie. Wanneer dopaminestijgingen optreden die ongebruikelijk groot zijn (door de verslavende stof die leidt tot dopaminespiegels die veel hoger zijn dan normaal), vermindert de gevoeligheid voor dopamine. Het is niet anders dan met alle prikkels, we wennen aan lawaai, aan sterk licht, aan een zware last. Zo ook de accumbens. Deze went aan (te) veel dopamine. Het resultaat is dat de hersencellen ongevoeliger worden voor de geringe stijgingen in dopamine die horen bij de normale motivatieprikkels uit de omgeving. In een elegant onderzoek verricht aan het Rudolf Magnus Instituut voor Neurowetenschappen in Utrecht werd dit onder leiding van de hoogleraar Jan van Ree aangetoond. Van Ree, farmacoloog en verwoed pijproker (niet dat deze eigenschappen iets met elkaar te maken hebben), heeft zijn hele wetenschappelijke loopbaan besteed aan het doen van onderzoek naar de biologische achtergronden van verslaving. Een van zijn meest recente ontdekkingen is dat verslavende stoffen het brein beroven van de stof die onze motivatie stuurt, van dopamine dus:

> In dit onderzoek werd bij een aantal ratten een klein buisje in de accumbens geplaatst, zodat de hoeveelheid dopamine daar voortdurend kon worden gemeten. Tijdens deze operatie werd tevens een slangetje aangebracht in de grote halsader. Na de operatie herstelden de ratten zich volledig en ze waren na enige tijd helemaal gewend aan het buisje in hun kop en het slangetje in hun halsader. De ratten werden in drie groepen verdeeld, waarbij ze zich gedurende een periode van vijf dagen respectievelijk heroïne, cocaïne en water (deze laatste vormde de controlegroep) konden toedienen. Ze deden dit, zoals verwacht, maar al te graag met heroïne en cocaïne. Na de vijf dagen bleek de hoeveelheid dopamine in de accumbens, net voorafgaande aan het ogenblik dat de ratten zich weer cocaïne of heroïne gingen toedienen, minder dan de helft van normaal. Anders gezegd, cocaïne- en heroïnegebruik leidden tot een sterke afname van de normaal aanwezige dopamine in de accumbens. De daling was zo groot dat toediening van cocaïne niet eens meer tot een normaal dopamineniveau leidde.

Door het gebruik van de verslavende stof is de hoeveelheid dopamine in het motivatiecentrum vrijwel uitgeput. Het dopaminepeil is er tot op de bodem gedaald. Eenvoudige dagelijkse prikkels als (het uitzicht op) een complimentje, een lekkere maaltijd of geld zullen onvoldoende zijn om het dopaminepeil in de accumbens te laten stijgen. Zelfs sterke stimuli uit de omgeving zullen niet meer resulteren in een dopaminetoename. Er is nog maar één prikkel die dat wel kan: de verslavende stof. Zo is het enige dat de verslaafde nog motiveert, het verkrijgen van de stof die kan leiden tot normale hoeveelheden dopamine in de accumbens. Een complicatie is dat het hier niet gaat om zomaar een verhoging van dopamine, maar precies in dat gebied dat onze motivatie stuurt.

Dat is de trieste val waar Paul in gevangen zit: omdat het verslavende middel de enige prikkel is die leidt tot een merkbare toename van dopamine in de accumbens, is dat de enige prikkel die hem nog motiveert. Kom daar maar eens uit. Paul heeft een faustische overeenkomst gemaakt. Het enige hersensysteem dat hem zou kunnen motiveren om de verslaving te stoppen, door zich op andere doelen en beloningen te richten, heeft hij verkocht. Het hersensysteem dat nodig is om de verslaving te breken, is in handen van die verslaving. En net als Mefisto: die laat niet meer los.

MACHT EN VERSLAVING

En toch wordt niet iedereen verslaafd. Hoe krachtig ook de werking van verslavende middelen op dopamine in de accumbens, hoe perfide het overmeesteren van het motivatiecentrum door de verslavende stof ook moge zijn, toch zal minder dan een op de vijf mensen die een verslavend middel gebruikt, daadwerkelijk verslaafd raken. Hoe komt dat? Blijkbaar zijn sommigen onder ons extra kwetsbaar om verslaafd te raken en zijn anderen hiertegen beschermd. Wat maakt de een kwetsbaar en wat biedt de ander bescherming? Het antwoord is te vinden in de biologie van macht. Want dopamine en macht hebben evenveel met elkaar van doen als dopamine en verslaving. Macht beschermt tegen verslaving, en onmacht maakt kwetsbaar. Omdat macht en dopamine hand in hand gaan. Althans bij apen.

Het blijkt dat machtige (in de apenwereld is dat identiek aan dominante) apen over een actief dopaminesysteem beschikken. In alle apengemeenschappen, zowel in het wild als in gevangenschap, ontstaat na enige tijd een duidelijke rangorde. Deze hiërarchie is betrekkelijk gemakkelijk in kaart te brengen, want het apengedrag is aanzienlijk minder gecompliceerd en subtiel dan bij ons mensen wordt gezien. Macht en aanzien wordt bij apen zonder enige remming geëtaleerd en weinig verfijnd uitgeleefd (bij nader inzien verschilt het toch niet zo van mensen). Onderdanigheid wordt evenmin onder stoelen of banken geschoven. De apen die boven aan de rangorde staan, zijn agressief en overheersend. Ze worden door de lagerstaande apen gestreeld, op vlooien geplukt en anderszins op hun wenken bediend. Ze vallen daarnaast op door hun blakende gezondheid. De misdeelde apen zijn daarentegen te herkennen aan de schrammen en kale plekken die ze door hun vele mishandelingen hebben opgelopen.

Wanneer verschillende stoffen in de hersenen worden gemeten in dominante en in onderdanige apen, blijkt dat met name de hoeveelheid dopamine verschilt. Het dopaminesysteem bij de machtige apen is aanzienlijk actiever dan dat van de apen onderaan de rangorde, ongeacht of het mannetjes of vrouwtjes betreft. Een actief dopaminesysteem in de hersenen gaat dus gepaard met macht en maatschappelijk succes, bij apen althans.

Wat heeft deze rol van dopamine bij macht te maken met verslaving? Veel, want het blijkt dat de apen onder in de hiërarchie, de apen met een onderactief dopaminesysteem, het gevoeligst zijn voor de werking van verslavende stoffen. De apen onderaan de pikorde raken, wanneer ze de kans krijgen om zich te verslavende stoffen toe te dienen, gemakkelijk verslaafd. Het omgekeerde geldt ook: de apen met een actief dopaminesysteem, de dominante en succesvolle apen, raken niet verslaafd ook al krijgen ze de kans zichzelf verslavende stoffen toe te dienen:

> Twintig java-aapjes in gevangenschap geboren, groeiden in individuele kooien op, met vier vertrekken. Ze kregen goed te eten, voldoende vitamines en hun gewicht werd netjes op peil gehouden (vijf kilo). Op ongeveer vijfjarige leeftijd werd het eerste hersenscanonderzoek

gedaan, waarmee dopamine in hun hersenen werd gemeten. Daarna werden de aapjes in groepen van vier gehuisvest, in grotere kooien. In de groepsbehuizing werd het gedrag van de aapjes zorgvuldig in kaart gebracht. Na enkele maanden had zich in elk van de vijf groepjes een hiërarchie ontwikkeld die duidelijk in hun gedrag tot uiting kwam. De hoogste in rang was dominant en agressief ten opzichte van de andere drie aapjes en nederig naar geen van hen. De volgende in rang was onderdanig naar de machtigste aap maar domineerde de andere twee apen enzovoort. Onderdanig gedrag uitte zich in veelvuldig strelen van de 'hogere' apen. Dominantie bestond voornamelijk uit agressieve gedragingen. De machtigste aap werd voortdurend gestreeld en van alles voorzien. De aap die geheel onder in de hiërarchie stond, bezat zijn ziel, behalve in nederigheid, voornamelijk in eenzaamheid. Nadat deze machtsverdeling onmiskenbaar en onwankelbaar gevestigd was, werd van alle apen een tweede hersenscan gemaakt. Daardoor was het mogelijk de hoeveelheid dopamine in de hersenen in de situatie toen de apen alleen woonden, en er nog geen sprake van een rangorde was, te vergelijken met de toestand nadat de sociale hiërarchie eenmaal gevestigd was. Het bleek dat hoe hoger de apen zich in die rangorde bevonden, des actiever het dopaminesysteem in hun hersenen was geworden ten opzichte van de situatie dat ze nog alleen gehuisvest waren. Na het maken van de tweede hersenscan kregen alle apen de gelegenheid zichzelf (na een training om ze te leren hoe het werkte) 's morgens cocaïne in te spuiten. Met name de apen onderaan de hiërarchie maakten veelvuldig van deze gelegenheid gebruik: hoe lager in de rangorde, des te meer cocaïne de aapjes zichzelf inspoten; de machtigste apen hadden nauwelijks behoefte aan cocaïne.

Dit onderzoek, uitgevoerd op de University of North Carolina in de Verenigde Staten, levert twee belangrijke conclusies op. In de eerste plaats blijkt dat een actief dopaminesysteem *een gevolg is* van sociaal succes (bij apen althans). Daarnaast is duidelijk dat een stabiel dopaminesysteem beschermt tegen verslaving. Mogen we dan ook de conclusie trekken dat sociaal succes beschermt tegen verslaving? Dat is nog onvoldoende onderzocht, maar deze experimenten geven er alle aanleiding toe.[8]

TOT SLOT: EEN MACHTELOOS LEVEN

Motivatie is een voorwaarde om te krijgen wat u wilt – voedsel, seks, geld, macht of aanzien. Het deel van onze hersenen dat verantwoordelijk is voor onze motivatie, is de accumbens, een klein gebied in de hersenen dat actief wordt wanneer we iets graag willen, wanneer we gemotiveerd zijn. De activiteit in dit hersengebied ligt ten grondslag aan het gedrag dat ervoor zorgt dat u krijgt wat u wilt. Hoewel jarenlang is gedacht dat dit hersengebiedje verantwoordelijk is voor onze gevoelens van geluk, is dit slechts indirect het geval. U zult zich inderdaad gelukkig of tevreden voelen wanneer u bereikt heeft wat u wilde bereiken, gekregen heeft wat u wilde krijgen, maar het gevoel dat met deze gebeurtenis gepaard gaat, ontstaat daar niet. In tegenstelling tot waar men lang van is uitgegaan, is dit niet het centrum van de hersenen dat beloningen registreert. Het is het orgaantje dat u aanzet beloningen te vergaren.

De accumbens bedient zich voor deze rol van een boodschappermolecuul, dopamine, dat in de communicatie met andere hersendelen een voorname rol speelt. Dopamine stijgt wanneer u zaken ziet die u belangrijk vindt, wanneer in uw omgeving gebeurtenissen plaatsvinden die u motiveren tot actie – actie om de potentiële beloning te verkrijgen (of de straf te vermijden). Dopamine heeft nog een andere belangrijke rol. Het blijkt dat het dopaminesysteem ook actief wordt wanneer u (althans apen) stijgt in de sociale rangorde, anders gezegd, wanneer u macht vergaart. En macht blijkt een probaat middel tegen verslaving.

We weten nog steeds niet precies hoe verslaving ontstaat, maar we weten wel dat alle verslavende middelen hetzelfde effect hebben: ze verhogen dopamine in de accumbens. Ze bootsen het effect na van belangrijke prikkels uit de omgeving – stimuli die leiden tot een stijging van dopamine in de accumbens en om die reden door ons als relevant worden gezien. Ze zijn voor ons wezenlijk in de zin van: hier moeten we iets mee, en ze zijn belangrijk voor zover ze ons motiveren tot actie. Bij mensen die verslaafd zijn is, door het gebruik van de verslavende stof, de hoeveelheid dopamine in de accumbens echter zodanig geslonken dat geen van de gewone prikkels uit de omgeving de dopaminespiegel voldoende kan laten stijgen. De enige manier om dat gebiedje van voldoende dopamine te voorzien, is de verslavende stof te gebruiken. Is dat de reden waarom Paul niet van zijn cocaïne af kwam, omdat er geen enkele prikkel uit de omgeving het effect van cocaïne in de accumbens kan evenaren? Verklaart dat waarom geen enkele stimulans Paul sterker motiveerde dan het verkrijgen van cocaïne? Omdat de cocaïne bezit had genomen van zijn motivatiesysteem in de hersenen? We weten het nog niet, en dat komt mede doordat onderzoek naar de (biologische) oorzaken van verslaving lang niet de aandacht heeft gekregen die het, vanwege het enorme menselijke en maatschappelijke leed dat het veroorzaakt, verdient.

De zwerver

Over het wezen van de mens

Pieter was een van de eerste patiënten die ik tijdens mijn opleiding tot psychiater zag. Ik nam hem op in het Academisch Ziekenhuis Utrecht (AZU) op de gesloten mannenafdeling psychiatrie (toen was er nog een mannen- en een vrouwenafdeling). Pieter was een goede middelbare scholier geweest, had de havo zonder problemen afgemaakt en was begonnen aan de hts. Op de middelbare school had hij aardig wat vrienden met wie hij sportte en zo nu en dan uitging naar een café. Van deze gemiddelde negentienjarige was op het ogenblik van opname echter weinig meer te herkennen. Hij was een wildeman geworden.

Pieter werd opgenomen met een inbewaringstelling zoals dat heet, omdat hij een gevaar voor zichzelf en zijn omgeving was geworden. Wekenlang had hij zich verschanst in zijn kamer op de studentenflat, alleen nog maar door een kier van de deur sprekend en niemand binnenlatend. Zijn vrienden hadden eten voor de deur gezet, maar de laatste paar dagen had hij dit niet meer naar binnen genomen, zodat de melkpakken op de gang stonden te verzuren. Het was ook steeds lawaaiiger op zijn kamer geworden: dag en nacht werd er gestommel gehoord en ook 's nachts speelde hij geregeld luide Indische muziek. Het werd zijn medestudenten duidelijk dat ingegrepen moest worden toen Pieter op een morgen zijn gitaar van driehoog het raam uit smeet, gevolgd door zijn versterker. Ze belden de crisisdienst, waarop een psychiater en verpleegkundige langskwamen om poolshoogte te nemen. Pieter liet ze echter niet binnen. Wijs geworden door jarenlange ervaring namen zij contact op met de politie. Onder de indruk van deze geüniformeerde macht opende Pieter zijn deur. De kamer was verduisterd: de gordijnen dichtgetrokken en de lichten uit. Het stonk er naar rottend eiwit, ongewassen vlees en een ruimte die in geen weken gelucht was. Zijn kamer was een complete chaos. Eten lag verspreid over de vloer en de tafel stond vol vieze borden, glazen en etensresten waar het ongedierte lustig doorheen kroop. Geen van de stekkers zat nog in de stopcontacten die alle met hansaplast waren afgeplakt. De radio was volkomen gedemonteerd en lag in honderden stukjes over zijn bureau verspreid. Pieter keek de psychiater en verpleegkundige niet aan en liep houterig en in zichzelf mompelend door zijn kamer waarbij hij zo nu en dan zijn handpalmen op beide oren drukte en schreeuwde. Ze konden geen normaal gesprek met hem voeren en moesten dus op basis van wat ze aantroffen een beslissing nemen wat met hem te doen. Die beslissing was niet erg moeilijk. Pieter was duidelijk psychotisch. De psychiater en verpleegkundige beseften dat inspreken op Pieter weinig nut zou hebben. Hij zou onvrijwillig moeten worden opgenomen. Instemming van Pieter verkrijgen was in deze situatie onmogelijk. Ze konden kiezen tussen ter plekke per injectie noodmedicatie geven, maar dan moest er wel een onmiddellijk gevaar dreigen, of Pieter met zachte drang in de ambulance te loodsen en op te nemen in het ziekenhuis. Door hun duidelijke en vastberaden houding werd Pieter volgzaam.[1] Ten slotte lukte het hem in de ambulance te krijgen en naar het AZU te brengen. Daar wachtte ik hem op.

De jongen die ik in de opnamekamer aantref, is een grote vent, zeker 1,90 meter en stevig gebouwd, maar niet dik. Hij beweegt zich houterig en stijf en ziet er moe en zeer slecht verzorgd uit. Zijn haar is in weken niet gewassen en hangt in vette slierten om zijn hoofd. De stoppelbaard versterkt de indruk van ontaarding. Intussen kijkt Pieter vrijwel voortdurend angstig om zich heen. Pieter maakt geen oogcontact en vermijdt bijna opzettelijk mijn blik. Soms mompelt hij iets

DE ZWERVER

onverstaanbaars, maar tijdens dit eerste gesprek is hij voornamelijk stil. Vragen beantwoordt hij nauwelijks en dan nog slechts met enkele woorden. Hij staart naar een van de stopcontacten in de kamer en van het stopcontact naar mij en herhaalt dat verschillende malen. Plotseling staat hij op en in de bruuskheid van zijn beweging zit iets dreigends. Ik vraag Pieter of hij bereid is medicijnen te nemen die hem iets rustiger en minder angstig zouden kunnen maken. Nadat het enkele minuten stil is, stemt hij daarin toe. Pieter krijgt een antipsychoticum, Haldol, en een kalmeringstablet. Hij wordt geholpen met douchen, krijgt schone kleren en gaat uiteindelijk na een paar uur op bed liggen, waar hij in slaap valt.

Voor mij is het niet moeilijk de diagnose te stellen. Pieter lijdt waarschijnlijk aan schizofrenie. Dat was eigenlijk al helder uit de gegevens bij binnenkomst op de afdeling. Zo vermoeden mijn supervisor, Jacques Eizenga, en ik dat het afplakken van stopcontacten toe te schrijven is aan de waan afgeluisterd te worden via de stopcontacten. Iets dergelijks blijkt inderdaad het geval wanneer hij enkele dagen later, aanzienlijk kalmer en minder angstig, aanspreekbaar is geworden door de Haldol. Hij vertelt me dat hij op zijn kamer voortdurend bespied werd door de overburen die eigenlijk agenten van de BVD waren.[2] Vandaar dat hij zijn gordijnen gesloten hield. Door de stopcontacten af te plakken kon hij voorkomen dat zijn gedachten werden weggezogen. Daarom had hij uiteindelijk ook de versterker uit het raam gegooid: de stralen uit het apparaat stopten gedachten van andere mensen in zijn hersenen en straalden die daarna rond aan alle luisteraars. Deze stralen bestuurden hem alsof hij een robot was, zodat hij de controle niet meer had over zijn eigen gedachten en handelingen. De radio had hij uit elkaar geschroefd omdat hij voortdurend verschillende stemmen hoorde die uit dit apparaat kwamen, ook nog toen hij de stekker eruit getrokken had. Die stemmen, die hij ook tijdens onze eerste gesprekken blijft horen, scholden hem soms uit. Het waren levensechte stemmen, inderdaad alsof ze uit een radio komen, goed verstaanbaar, maar niet uit te zetten als bij een radio. Soms lukte het om ze wat op de achtergrond te laten geraken door keihard een grammofoonplaat op te zetten of door zelf op de gitaar te spelen. Het enige dat echt hielp, was slapen. Maar dat durfde hij juist niet omdat ze hem dan zouden vermoorden. Zoals ze probeerden door vergiftigd eten voor zijn deur te zetten.

Tijdens de eerste gesprekken is het nog steeds moeilijk voor Pieter om zijn gedachten te ordenen en ik houd ze kort, niet langer dan tien minuten. Door elke dag een of twee keer bij hem langs te lopen en korte tijd te spreken, krijgen we steeds meer contact en wordt zijn ziektegeschiedenis me duidelijk. Toch gaat het maar heel langzaam beter met hem.

Pas na een week opname en behandeling, ontstaat een beetje rust bij Pieter. Nog steeds is hij overtuigd van het complot van de BVD, nog steeds hoort hij stemmen van mensen die hij niet thuis kan brengen, maar het is allemaal wat minder uitgesproken. Ze schelden nu minder, maar leveren commentaar op wat hij doet, heel afstandelijk, zoals: 'Pieter ligt nu in bed'. Soms spreken ze met elkaar over hem en voeren hele discussies, maar het dreigende karakter ervan is wel wat minder geworden. Opvallend is dat het hoe en waarom van het complot vaag blijft.

Nog een aantal weken later is de achterdocht weg, het complot bestaat niet meer. Pieter kan er met aanzienlijk meer afstand over spreken en het lijkt bijna alsof het een film is geweest. De stemmen zijn nog meer naar de achtergrond verdwenen en hij hoort ze alleen nog maar als hij zijn best ervoor doet. Dat doet hij maar niet, op mijn aanraden. Het herstelproces verloopt langzaam maar, omdat het de eerste psychose is van Pieter, wel gestaag. Na zeven weken opname kan Pieter ontslagen worden en gaat hij bij zijn ouders wonen, want voor zichzelf zorgen lijkt een te grote opgave. De Pieter die bij zij ouders in huis komt, is echter niet meer de Pieter die daar twee jaar geleden vertrok om op kamers te gaan wonen. Hij is afhankelijker geworden van de hulp van anderen, hij kan niet meer zo goed zijn gedachten ordenen en is heel kwetsbaar voor spanning, verandering en onduidelijkheid.

DE ZWERVER

Studeren zal moeilijker gaan, omdat de concentratie is verminderd. En helaas, de kans dat een tweede en een volgende psychose zullen volgen, is tachtig procent.

Ik heb Pieter nog een aantal jaren gevolgd op de polikliniek en het ging inderdaad redelijk goed met hem, maar terug naar de hts keerde hij niet. Hij bleef zijn medicijnen gebruiken – essentieel om een volgende psychose te voorkomen – en we hebben goed contact gekregen. Daarna ben ik mijn weg, en is Pieter de zijne gegaan.

Onlangs ben ik hem nog een keer tegengekomen. Hij heeft mij niet herkend, en ik hem ook nauwelijks. Het was op Hoog Catharijne. Hij stond daar in een hoekje, volstrekt verfomfaaid, net als vroeger met lang en ongewassen haar, een slordige baard, en inmiddels waren z'n vingers bruin van de nicotine geworden. Hij stond er luid in zichzelf te spreken en wild te gesticuleren. Lastig vallen deed hij niemand, vandaar dat hij waarschijnlijk zelf ook met rust werd gelaten. Zo nu en dan wierp een voorbijganger schielijk een blik op hem maar de meeste mensen uit de langslopende massa keken strak voor zich uit. Voor hen was hij tenslotte niet anders dan een enge zwerver waar je maar beter met een boog omheen kunt gaan.

EMIL KRAEPELIN

Schizofrenie is voor het eerst beschreven door de Duitse hoogleraar Kraepelin. Emil Kraepelin was, zoals de meeste psychiaters aan het eind van de negentiende eeuw, een hersenonderzoeker opgeleid in de school van Broca en Wernicke, die postuleerde dat stoornissen in het gedrag terug te voeren zijn tot afwijkingen in specifieke delen van de hersenen.

Kraepelin werd in 1856 geboren in Neustrelitz in het toenmalige Pruisen. Hij werd ook Pruisisch opgevoed door zijn vader, die muziekleraar was, met een grote dosis plichtsbesef en ambitie. Op zijn tweeëntwintigste was hij al arts en op zijn vijfentwintigste publiceerde hij zijn eerste wetenschappelijke artikel waarin hij het verband aantoonde tussen infectieziekten en mentale aandoeningen. Geïnspireerd door zijn oudere broer die botanicus was (en uiteindelijk ook hoogleraar werd) en die zich veel bezighield met het indelen en rubriceren van planten, legde Emil zich toe op het beter classificeren van psychiatrische aandoeningen.

TOEN EUROPA NOG GRENZELOOS WAS

Dat Kraepelin zijn wetenschappelijke loopbaan als hoogleraar in Dorpat (het huidige Tartu in Estland) begon, is tekenend voor het internationale en grenzeloze karakter van de wetenschappelijke wereld aan het eind van de negentiende eeuw. In de jaren voorafgaand aan het extreme nationalisme dat korte tijd later vrijwel alle grenzen binnen Europa letterlijk en figuurlijk zou sluiten, kende de wetenschappelijke wereld, en dus ook die van de psychiatrie, aanvankelijk geen grenzen. Zo werd een Duits wetenschapper als Kraepelin zonder problemen hoogleraar aan de oudste universiteit van de Baltische staten (die in 1886 ten tijde van Kraepelins benoeming overigens deel uitmaakten van het Russische imperium). Hij was er niet alleen: veertig van de zesenveertig hoogleraren aan de universiteit van Dorpat waren Duits, terwijl de studenten overwegend Letten en Russen waren. Deze Duitsers beschouwden hun verblijf in de Baltische staten echter als een noodzakelijke ballingschap op weg naar een betere loopbaan in Duitsland zelf. Zo ook Kraepelin, die in 1890 als hoogleraar naar Heidelberg kon vertrekken, een oude en prestigieuze universiteitsstad. Deze uitwisseling die voor beide partijen zo zijn voordelen opleverde, duurde echter niet lang. De internatonale oriëntatie kon de nationalistische stroom des tijds niet weerstaan. In 1893 werd de universiteit omgedoopt tot de Joerjev-universiteit, en of het daardoor komt of niet, sindsdien is van Dorpat, of Joerjev, nooit meer iets gehoord (dat de plaats nu Tartu heet, is daarvan overigens niet de reden).

Tot dan toe was de indeling in ziektebeelden namelijk een *'verwirrendes Gewimmel'*, zoals hij dat noemde. Hij besloot daar verandering in te brengen en de psychiatrie net zo duidelijk te ordenen als zijn broer met planten deed. Dat is hem uitstekend gelukt, want zijn indeling uit het eind van de negentiende eeuw vormt nog steeds de basis voor de huidige psychiatrische classificatie. Gedurende zijn professoraten in Dorpat, Heidelberg en uiteindelijk München observeerde hij honderden patiënten die hij probeerde te rangschikken in verschillende groepen. Hij maakte daarbij onderscheid in niet te genezen aandoeningen die van binnenuit (endogeen) ontstonden en waarschijnlijk van oorsprong erfelijk waren, en behandelbare ziekten die door omstandigheden van buitenaf (exogeen) werden veroorzaakt. Tot de eerste groep behoorde volgens hem een ziektebeeld dat gekenmerkt werd door een gestage achteruitgang in het functioneren, door hem *'Verblödung'* (afstomping), genoemd. Hij noemde deze ziekte in 1896 *Dementia praecox*, voortijdig optredende dementie. Dementie ontstaat bij mensen op oudere leeftijd en kenmerkt zich door een gestage achteruitgang in het (intellectueel) functioneren. Kraepelin was opgevallen dat de patiënten die hij had onderzocht, ook sterk achteruit gingen in hun functioneren maar dat de ziekte op een veel jongere leeftijd ontstond. Vandaar dat hij de aandoening voortijdig optredende dementie noemde. Daarnaast verwachtte hij afwijkingen in de hersenen van zijn patiënten aan te treffen. Omstreeks diezelfde tijd (begin twintigste eeuw) werd namelijk ontdekt dat gedragsafwijkingen, zoals grootheidsideeën, verwardheid en paranoïde wanen, een gevolg konden zijn van hersenafwijkingen veroorzaakt door de verwekker van syfilis, de spirocheet *Trepanosoma pallidum*, die in het brein van deze patiënten grote schade aanricht. De stap naar de veronderstelling dat een zo ernstige aandoening als Dementia praecox ook door (microscopische) aantastingen van het brein veroorzaakt zou worden, was dan ook slechts een kleine. Het heeft echter meer dan tachtig jaar geduurd totdat de subtiele afwijkingen in de hersenen van schizofreniepatiënten ook daadwerkelijk werden gevonden.

EUGEN BLEULER

Eugen Bleuler is man die de term schizofrenie heeft bedacht. Hij was zeer innig bij zijn patiënten betrokken en woonde op het terrein van zijn psychiatrische afdeling letterlijk tussen hen in. Ook anderszins had hij nauwe contacten met dergelijke patiënten: zijn zuster leed aan schizofrenie. Bleuler beschouwde schizofrenie, in tegenstelling tot Kraepelin, helemaal niet als een aandoening die onvermijdelijk slecht afloopt en vond de term Dementia praecox daarom veel te negatief. Veel kenmerkender dan een slechte afloop vond hij een splijting tussen denken en gevoel, waarbij beide niet met elkaar in overeenstemming waren. Vandaar gespleten geest, schizofrenie [van het Griekse *schizein* (splijten) en *phrèn* (gevoel, verstand)]. De term heeft dus niets te maken met gespleten persoonlijkheid, zoals soms ten onrechte wordt verondersteld.[3]

Bleuler werd in 1857 in Zollikon, een klein boerendorp vlak bij Zürich, geboren. Als de eerste uit zijn familie ging hij studeren, in zijn geval geneeskunde, aan de universiteit in Zürich. Zijn psychiatrieopleiding rondde hij in 1881 in Zürich af, waarna hij trainingen volgde bij de grootheden van zijn tijd, zoals Jean Martin Charcot in Parijs en Aloys von Gudden in München.[4] Vervolgens keerde hij naar Zwitserland terug en werd directeur van een nieuw psychiatrisch ziekenhuis in de plattelandsgemeente van Rheinau. Daar leefde hij te midden van zijn patiënten, werkte met hen in de tuin, ging samen met hen fietsen, dansen en toneelspelen. Tijdens dit samenzijn noteerde hij de opmerkingen en gedragingen van zijn patiënten in een klein notitieblokje dat hij altijd bij zich droeg. Na zijn benoeming in 1898 als hoogleraar in Zürich en directeur van de grote psychiatrische kliniek in Burghölzli (waar onder meer ook Carl Jung werkte) had hij de tijd niet meer om zo intensief met zijn patiënten om te gaan en begon hij zijn beschrijvingen uit te werken in een aantal leerboeken. Zijn standaardwerk uit 1911, *Dementia Praecox oder die Gruppe der Schizophreniën*, heeft als belangrijkste boodschap dat schizofrenie niet ongeneeslijk is en niet onvermijdelijk tot een achteruitgang in het functioneren leidt.

SCHIZOFRENIE

Zowel Kraepelin als Bleuler lijkt gedeeltelijk gelijk te hebben gekregen. De ziekte die we nu nog steeds schizofrenie noemen, leidt bij het merendeel van de patiënten (maar niet bij alle) tot een achteruitgang in het functioneren. De aandoening blijkt heterogener dan Kraepelin dacht maar minder gevarieerd dan Bleuler veronderstelde. Schizofrenie bestaat uit verschillende symptomen die niet alle kenmerkend voor de aandoening zijn. Zo komen psychotische verschijnselen, waarbij fantasie en werkelijkheid worden verward, ook bij manie en depressies voor, net als het horen van stemmen (hallucinaties). Verschijnselen die meer typerend voor schizofrenie zijn, zijn het gevoel bestuurd te worden door krachten van buitenaf, geen controle meer hebben over je eigen gedachten (het gevoel dat gedachten worden uitgezonden of dat gedachten van anderen in het hoofd worden gebracht), en stemmen horen die met elkaar spreken.

Schizofrenie is een typisch menselijke aandoening. Er bestaan geen 'schizofrene' honden, 'schizofrene' apen en iets wat op schizofrenie lijkt, is ook niet te veroorzaken bij ratten of muizen. Dat geldt bijvoorbeeld niet voor angst en depressie. Angstige ratten komen in de vrije natuur voor en worden zelfs speciaal voor onderzoek gekweekt. Depressieve honden zijn er ook. Ze kunnen bovendien depressief gemaakt worden in bepaalde laboratoriumsituaties. Maar dieren met schizofrenie, of iets wat er zelfs maar op lijkt, bestaan niet. 'Schizofrene' ratten en muizen kunnen we niet kweken. Schizofrenie is een van de weinige menselijke aandoeningen waar geen goede diermodellen voor bestaan. Als we op zoek gaan naar de oorzaken voor schizofrenie, lijkt het dan niet logisch om juist daar te zoeken waar mens en dier verschillen? Zoals taal, bewustzijn van het eigen ik, vrije wil. Dat lijkt een goed begin.

HERSENONDERZOEK BIJ SCHIZOFRENIE: EEN MOEILIJKE START

De veronderstelling dat hersenafwijkingen ten grondslag liggen aan schizofrenie, bestaat vanaf de eerste beschrijving van de ziekte door Kraepelin. Ondanks decennialang onderzoek werden echter geen consistente veranderingen in de hersenen van overleden schizofreniepatiënten gevonden. Sommige laboratoria vonden minder cellen, andere onderzoekers zagen ze juist te dicht op elkaar liggen en weer andere wetenschappers konden in het geheel geen verschillen aantonen. Nu weten we dat dit te wijten was aan de betrekkelijk primitieve microscopische methoden die men hanteerde, maar dat wist men toen niet. Het gevolg was dat men de oorzaak van schizofrenie niet langer in de hersenen ging zoeken.

Zo ontstond rond 1960 een geheel andere hypothese: schizofrenie zou niet veroorzaakt worden door afwijkingen in de hersenen maar was een 'gezonde' reactie op een 'zieke' maatschappij. Een enkeling ging er zelfs van uit dat patiënten met schizofrenie juist niet behandeld hoefden te worden omdat een psychose doormaken louterend zou werken. Het is evident dat zij niet beseften hoe mensen met een psychose lijden. Verschillende Amerikaanse, Engelse en Italiaanse wetenschappers opperden dat de patiënten niet zouden moeten worden behandeld maar terug moesten keren naar een maatschappij waarin ze best goed voor zichzelf zouden kunnen zorgen. Anderen veronderstelden dat schizofrenie een gevolg zou zijn van een verkeerde interactie tussen een moeder en haar kind. Dit ging zelfs zo ver dat in Nederland moeders hun kinderen niet in de psychiatrische kliniek mochten bezoeken omdat ervan uit werd gegaan dat zij een 'ziekmakende' factor zouden zijn. Overigens is er nooit onderzoek naar deze hypothese gedaan, laat staan dat er ondersteunend bewijs voor is gevonden. Toch leidde deze stroming tot een sterke weerstand tegen het doen van hersenonderzoek bij mensen met psychische stoornissen. Als gevolg daarvan heeft het hersenonderzoek in de psychiatrie een achterstand van decennia opgelopen. Deze tijd wordt wel de Middeleeuwen van het hersenonderzoek genoemd en heeft onnoemelijk veel persoonlijke en wetenschappelijke schade aangericht. Dat schizofrenie en hersenen niets met elkaar te maken zouden hebben, is door de Amerikaanse schizofrenieonderzoeker Fuller Torrey (niet zonder enige overdrijving) betiteld als de grootste wetenschappelijke misvatting van de twintigste eeuw.

HOE MENSEN SPREKEN KUNNEN

U zult waarschijnlijk niet willen ontkennen dat wat mens en dier onderscheidt, onder andere, het gebruik van de taal als communicatiemiddel is. Taal – het complexe gebruik van regels en tekens om informatie met anderen uit te wisselen – is echter alleen maar mogelijk als we kunnen spreken.[5] Het vermogen tot spreken, het produceren van klanken die we voor onze taal gebruiken, gaat dus aan de vorming van taal vooraf. Op welk ogenblik in de evolutie we zijn gaan spreken, en met name hoe spraak zich ontwikkeld heeft, is nog onderdeel van een levendig wetenschappelijk debat.

Er bestaan hierover, kort gezegd, twee theorieën. De ene legt het accent op de groei van de hersenen, de andere op de ontwikkeling van ons strottenhoofd. In beide gevallen echter wordt het antwoord gezocht in het moment dat, en de wijze waarop, de mens zich van de aap ging onderscheiden.[6]

De wetenschappers die beweren dat taal zich ontwikkeld heeft op basis van verschillen in hersenontwikkeling tussen mens en aap, hebben hiervoor verschillende argumenten. De belangrijkste bewijsvoering is de grootte van de menselijke hersenen. De hersenen van de huidige mens hebben zich over miljoenen jaren langzaam vergroot. De Australopithecus, de eerste tweebenige die werktuigen hanteerde en ongeveer drie miljoen jaar geleden in Afrika ontstond, had een hersenvolume van minder dan zeshonderd milliliter. Homo erectus, onze directe voorganger (de Australopithecus stierf twee miljoen jaar geleden uit), begon met een brein van zevenhonderd milliliter, maar anderhalf miljoen jaar later was dit uitgegroeid tot de huidige maat van dertienhonderd milliliter. Een probleem is echter dat de bekende oersukkel, de Neanderthaler, die dertigduizend jaar geleden tegelijkertijd met de moderne mens (Homo sapiens) in Europa leefde, (iets) meer hersenen had dan zijn evolutionaire rivaal, de mens. (Deze vergelijking is te maken op basis van de schedelinhoud van de opgegraven fossielen.) De hersenen van de Neanderthaler waren namelijk veertienhonderd milliliter groot. Zo'n sukkel was hij misschien dan toch niet. Maar ondanks dit grote brein bestaan er geen aanwijzingen dat de Neanderthaler ooit gesproken heeft. De ontwikkeling van taal en spreken lijken dus minder afhankelijk van het volume van onze hersenen dan we wellicht gehoopt hadden. Als de kunst van het spreken niet een gevolg is van onze grote hersenen, hoe komt het dan dat mensen kunnen spreken? Volgens sommige wetenschappers omdat wij ons kunnen verslikken en Neanderthalers niet.

HERSENVOLUME EN IQ

De grootte van uw hersenen (tussen dertien- en veertienhonderd milliliter) is gerelateerd aan uw IQ. Hoe groter uw brein, des te intelligenter u bent. Maar dit verband is niet sterk, noch de enige factor die uw hersenvolume bepaalt. De relatie tussen ons IQ en het volume van onze hersenen varieert tussen de verschillende studies, maar gemiddeld wordt onze intelligentie voor tien procent verklaard door de grootte van onze hersenen. Hersenvolume wordt echter nog veel meer beïnvloed door onze lengte. Hoe langer u bent, des te meer hersenen u heeft, en andersom. Vandaar ook dat vrouwen (die immers gemiddeld kleiner zijn dan mannen) kleinere hersenen hebben dan mannen, maar dommer zijn ze niet. Als we het verband tussen intelligentie en grootte van de hersenen willen bepalen, zullen we dus moeten corrigeren voor, dan wel rekening houden met, lichaamslengte of lichaamsgewicht. Anders zou de olifant met een brein van vijf kilo de slimste op aarde zijn, en dat lijkt niet overeen te stemmen met de werkelijkheid. Het hersenvolume (of gewicht, dat maakt niet echt uit) corrigeren voor lichaamsgewicht werkt echter niet bevredigend, want als we dat doen, worden muizen opeens de intelligentste wezens ter wereld. Een aantal wetenschappers heeft hiervoor een verhouding gevonden, het encefalisatiequotiënt. Dit quotiënt is voor de mens 7,4, voor dolfijnen 5,3 en voor chimpansees 2,4. Als we die correctiefactor gebruiken, speelt lichaamsgewicht geen rol meer en komt de mens consistent als degene met *relatief* de grootste hersenen uit de bus. Dat stelt gerust, want de implicatie is dat we ook de intelligentste wezens zijn.

Een onderzoeksgroep onder leiding van professor Philip Lieberman van Columbia University in New York vergeleek meer dan honderd schedels van Homo sapiens (de huidige mens) over de hele wereld met de schedels van een van onze voorgangers, de Homo heidelbergensis (voor het eerst in het Duitse Heidelberg opgegraven, dus) en met schedels van de Neanderthaler. Wat hem opviel, was dat de vorm van de menselijke schedel anders is dan die van onze voorgangers en ook anders dan die van de Neanderthalers. Terwijl bij de Neanderthalers en de Homo heidelbergensis de mond en ogen gedeeltelijk voor de schedelbasis uitsteken (een beetje zoals bij apen), liggen mond en ogen bij de moderne mens echt onder de schedelbasis. Anders gezegd, onze gezichten zijn platter dan die van de aap en dan die van de Neanderthaler. Lieberman en de zijnen schrijven dit toe aan een versterkte

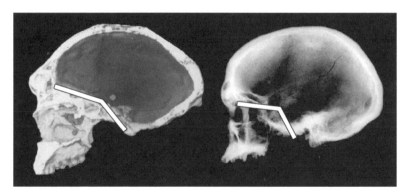

Schedelfoto's van een Neanderthaler (l) en de huidige mens (r)

groei van bepaalde hersendelen bij de mens: de voorste en zijdelen van de hersenen.[7] Dat zijn de hersendelen die bij de mens verantwoordelijk zijn voor de taal, creativiteit en andere menselijke eigenschappen, zoals plannen en organiseren. Toch denkt deze groep onderzoekers niet dat de hersengroei zelf geleid heeft tot het spreken, maar een geheel andere ontwikkeling die samengaat met de verandering van de schedelvorm bij de mens: de anatomische plaatsing van het strottenhoofd. Spreken doen we, zoals u weet, niet met de hersenen maar met de mond. Hierbij wordt lucht vanuit de longen, via de stembanden in het strottenhoofd, in de mondholte gebracht. Essentieel hiervoor is dat het strottenhoofd zich boven aan de luchtpijp bevindt, anders kan er geen lucht langs de stembanden stromen. De lucht brengt de stembanden in trilling waardoor geluiden ontstaan. Bij de mens is de ruimte waar deze klanken kunnen worden gemaakt die zich tussen het strottenhoofd en de lippen bevindt (ook wel de klankkast genoemd), aanzienlijk groter dan bij apen. Dat is omdat het strottenhoofd 'gezakt' is, lager ligt dan bij de aap. Op die manier is er bij de mens een grotere klankkast ontstaan. Ook is de tong bij apen en mensen anders gevormd. Bij apen is deze lang en plat, bij mensen kort en bol. Dit heeft als voordeel dat we die korte dikke tong veel kanten op kunnen laten bewegen, zodat de klankkast allerlei vormen kan aannemen. De grootte van deze klankruimte variëren we nog verder door ons strottenhoofd te laten stijgen en zakken (dat maakt een verschil uit van wel tweeënhalve centimeter).[8] Zo zijn wij in staat de klanken [i], [u] en [a] te maken, maar de aap, noch onze uitgestorven voorouder, de Australopithecus, niet. De prijs die we hebben moeten betalen voor deze flexibele tong en het laag liggende strottenhoofd, is de kans op een verslikkingsdood. Wij mensen zijn de enigen die ons echt kunnen verslikken, vanwege dat laag liggende strottenhoofd. Hierdoor kan, als we even niet opletten en de luchtpijp vergeten met onze bolle tong af te sluiten, voedsel of vloeistof in de luchtpijp belanden. Toch is het evolutionair een goede ruil gebleken, want volgens Philip Lieberman ligt de verklaring waarom de Neanderthaler wel en wij niet zijn uitgestorven in ons vermogen ons te verslikken. Volgens hem is de schedelbouw van de Neanderthaler (net als die van de aap) zodanig anders dan die van de Homo sapiens dat verlaging van het strottenhoofd bij de Neanderthaler niet zal hebben plaatsgevonden. Deze zal dus, net als de aap en de Australopithecus, veel minder klanken hebben kunnen fabriceren dan onze voorlopers. Het is hem noodlottig geworden. Hij had zich beter eens kunnen verslikken.

EEN GEN OM TE SPREKEN?

Niet alleen de veranderde positie van het strottenhoofd lijkt het mensen mogelijk gemaakt te hebben om te spreken, er is ook zeer verfijnde motoriek voor nodig. Spreken, het aaneensluiten van klanken tot woorden is een bijzonder complexe activiteit die uiterst goede samenwerking tussen verschillende soorten spieren vereist. Naast een nauwkeurige coördinatie tussen ademhalingsspieren en stembanden moeten ook de tong en lippen met een grote precisie en extreme snelheid worden aangestuurd.

Diep in de hersenen bevindt zich beiderzijds van het midden een groot kerncomplex, bestaande uit de staartvormige kern en het *putamen*. Deze kernen zijn verantwoordelijk voor het aansturen van bewegingen. Wanneer de staartvormige kern wordt aangetast bij bepaalde ziekten, zoals de erfelijke ziekte van Huntington, ontstaan ernstige stoornissen in de beweging van armen en benen. Maar er ontstaan niet louter afwijkingen in grove bewegingen zoals blijkt uit onderzoek bij de, bij genetici inmiddels bekende, familie KE. Deze familie heeft het ongeluk behept te zijn met een erfelijke aandoening die de helft van de familieleden treft. De aangedane leden van deze Britse familie vertonen grote spraakproblemen, zodat ze voor buitenstaanders nauwelijks te verstaan zijn. Dit komt omdat ze zeer onduidelijk spreken en woorden in de verkeerde volgorde plaatsen. Het kernprobleem lijkt een onvermogen de motoriek zo te coördineren dat de juiste geluiden worden geproduceerd om woorden en zinnen te maken. Ook wanneer deze mensen gevraagd wordt hun lippen op commando te sluiten, hun mond te openen en hun tong uit te steken, kunnen zij dat niet goed. Het blijkt dat één gen bij de familieleden met deze aandoening, het FOXP2-gen, afwijkend is. Het is nog onduidelijk wat het gen precies doet, maar wel blijkt dat de familieleden met de spraakstoornis een verkleinde staartvormige kern hebben die ook functioneel abnormaal blijkt. Mogelijk dat afwijkingen in, of nietfunctioneren van het FOXP2-gen leidt tot een stoornis in de ontwikkeling van de hersendelen die verantwoordelijk zijn voor de zeer fijne motoriek die we nodig hebben om verstaanbaar te spreken.

DE OORSPRONG VAN TAAL

Hoewel spreken menselijk is, kunnen dieren wel klanken voortbrengen. Apen gebruiken zelfs verschillende geluiden om te waarschuwen voor een slang of een luipaard. Klanken produceren is dus niet typisch menselijk, ook al hebben we door onze grote klankkast een veel groter vocabulaire dan de aap. Wat ons echter wezenlijk onderscheidt van de dieren, is niet zozeer spreken als wel de taal. Taal is veel meer dan het snel uitspreken van verschillende woorden in de juiste volgorde. Een van de essentiële onderdelen van taal is de grammatica, de kunst om herkenbare regels te hanteren in het gesprokene, zodat we die aan alle omstandigheden kunnen aanpassen. Dat gaat aanzienlijk verder en betreft een geheel andere vaardigheid dan op een juiste manier je mond- en tongspieren beheersen. Door taal kunnen we met een enorme diversiteit en kleur communiceren, door taal kunnen we denken, kunnen we uiting geven aan deze gedachten, zijn we in staat (abstracte) concepten te vormen. Door taal weten we dat we zijn. Door taal hebben we een vrije wil.

De vraag is dus niet: hoe hebben we leren spreken, maar hoe is (de grammatica van) taal ontstaan. Zo de anatomische voorwaarden voor het spreken honderddertigduizend jaar geleden geschapen werden met het zakken van ons strottenhoofd, lijkt taal veel later te zijn ontstaan, ongeveer vijftigduizend jaar geleden. Dit leidt men af aan het rond die tijd ontstaan van grotschilderingen, kunstvoorwerpen en het begraven van doden, activiteiten waarvoor onderlinge communicatie een voorwaarde is. Of deze communicatie ook via een (primitieve) taal verliep, is niet zeker, maar hier wordt wel van uitgegaan.

Een van de beroemdste taalgeleerden, de Amerikaan Noam Chomsky van het Massachusetts Institute of Technology (MIT) in Boston, heeft gepostuleerd dat grammaticaal correct met taal omgaan een typisch menselijke en tevens aangeboren eigenschap is, die ontstaan is met de opkomst van de mens. Hij noemde die vaardigheid *'universal grammar'*. Als grammatica universeel menselijk is, dan ligt de basis daarvan waarschijnlijk in onze hersenen besloten. Hierbij is te verwachten dat het universele taalgevoel te vinden is in het hersengebied dat verantwoordelijk is voor het correct toepassen van grammatica. Al meer dan honderd jaar weten we dat grammatica gereguleerd wordt door het gebied van Broca in het linkerdeel van de hersenen. De Franse neuroloog Paul Broca beschreef aan het eind van de negentiende eeuw patiënten bij wie dit gebied was uitgevallen als gevolg van herseninfarcten, waardoor zij nog wel woorden maar geen grammaticaal correcte zinnen meer konden maken. Inderdaad blijkt, nu we hersenactiviteit zichtbaar kunnen maken met hersenscans, dat het gebied van Broca betrokken is bij het formuleren van zinnen en andere semantische taken, dus het gebied is waar onze grammaticale gave zetelt:

> Een groep Duitse onderzoekers van de universiteit van Hamburg ging ervan uit dat áls er een universeel gevoel voor grammatica bestaat, dit te testen zou moeten zijn bij mensen die een vreemde taal leren. Zij besloten dit te onderzoeken door Duitstalige proefpersonen Italiaanse en Japanse zinnen te laten leren en tijdens dit leerproces hun hersenactiviteit te meten. Een groep van twaalf Duitsers werd echt en namaak-Italiaans geleerd, waarbij het echte Italiaans grammaticaal juist was en het onechte grammaticaal onjuiste regels bevatte. Een tweede groep van elf Duitstalige proefpersonen nam deel aan eenzelfde onderzoek, maar nu betrof het correcte en incorrecte Japanse grammaticale regels. De proefpersonen kenden de juiste grammaticale regels van Italiaans noch

Japans en wisten dus niet van tevoren wat nep-Italiaans en namaak-Japans was en wat niet. De proefpersonen konden even goed de correcte als de incorrecte grammaticale regels leren, ongeacht of het Italiaans of Japans betrof. Hoe meer ze oefenden, hoe beter ze werden in de echte en in de neptaal. Maar alleen bij het leren van de correcte grammatica nam de activiteit in het taalcentrum van Broca toe, of het nu om Italiaans of Japans ging. Hoe beter de proefpersonen de correcte grammaticale regels hadden geleerd, des te sterker nam de activiteit in het gebied van Broca toe. Het leren van de namaaktalen leidde ook tot verhoogde hersenactiviteit, maar niet in het taal- en grammaticacentrum. Sterker, hoe meer de onzintaal werd geleerd, des te meer de activiteit in dat gebied áfnam.

Onze hersenen blijken toegerust voor het leren van een (nieuwe) taal, mits deze aan universeel geldende grammaticale regels voldoet. Ze zijn er als het ware op voorbereid om een taal te leren, een echte taal die voldoet aan die algemeen geldende grammaticale regels. Deze eigenschap is vrijwel zeker aangeboren, want babyhersenen kunnen al onderscheid maken tussen taal en zinloze geluiden:

In een buitengewoon innovatief Frans onderzoek uitgevoerd door drie Parijse onderzoekers werd de hersenactiviteit bij baby's van twee tot drie maanden oud gemeten met behulp van een niet-radioactieve scanningmethode. Geluidsbandjes werden afgespeeld waarop een vrouwenstem een verhaaltje in hun moedertaal, het Frans dus, voorlas. Dit bandje werd gewoon afgespeeld en ook achterstevoren. Dit laatste werd gedaan om te kijken of de hersenactiviteit die bij de baby's optrad, louter het gevolg was van het horen van geluid (het verhaal achterstevoren beluisteren) of daadwerkelijk door het horen van het Frans zou optreden. Bij de zes baby's die wakker waren gebleven (vijf waren in slaap gevallen tijdens het experiment), nam de hersenactiviteit in de taalgebieden toe tijdens het normaal afspelen van het Franse verhaal, maar niet bij het achterstevoren afgespeelde bandje.

TAAL EN HET ASYMMETRISCHE BREIN

Zoals we gezien hebben, is grammatica en daarmee verbonden, de taal, die typisch menselijke vaardigheid, bij de mens in aanleg aanwezig. Hierbij valt een eigenaardigheid op: de hersengebieden die zich bezighouden met taal, zijn bij vrijwel alle mensen gelokaliseerd in hun linkerhersenhelft. Zowel het gebied van Broca, voor de grammatica en het spreken, als het gebied van Wernicke, voor het begrijpen van de taal, bevinden zich in de linkerhersenhelft. Taal is een van de zeer weinige hersenfuncties die niet in beide hersenhelften te vinden zijn, maar slechts in één ervan. Waar horen, zien, voelen en bewegen even uitgebreid in de linker- als in de rechterhersenhelft zijn ondergebracht, bevindt taal zich louter in het linkerdeel van de hersenen. Dit verschil in functie tussen de linker- en rechterhersenhelft wordt de lateralisatie van de hersenen genoemd.[9]

Hoe komt het dat ons taalvermogen links in de hersenen zetelt? Een veel gebruikte verklaring is dat de lateralisatie van de hersenen te maken heeft met onze neiging de rechterhand te gebruiken.[10] Ongeveer negentig procent van de mensen gebruikt bij voorkeur de rechterhand, en dat is bij alle bevolkingen op aarde vrijwel gelijk.[11] De meeste dieren, inclusief de apen, hebben geen voorkeur voor het gebruiken van de ene poot of hand ten opzichte van de andere. Veel reden voor een dergelijke keuze ontbreekt ook, want ze gebruiken nauwelijks werktuigen. Het blijkt echter dat apen wel degelijk een handvoorkeur hebben wanneer ze gebaren maken die *gepaard gaan* met het produceren van geluiden: dan gebruiken ze voornamelijk hun rechterhand. Dit suggereert dat gebaren en 'spreken' al vanaf de aap hand in hand gaan. Aangezien de linkerhelft van de hersenen de rechterkant van ons lichaam aanstuurt en andersom, bewegen we onze rechterhand vanuit de linkerhersenhelft. Dus, zowel taal als het gebruik van de rechterhand worden bepaald door activiteit in het linkerdeel van onze hersenen. Maar dat geeft nog altijd geen antwoord op de vraag waaróm het taalcentrum links zit en waaróm we bijna allemaal rechtshandig zijn. Waarschijnlijk is het slechts een speling van de natuur geweest die ertoe heeft geleid dat taal links in de hersenen is gelokaliseerd, want ook het zangcentrum van vogels zit links en zelfs de kikker kwaakt met zijn linkerhersenhelft. Hoe het ook zij, opvallend blijft dat die bijzondere functie, de taal, slechts in één van beide helften van onze hersenen is gehuisvest. Dat maakt zo'n essentiële functie kwetsbaarder voor hersenletsel dan wanneer die functie zich in beide hersenhelften zou bevinden. De natuur blijkt evenwel voorzichtiger dan het zo op het eerste gezicht lijkt. Want onze hersenen kunnen de taalfunctie in de rechterhersenhelft onderbrengen mocht dat nodig zijn. Wanneer in de vroege kinderjaren beschadigingen optreden in de linkerhersenhelft, of zelfs wanneer de gehele linkerkant moet worden verwijderd (vanwege tumoren of epilepsie), neemt de rechterhelft de taaltaken moeiteloos over. Deze flexibiliteit is echter leeftijdsgebonden: na de leeftijd van ongeveer zeven jaar kan de rechterhersenhelft het verlies aan taalfuncties in de linkerhelft niet meer compenseren. Uit deze veerkracht blijkt dat de aanleg voor taal in potentie in de rechterhersenhelft aanwezig is maar dat dit vermogen, wanneer daar geen beroep op wordt gedaan, uiteindelijk verloren gaat. Bij de meesten van ons wordt deze potentiële vaardigheid van de rechterhersenhelft voor taal niet aangesproken. Behalve bij mensen met schizofrenie.

SCHIZOFRENIE EN HET ASYMMETRISCHE BREIN

Patiënten met schizofrenie blijken *zowel* de taalgebieden links als de gebieden rechts (die normaal gesproken dus alleen actief worden bij een beschadigde linkerhersenhelft) in te schakelen. Zoals psychiater en hersenonderzoekster Iris Sommer van het Rudolf Magnus Instituut voor neurowetenschappen en het UMC Utrecht, recent heeft beschreven, is bij schizofrenie de normale voorkeur voor de linkerhersenhelft verminderd. Bij patiënten met schizofrenie is de taalactiviteit rechts in

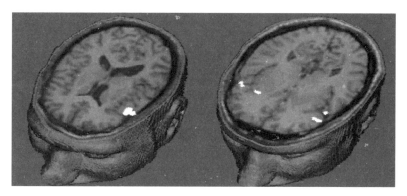

Hersenactiviteit bij een gezonde proefpersoon (l) en een patiënt met schizofrenie (r) tijdens het uitvoeren van een taaltest. Bij de patiënt is er activiteit links én rechts in de hersenen.

de hersenen net zo groot als links, terwijl die bij gezonde mensen vrijwel exclusief in de linkerhersenhelft plaatsvindt.[12]

In verschillende experimenten die op het Rudolf Magnus Insituut en het UMC Utrecht zijn uitgevoerd, werd de taalfunctie van patiënten met schizofrenie vergeleken met die van gezonde vrijwilligers. De proefpersonen moesten, terwijl ze in de hersenscanner lagen, verschillende taken verrichten die met taal te maken hebben. Tegelijkertijd werd hun hersenactiviteit in de scanner gemeten. Zo kregen zij de opdracht werkwoorden te vormen die bij een zelfstandig naamwoord horen, bijvoorbeeld 'stoel' – 'zitten'. Ook moesten de proefpersonen een woord lezen waarvan de letters achterstevoren staan en dit vervolgens corrigeren, zoals 'leots' – 'stoel'. Bij het uitvoeren van beide taken nam, niet geheel onverwachts, bij alle proefpersonen de activiteit in het taalcentrum van Broca (links in de hersenen dus) toe. Maar bij de patiënten met schizofrenie bleek dat naast het gebied van Broca het gelijksoortige gebied in de rechterhersenhelft werd geactiveerd.

Bij schizofrenie is de normale voorkeur voor de linkerhersenhelft bij taal en grammatica verdwenen. Wat is de reden van die verschuiving van taalactiviteit van louter de linker- naar ook de rechtertaalgebieden? Zoals blijkt uit de studies bij jonge kinderen kunnen gebieden in de rechterhersenhelft taaltaken van de oorspronkelijk daarvoor bedoelde gebieden overnemen. Zou de verschuiving van linker- naar rechterhersenhelft bij patiënten met schizofrenie een compensatiemechanisme zijn voor een beschadiging in de linkerhersenhelft? Dat zou goed kunnen, want bij patiënten met schizofrenie zijn inderdaad afwijkingen in de linkerhersenen gevonden. Hoewel de hersenafwijkingen niet alleen in de linkerhersenhelft worden gezien, zijn ze er wel het meest uitgesproken.[13]

HERSENONDERZOEK BIJ SCHIZOFRENIE

De Britse onderzoekers Eve Johnstone uit Edinburgh en haar collega Tim Crow uit Oxford publiceerden in 1976 een baanbrekende studie waarbij zij, gebruikmakend van CT-scanonderzoek (computergestuurd röntgenonderzoek), aantoonden dat de vochthoudende ruimtes in de hersenen bij patiënten met schizofrenie vergroot zijn ten opzichte van in leeftijd en geslacht vergelijkbare gezonde vrijwilligers. Deze publicatie in het meest vooraanstaande Britse medisch wetenschappelijke tijdschrift *The Lancet* was om twee redenen baanbrekend. Het was de eerste studie die de hersenen onderzocht bij patiënten met schizofrenie terwijl ze in leven waren (mogelijk geworden als gevolg van de revolutionaire ontwikkeling in de scantechnieken). Ten tweede toonde deze studie aan dat er hersenafwijkingen bij patiënten met schizofrenie bestaan. Zoals zo vaak in de wetenschap: wat nieuw lijkt, is zelden nieuw. Jaren voorafgaande aan de publicatie van Johnstone en Crow, in 1967 om precies te zijn, had Hendrik Jan Straatman, een Nederlandse arts die promotieonderzoek deed bij professor F.C. Stam, hoogleraar psychiatrie aan de Vrije Universiteit te Amsterdam, al aangetoond dat de vochthoudende ruimtes in de hersenen verwijd waren bij mensen met schizofrenie.[14] Dezelfde bevinding dus als die van Johnstone en Crow, maar zijn publicatie bleef onopgemerkt. Het onderzoek van de twee Britse onderzoekers vond echter evenmin direct weerklank. Het bleef ongeveer tien jaar stil; pas na de beschikbaarheid van de MRI-techniek nam het hersenonderzoek bij schizofreniepatiënten een enorme vlucht. Omdat MRI een methode is waarbij geen röntgenstralen worden gebruikt, werd dit onderzoek nu veel meer toegepast (voor een meer uitgebreide beschrijving van de MRI-techniek zie pagina 245 e.v. Het MRI-onderzoek bij schizofrenie is dan ook sinds het midden van de jaren tachtig van de twintigste eeuw een van de belangrijkste onderzoeksgebieden geworden in de psychiatrie. Er zijn honderden studies verschenen die onderzoek hebben gedaan naar de structuur van de hersenen bij patiënten met schizofrenie, bij hun familieleden en bij tweelingen van wie een of beiden aan schizofrenie leed/leden. Dit onderzoek heeft zonneklaar gemaakt dat hersenafwijkingen bij patiënten met schizofrenie bestaan en dat deze toenemen in de tijd, met name bij patiënten met een slecht beloop (zoals veel psychoses).

Deze hersenafwijkingen worden veelal gevonden in de gebieden die te maken hebben met de taal, alsof het proces dat ten grondslag ligt aan schizofrenie een 'voorkeur' heeft voor het aantasten van de gebieden die met taal te maken hebben. De beschadigingen in de taalgebieden liggen waarschijnlijk ten grondslag aan een van de kernverschijnselen van schizofrenie, het horen van stemmen. Zo is aangetoond dat patiënten met verminderde hoeveelheden hersenweefsel in de (linker-) taalgebieden meer last hebben van het horen van stemmen (hallucinaties).

Zou de toename van de taalactiviteit in de rechterhersenhelft, die in het Utrechtse onderzoek bij mensen met schizofrenie werd gevonden, inderdaad een mechanisme zijn om de gevolgen van beschadigingen in de linkerhersenhelft te compenseren? Mocht het zo zijn, dan mislukt deze, want hoe meer taalactiviteit in de rechterhersenhelft wordt gezien, des te meer hebben de patiënten last van stemmen. Misschien is het compensatiemechanisme bij de patiënt echter juist onvoldoende. Want bij zijn gezonde eeneiige tweelingbroer of -zus, die precies dezelfde genen heeft als de patiënt maar die geen stemmen hoort en geen schizofrenie heeft, is de taalactiviteit in de rechterhersenhelft nog meer uitgesproken dan bij de tweelinghelft die wel aan schizofrenie lijdt:

Iris Sommer onderzocht eeneiige tweelingen van wie er een aan schizofrenie leed en de andere niet. Zij vergeleek hun hersenfuncties bij het uitvoeren van taaltaken met die van gezonde tweelingparen. Het bleek dat de eeneiige tweelingbroers en -zussen van de schizofreniepatiënten (die dus zelf niet ziek waren) een nog grotere activiteit in de rechterhersenhelft lieten zien bij het uitvoeren van de taaltaken dan de schizofreniepatiënten zelf. Aangezien eeneiige tweelingen precies dezelfde genen hebben, is deze bevinding een sterke aanwijzing dat de verminderde voorkeur voor de linkerhersenhelft te maken heeft met de genen die aanleiding kúnnen geven om schizofrenie te krijgen (als de verhoogde activiteit van de rechterhersenhelft een gevolg zou zijn geweest van de ziekte, was het alleen bij de tweelinghelft gezien die leed aan schizofrenie en niet bij de gezonde tweelinghelft). Blijkbaar spelen de genen die betrokken zijn bij het bepalen van de voorkeur van de linkerhersenhelft voor taalfuncties ook een rol bij het ontstaan van schizofrenie. De stemmen die Pieter hoort, ontstaan waarschijnlijk als gevolg van overmatige taalactiviteit in gebieden in de rechterhersenhelft die eigenlijk nooit voor taal worden gebruikt, behalve wanneer de oorspronkelijke taalgebieden, links in de hersenen, op jonge leeftijd zijn uitgevallen. Of het een (mislukt) compensatiemechanisme is of niet, in elk geval zijn de stemmen een gevolg van ontspoorde hersenactiviteit. Peter kan die activiteit niet afzetten, niet door de stekker uit de radio te halen en niet door afleiding.[15]

TOENAME VAN HERSENAFWIJKINGEN BIJ SCHIZOFRENIE
Het is onherroepelijk, onvermijdbaar en onomkeerbaar: vanaf ons dertigste levensjaar worden onze hersenen, voornamelijk vanwege verlies van de grijze stof (de hersenkernen), kleiner. Hoewel dit proces bij een ieder van ons optreedt en direct aan de veroudering van de hersenen is verbonden, is er over deze ontwikkeling nog bijzonder weinig bekend. Slechts enkele studies hebben dit proces met behulp van hersenscans onderzocht en vin-

den dat de witte stof, de verbindingen tussen de hersenenkernen, in hoeveelheid intact blijft of zelfs iets toeneemt tot ons vijfenveertigste, terwijl de grijze stof vanaf de vroege volwassenheid in volume afneemt. Waarschijnlijk verliezen we de cellen die verantwoordelijk zijn voor het onderhoud en gezond houden van de hersenkernen. Het blijkt dat deze vermindering van de grijze stof bij patiënten met schizofrenie eerder begint en sneller verloopt, gemiddeld met 0,3 procent meer per jaar, dan bij gezonde mensen. Dit proces komt waarschijnlijk op gang met het begin van, of kort voor, de eerste psychose. Pas wanneer de ziekte erger wordt, en de psychoses toenemen, worden ook de afwijkingen in de hersenen duidelijker. De vermindering van de grijze stof hangt samen met het ziektebeloop: hoe vaker patiënten psychotische periodes hebben, des te sterker de toename van de hersenafwijkingen. De vermindering van grijze stof wordt met name in gebieden gezien die te maken hebben met planning en taal. Hoe de versnelde afname van de grijze stof bij schizofrenie tot stand komt, weten we nog niet. Het kan te maken hebben met verstoorde groei, versnelde veroudering of afsterven van cellen.

DE VRIJE WIL: WAAR IK OPHOUD EN JIJ BEGINT

U weet nu waar de stemmen van Pieter vandaan komen. Ze zijn een gevolg van activatie van het taalcentrum in de rechterhersenhelft dat normaal gesproken een sluimerend bestaan leidt. Vandaar dat schizofrenie bij dieren niet voorkomt, want dieren hebben geen taalcentrum.

Het horen van stemmen is echter niet het enige verschijnsel dat schizofrenie een zo typisch menselijke aandoening maakt. Schizofrenie raakt namelijk een nog fundamenteler menselijke eigenschap: het tast onze vrije wil aan. Het is de enige ziekte die de mens kan beroven van zijn meest wezenlijke individualiteit, namelijk zijn eigen gedachten. Zo was het ook bij Pieter. Had Pieter niet het gevoel dat zijn gedachten van anderen waren en in zijn hersenen waren gestopt door de versterker? Hij was een robot, een marionet geworden, zonder invloed meer te hebben op zijn eigen gedachten of bewegingen. De gedachten van anderen waren de zijne, en zijn denkbeelden die van vreemden. Hij maakte geen onderscheid meer tussen ik en jij. Het gevoel waar de ander ophoudt en waar de ik begint – deze hoeksteen van onze individualiteit – was bij Pieter verdwenen.

Dit verschijnsel – het verbleken van het onderscheid tussen de individuele ik en de buitenwereld – is een van de meest typerende symptomen van schizofrenie. Hoe kan dit centrale aspect van onze eigenheid zo volkomen verdwijnen? Onwaarschijnlijk als het misschien lijkt, deze grensvervaging tussen ik en de ander, deze verstoring in dat cruciale aspect van ons zijn, is een gevolg van een afwijking in de hersengebieden die betrokken zijn bij het leren. Misschien is dit toch niet zo vreemd, want als we leren nader beschouwen is er meestal een leraar en een leerling bij betrokken: een ander en een ik.

Leren is tweerichtingsverkeer. In het Nederlands zitten zelfs in hetzelfde werkwoord beide aspecten opgeslagen: het leren áán iemand, en het leren ván iemand. Leren geschiedt dus vanuit twee perspectieven, dat van de leraar en dat van de leerling. Om goed te leren heeft u, zoals bij het strikken van een veter, goed moeten opletten wat de ander (voor) deed. Hoe beter u zich op de leraar (in uw eerste levensjaren waarschijnlijk uw moeder) richtte, des te sneller u van haar of hem heeft geleerd. Maar tegelijkertijd moest u ook bij uzelf controleren of wat u gedaan had goed was gedaan, of het klopte met het voorbeeld. Leren is dus een voortdurende afwisseling van, en vergelijking tussen, wat de ander (voor)doet en wat ikzelf doe. Een onderzoeksgroep bestaande uit medewerkers van het Institut National de la Santé et de la Recherche Médicale (INSERM) in Lyon en de University of Washington in Seattle ontdekte dat onze hersenen voor deze twee gezichtspunten (dat van de leraar en dat van de leerling dus) twee specifieke gebieden hebben toegewezen, rechts en links in onze zijhersenen (de gebieden schuin achter en boven onze oren):

In deze studie werd aan achttien gezonde vrijwilligers gevraagd, terwijl zij in een hersenscanner lagen, twee experimenten uit te voeren. In een ervan moesten ze bewegingen van een onderzoeker nadoen; in het andere experiment keken ze juist toe hoe de onderzoeker hén nadeed. Het betrof stuk voor stuk eenvoudige bewegingen. In beide situaties werden bij de proefpersonen delen van de zijhersenen actief, maar er was een duidelijk verschil tussen links en rechts. Het linkerdeel werd geactiveerd bij het nadoen van de onderzoeker, een activiteit die wij normaal gesproken uitvoeren wanneer we nieuw gedrag of handelingen aanleren. Het rechterdeel werd daarentegen actief wanneer de proefpersonen controleerden of de onderzoeker de handelingen die zij zelf hadden verricht, goed nadeed. In de rechterzijhersenen wordt dus nagegaan of de bewegingen die een ander doet een beetje lijken op wat jij hebt voorgedaan. Dit is het proces dat zich normaal gesproken afspeelt bij degene die iets aan een ander leert.

In de hersenen bevinden zich dus twee onderscheiden gebieden die betrokken zijn bij het leren. Het ene gebied representeert het gezichtspunt van de leraar, het andere dat van de leerling. Iets breder geïnterpreteerd vertegenwoordigen deze twee gebieden de 'ander' en de 'ik'. Inderdaad leidt beschadiging van de linkerzijhersenen er vaak toe dat iemand complexe bewegingen, zoals eten met mes en vork of het strikken van veters, niet meer goed kan aanleren. Als de linkerkant beschadigd is, kunnen we het perspectief van de leerling dus niet meer aannemen, we leren niet meer goed. Als de rechterkant beschadigd raakt, herkennen we delen van ons eigen lichaam niet meer als van onszelf zijnde. Het lijkt alsof, bijvoorbeeld, je linkerarm niet van jezelf is. Het onderscheid tussen ik en de ander is bij beschadiging van de rechterzijhersenen dus aangetast: een deel van jezelf is onderdeel van de omgeving geworden.

Een nog opmerkelijker fenomeen treedt op wanneer de activiteit in het rechterdeel is toegenomen, een verschijnsel dat waarschijnlijk eerder op schizofrenie van toepassing is dan op een beschadiging van dat gebied. Als het gebied in de hersenen dat het perspectief van de leraar representeert overmatig actief wordt, vervaagt eveneens het onderscheid tussen ik en omgeving, maar nu op een wel heel opzienbarende manier: je bent je vrije wil kwijt. Je bent de leraar, de omgeving, gewórden.

Om onderzoek te kunnen doen naar hersenfunctie en de vrije wil, is het noodzakelijk een studieopzet te verzinnen die de vrije wil uitschakelt (de vrije wil staat tenslotte altijd 'aan'). Chris Frith van het University College in Londen, die veel opzienbarend en creatief onderzoek heeft bedacht, vond hiervoor een goede oplossing. Hypnose is een situatie waar we typisch onze vrije wil kwijt zijn. Hypnose en het effect daarvan op de hersenen is dus wat Frith besloot te onderzoeken.

Voor dit experiment waren zes mannen uitgezocht van wie bekend was dat ze gemakkelijk onder hypnose geraakten. Ze waren geselecteerd op basis van hun score op een hypnoseschaal, die meet hoe snel mensen onder hypnose gebracht kunnen worden.[16] De mannen werden, zittend op een stoel met leuningen, succesvol onder hypnose gebracht. Vervolgens werden ze in drie verschillende situaties vergeleken terwijl hun hersenactiviteit in een scanner werd gemeten. Gedurende de gehele test hielden ze hun ogen dicht. In de eerste situatie werd hun gevraagd hun linkerarm en -hand langzaam omhoog te bewegen, waarbij de elleboog op de stoelleuning moest blijven rusten. In het tweede experiment werd hun linkeronderarm met een katrol opgetild. In het derde experiment werd de proefpersonen verteld dat hun onderarm door de katrol zou worden opgetild, maar dat gebeurde niet. Binnen enkele seconden nadat hun verteld was dat hun arm door het katrol zou worden opgetild, bewoog hun onderarm als vanzelf omhoog. In de gehypnotiseerde toestand ging hun arm omhoog *alsof* een ander het deed maar ze bewogen hun arm natuurlijk zelf. Tijdens de conditie dat de proefpersonen dachten dat hun arm werd bewogen, maar ze het zelf deden, nam de activiteit in de rechterzijhersenen toe, niet in de andere twee condities.

Wanneer we onder hypnose staan, wanneer we handelen alsof we willoos zijn (zoals bij hypnose het geval is), is het rechterdeel van onze zijhersenen actief. Verhoogde activiteit in dat gebied is gekoppeld aan het gevoel dat een ander bezit van ons heeft genomen. Overactiviteit in het deel van de hersenen dat u in staat stelt het standpunt van de ander in te nemen, dat u helpt beter te leren, leidt tot willoosheid, tot het gevoel een marionet te zijn. Als er te veel activiteit is in dit gebied, wanneer we ons te sterk inleven in het perspectief van de ander, zijn we ons eigen standpunt, onze eigen vrije wil kwijtgeraakt. We hebben de leraar als het ware geïnternaliseerd. We voeren zijn opdrachten uit alsof we onder hypnose staan; we zijn ledenpoppen geworden. Misschien dat dit mechanisme in oorsprong ooit ontworpen is om goed en snel te kunnen leren. Bij overdreven internaliseren van de ander is de prijs echter hoog: we leveren er onze vrije wil voor in.[17] Marionetten is precies wat veel patiënten met schizofrenie zich voelen. Denken zij niet beïnvloed te worden door externe krachten, zijn hun gedachten en bewegingen niet overgenomen door anderen? Het lijkt alsof de patiënten onder een niet-ophoudende hypnose staan. Dan zou het deel van de hersenen dat het perspectief van de ander representeert, dus overactief moeten zijn. Dat klopt, zo blijkt uit onderzoek verricht in het Hammersmith Hospital in Londen:

> Patiënten die allen aan schizofrenie leden maar die verschilden in de mate waarin ze het gevoel hadden bestuurd te worden door krachten van buitenaf, werden in dit onderzoek betrokken. Ook een groep met gezonde vrijwilligers werd onderzocht. De betrokkenen dienden een joystick te bewegen in een van tevoren bepaalde volgorde terwijl hersenscans werden gemaakt. Patiënten en gezonde vrijwilligers konden de taak met de joystick even goed verrichten. Maar de hersenactiviteit verschilde duidelijk tussen de onderzochte groepen: bij de patiënten die het gevoel hadden bestuurd te worden door krachten van buitenaf, was de activiteit in de zijhersenen sterk toegenomen.
> Na het experiment werden alle patiënten enkele maanden behandeld met medicijnen en werd hun hersenactiviteit voor een tweede keer gemeten. De patiënten bij wie (al dan niet door de behandeling) het gevoel van bestuurd te worden door externe krachten was verdwenen,

vertoonden nu een normale activiteit in de zijhersenen. Het verminderen van het gevoel een marionet te zijn, ging dus gepaard met een normalisatie van activiteit in het deel in de hersenen dat het standpunt van de ander vertegenwoordigt.

Patiënten die geen onderscheid meer kunnen maken tussen ik en omgeving, mensen die de invloed over hun eigen denken en doen zijn kwijtgeraakt, die als ledenpoppen door het leven gaan, vertonen een toegenomen activiteit in specifieke hersendelen. De kern van onze individualiteit, die bij mensen als Pieter (en met hem bij sommigen van de honderdduizend andere patiënten met schizofrenie in Nederland) verloren gaat, is een gevolg van een stoornis in het hersengebied dat ons normaal gesproken tot gehoorzame leerlingen maakt. Het voortschrijdende verval in de persoonlijkheid dat de kern vormt van schizofrenie, is mede het resultaat van een afwijking in het gebied dat ons in staat stelt het perspectief van de ander aan te nemen. Het wezen van de mens, de vrije wil, zetelt in de hersenen als een subtiel en immer fijn evenwicht tussen ik en de omgeving, tussen de invloed van twee hersengebieden, waar het linkerdeel het perspectief van de ander, en het rechterdeel dat van onszelf representeert. Meer nog dan de stoornissen in de taal vormt het uit balans raken van dat evenwicht de kern van schizofrenie.

TOT SLOT: WANNEER HET WEZEN VAN DE MENS VERLOREN GAAT

Wat de mens van dieren onderscheidt is het gebruik van taal en het beschikken over een vrije wil. Hoewel de meningen verschillen over de oorzaak waardoor mensen, in tegenstelling tot dieren, kunnen spreken, is er weinig discussie over de menselijke uniekheid in het gebruik van de complexe, maar extreem flexibele communicatievorm die we taal noemen. Deze vaardigheid lijkt aangeboren, universeel en is in de hersenen verankerd. Voor het spreken en begrijpen van taal maken we gebruik van twee specifieke gebieden in de hersenen die beide in de linkerhersenhelft zijn gelokaliseerd. Bij slechts een klein aantal mensen wordt ook taalactiviteit in de rechterhersenhelft gezien. Maar bij schizofreniepatiënten zoals Pieter is de rechterhersenhelft voortdurend actief. Het gevolg ervan is dat ze stemmen horen en andere psychotische verschijnselen vertonen. Mogelijk dat de toegenomen taalactiviteit in de rechterhersenhelft een compensatiemechanisme is voor de beschadigingen die met name in de linkerhersenhelft van patiënten met schizofrenie wordt gezien, maar zeker weten we dat nog niet.

Een ander typisch menselijk kenmerk is het beschikken over een vrije wil, de mogelijkheid ons lot te bepalen, de eigenaar te zijn van onze gedachten, gevoelens en drijfveren. Ook deze, bij uitstek menselijke, functies zijn in welomschreven gebieden in de hersenen te vinden. De oorspronkelijke functie van deze hersengebieden is vast niet het tot bloei laten komen van een vrije wil geweest, maar veeleer om ons het vermogen te geven het perspectief van de leraar aan te nemen, zodat we beter en sneller kunnen leren. Hierbij komt het gezichtspunt van de leraar, algemener gezegd de ander, tot stand in de rechterzijhersenen, het uitgangspunt van onszelf in hetzelfde gebied maar dan aan de linkerkant gelegen. De vrije wil lijkt te ontstaan op basis van een subtiel evenwicht tussen de activiteit van beide gebieden.[18]

Wanneer die balans verstoord raakt, ontstaat een van de meest typerende verschijnselen van schizofrenie: het verdwijnen van het onderscheid tussen de ander en de ik. Zo had Pieter het gevoel dat hij een robot was geworden, dat zijn gedachten vervloeid waren geraakt met de omgeving. Anders gezegd, hij was zijn zelfbeschikking kwijt. Het verlies van de vrije wil ontstaat waarschijnlijk als gevolg van een overactiviteit van het gebied in de hersenen dat normaal gesproken tot taak heeft het perspectief van de ander aan te nemen. Toename van de hersenactiviteit in dat gebied leidt ertoe dat het eigen gezichtspunt verloren gaat en dat invloed van de omgeving, de ander, die van onszelf gaat overheersen. In die situatie zijn we als het ware gehypnotiseerd, zijn we marionetten geworden. Bij mensen als Pieter, die het gevoel hebben beïnvloed te worden door de omgeving, is de activiteit in dat gebied verhoogd en deze normaliseert wanneer de verschijnselen door behandeling afnemen.

Schizofrenie maakt duidelijk dat de eigenschappen die ons zo vanzelfsprekend tot mens maken, zoals het gebruik van taal en het beschikken over een vrije wil, in de hersenen verankerd zijn. En dus, dat wanneer deze ankers losslaan, wij in ons diepste wezen worden geraakt.

De medisch studente

Over twijfel en tevredenheid

Als klein kind heeft Cécile inderdaad een periode gehad dat haar sloffen precies aan elke kant van de scheiding in het linoleum moesten staan. En, nu ze erover nadacht, in diezelfde tijd controleerde ze de gordijnen iedere avond voor het slapen gaan opdat er de volgende morgen echt geen spatje daglicht tussen zou kunnen vallen. Daar was ze lang mee bezig, met dat controleren. Een kwartier elke avond. Ze ging expres eerder naar boven om de sloffen te kunnen schikken en de gordijnen te sluiten. De sloffen controleerde ze elf keer, de gordijnen zeventien keer. Cécile moest het ritueel voltooien anders had ze het gevoel dat er iets vreselijks zou gebeuren. En als ze de tel kwijtraakte, moest ze opnieuw beginnen. Hoe ze aan het getal elf gekomen is, herinnert ze zich nog goed. Haar onderwijzeres had eens gezegd dat elf het gekkengetal was, en dat was blijven hangen. Even plotseling als de dwang gekomen was, verdween die weer.

Maar de dwang kwam terug. In de eerste klas op het gymnasium was het wennen: verschillende leraren, zelfstandig werken en een voortdurende strijd om de populariteit speelden haar parten. Cécile ging twijfelen of ze haar schoolboeken wel had meegenomen en moest geregeld onderweg stoppen om in haar tas te kijken, ook al had ze de avond tevoren de boeken heel bewust in de tas gedaan. Dat onderweg controleren was niet handig, want de vriendinnen met wie ze samen fietste, moesten dan wachten. Daar kregen ze genoeg van. Zeker toen Cécile de hele tas ging uitpakken en de boeken en schriften in een bepaalde vaste volgorde terugstopte, de titels van de boeken hardop noemend. Het begon helemaal uit de hand te lopen toen dit proces een aantal malen herhaald moest worden. Cécile kwam daardoor vaak te laat op school. De mentor lichtte de ouders in. In samenspraak met hen werd het controleren nu verricht voorafgaand aan de fietstocht. Het betekende wel wat vroeger opstaan, maar Cécile kon weer met haar vriendinnen meefietsen en ze kwam weer op tijd. Sedertdien zijn de dwangverschijnselen echter nooit meer geheel verdwenen. Ze begonnen zo'n beetje bij Cécile te horen en aangezien ze zo vroeg in haar leven waren ontstaan, wist ze niet beter of het was een normaal onderdeel van het leven. Ze kan zich zelfs moeilijk precies herinneren welke dwang ze in welke periode van haar middelbare schooltijd had. Cécile weet echter nog goed, omdat het haar zo belemmerde op school, dat ze ging twijfelen of ze de tekst uit haar schoolboeken wel goed had gelezen. Aan het eind van elke bladzijde moest ze hardop zeggen wat ze gelezen had. Dat ontwikkelde zich verder, totdat ze elke zin moest overlezen en na iedere punt aan het einde van de zin verplicht moest wachten om de concentratie weer bij te vullen. Leren ging daardoor erg langzaam en Cécile is dat jaar ook blijven zitten. Met een geweldige inspanning heeft ze uiteindelijk toch haar eindexamen gehaald. Op haar negentiende ging Cécile geneeskunde studeren.

Cécile is een intelligente jonge vrouw, die ondanks de dwangverschijnselen altijd goed heeft kunnen leren. De verhuizing en de verandering van levensritme als student deden haar aanvankelijk goed (het was haar ook al opgevallen dat de dwangverschijnselen minder werden in het begin van de vakantie). Ze vond de vrijheid van op kamers wonen heerlijk en leerde spoedig nieuwe vrienden kennen. De studie verliep vlot, totdat ze ergens op het web las dat het op de cijfertoetsen van pinautomaten wemelt van de bacteriën. Aangezien ze rond dezelfde tijd net bacteriologiecolleges had, ging ze meer lezen over besmette-

DE MEDISCH STUDENTE

lijke ziekten en de manier waarop deze worden overgedragen. Handen wassen is de beste preventie, las ze. De gedachte dat overal besmetting loert, liet haar niet meer los. Ze begon haar handen een aantal malen te wassen onmiddellijk nadat ze uit de stad op haar kamer was teruggekomen en betaalde alleen nog maar contant. Tot ze besefte dat geld natuurlijk ook door talloze smerige mensenhanden is gegaan, die waarschijnlijk in hun neus hebben gepeuterd net voordat ze het geld aanpakten, of erger, zonder handenwassen de wc hebben verlaten. Ze begon de munten thuis te wassen in bleekmiddel en haar handen met een borsteltje te schrobben als ze van boodschappen doen thuiskwam. Papiergeld bakte ze in de magnetron in de veronderstelling dat bacteriën dit niet zouden overleven. Wisselgeld liet ze door de winkelmedewerkers in een apart zakje gooien dat ze pas weer gebruikte als ze het met bleek had afgespoeld of met microgolven had bestraald. Pinnen deed ze natuurlijk al lang niet meer.

De angst besmet te raken breidde zich allengs uit. Cécile begon zich elke keer nadat ze in de stad was geweest, uitgebreid te douchen. Aanvankelijk duurde dit kort, maar ook de tijd dat ze bezig was zich te wassen dijde uit. Ze waste zich eerst een keer, daarna verschillende keren en ten slotte, inderdaad, elf keer. Het douchen en handenwassen begon een groot gedeelte van haar tijd in beslag te nemen en ze werd er radeloos van. Ze begreep namelijk prima dat de kans op infecties alleen maar werd vergroot door het vele wassen omdat de huid daardoor brozer en droger wordt en minder weerstand kan bieden tegen bacteriën. Toch bleef ze het gevoel houden niet schoon te zijn, zelfs na al dat wassen. Ze durfde er uit schaamte niet met haar ouders en vrienden over te spreken juist omdat ze het belachelijke inzag van haar angsten en twijfels. Gelukkig begrepen haar vriendinnen dat er iets aan de hand was. Haar handen en gezicht waren vuurrood en het vel hing bijna van haar botten. Met vereende krachten haalden ze haar over de studentenarts te bezoeken en die stuurde haar door naar mij.

Cécile is een goed verzorgd meisje van twintig. Ze komt intelligent over en maakt op een iets verlegen maar adequate manier contact.

Haar gezicht en handen zien eruit alsof ze veel te lang zonder zonnebrandolie in de zon heeft gelegen: de huid is vuurrood, schilferig en dun. Verder valt op hoe weinig er opvalt. Ze is noch overmatig gespannen, noch onrustig. Haar stemming, hoewel iets gedrukt, is niet terneergeslagen. Ze spreekt helder en haar gedachtegang is goed te volgen. Nadat ik haar duidelijk heb gemaakt dat de klachten helemaal niet raar zijn en dat waarschijnlijk driehonderdduizend Nederlanders last van dwangverschijnselen hebben, kan ze er zonder schaamte over vertellen. Het onbegrijpelijke voor Cécile is hoe de klachten zijn ontstaan en ook de verschijnselen zelf zijn voor haar zo vreemd. Hoe kan het dat ze deze smetvrees heeft, terwijl ze heel goed begrijpt dat de kans op infecties niet groter wordt door geld aan te pakken? Waarom moest ze steeds haar tekst nalezen, terwijl ze allang wist wat ze gelezen had? Hoewel ze weet dat haar handen na één keer wassen schoon genoeg zijn, waarom voelt het dan ook niet zo?

Dwangstoornis is inderdaad een vreemde aandoening, leg ik haar uit. Een ziekte die nog geen twintig jaar geleden niet eens als ziekte werd erkend. Nu is duidelijk dat miljoenen mensen over de hele wereld hier last van hebben. Heel typerend is de verschuiving van de klachten zoals ook bij Cécile heeft plaatsgevonden, van het plaatsen van de sloffen en het controleren van de gordijnen, via de twijfel over de boeken, het plichtmatig moeten lezen, tot de smetvrees en de wasdwang. De geleidelijke verergering van de symptomen is ook iets wat eerder regel dan uitzondering is. Hoewel meestal de inhoud van de klachten verschuift, blijft de kern overal dezelfde: de niet-aflatende twijfel of de sloffen wel echt recht staan, de gordijnen waarlijk dicht zijn, de benodigde boeken in de tas zitten, de tekst zeker goed gelezen is, de handen volkomen schoon zijn. De twijfel blijft, ook al controleert ze elf of honderdeenentwintig keer, ook al spoelt ze de munten in bleekwater en doucht ze zich urenlang. Nooit komt het gevoel dat het zo wel goed is.[1]

DE MEDISCH STUDENTE

'LES SENTIMENTS D'INCOMPLÉTITUDE'

De eerste die dwangverschijnselen goed beschreven en geclassificeerd heeft, is de Franse hoogleraar Pierre Janet. In zijn standaardwerk uit 1903, *Les Obsessions et la Psychasténie*, beschrijft hij tientallen patiënten met verschijnselen van wat we nu dwangstoornis zouden noemen. Pierre Janet wordt in 1859 in Parijs geboren als zoon van een welgestelde en intellectuele familie. Zijn oom, Paul Janet, hoogleraar filosofie, invloedrijk wetenschapper en minister van Onderwijs, stimuleert Pierre om arts te worden en zich te specialiseren in de psychologische aspecten van de geneeskunde. Net als zoveel collega's uit zijn tijd is Pierre Janet buitengewoon geboeid door botanie. Ook voor hem dienen de principes van botanische classificering als voorbeeld voor zijn eigen werk, het verbeteren van de rubricering van psychiatrische ziektebeelden. Janet volgt als iedere loot van de Franse elite de Ecole Normale Superieure in Parijs, waarna hij leraar filosofie wordt aan een gymnasium in Le Havre. Tegelijkertijd studeert hij daar geneeskunde en specialiseert hij zich in de psychiatrie. In 1889 wordt hij, op voorspraak van zijn oom en vanwege een invloedrijke studie over hypnose, hoofd van de psychiatrische onderzoeksafdeling van *la Salpêtrière*, het wereldberoemde psychiatrische ziekenhuis in Parijs dat onder leiding staat van de even beroemde Jean Martin Charcot. In de daaropvolgende vijftig jaar schrijft Janet twintig boeken en meer dan honderdtwintig artikelen, waarvan *Les Obsessions et la Psychasténie* de tand des tijds het beste heeft doorstaan. Het boek wordt buiten het Franse taalgebied echter nauwelijks gelezen. Hoewel Janet uitgenodigd wordt om lezingen te houden op Harvard en zelfs tot erelid wordt benoemd van de Amerikaanse psychiatrische vereniging, is zijn invloed buiten het Franse taalgebied toch zeer beperkt gebleven. Dat is een gemis, want zijn theorieën over het ontstaan van dwangverschijnselen zijn actueler en relevanter dan menige modernere hypothese.

Janet gaat ervan uit dat dwangverschijnselen het eindstation vormen van een pathologische ontwikkeling. Hij heeft tal van patiënten en hun obsessies beschreven, maar belangrijker nog dan de uiteenzetting van hun verschijnselen is zijn conclusie dat de dwanggedachten[2] het gevolg zijn van een verminderd integratief vermogen van de hersenen, door hem *'abaissement du niveau mental'* genoemd. Janet wijt obsessies niet zoals Freud aan onderliggende psychoseksuele conflicten, maar aan een meer algemeen gebrek van de hersenen. Het verminderd functioneren van de hersenen leidt volgens hem altijd tot een basaal gevoel van onvolkomenheid, onvolledigheid: *'les sentiments d'incomplétitude'*. Mensen met dit gevoel van onvolledigheid noemt hij psychastenen. Zij hebben voortdurend het gevoel dat alles wat ze doen, meemaken en denken, onvolledig, onaf en imperfect is.[3] Voortdurend ontbreekt het gevoel van satisfactie. Het gevoel dat het 'goed' is, zoals Genesis zo prachtig en onovertrefbaar kernachtig in een van de eerste regels uitdrukt, ontbreekt bij hen voortdurend. Dit ontbreken van het gevoel van voldoening is wat Janet met *'les sentiments d'incomplétitude'* aanduidt. De obsessies en de rituelen ziet Janet als een gevolg van dit gevoel van onvolledigheid. Het geniale van Janet is dat hij zich niet liet afleiden door de, vaak tot de verbeelding sprekende, symptomen maar zich richtte op het onderliggend (psychologische) mechanisme.

Patiënten met dwangstoornis, zoals we het nu noemen, worden vaak gekweld door twijfels. Zij kunnen niet beslissen of wat ze gedaan hebben, goed is gedaan, tot de meest onbeduidende zaken toe. Het zijn zaken die u vast wel eens heeft meegemaakt, meestal als u moe bent, als ook bij u het *'niveau mental'*, tijdelijk weliswaar, is verlaagd. Het is de twijfel of u het koffiezetapparaat wel heeft afgezet, de deur heeft afgesloten, of u het licht heeft uitgedaan. U vraagt het zich één of twee keer af en controleert misschien een extra keer, maar bij mensen met een dwangstoornis blijft deze twijfel onophoudelijk bestaan. Hoe vaak Cécile het gordijn ook gesloten had, hoe precies de sloffen langs de lijn gezet, hoe vaak ze haar handen ook had gewassen, de twijfel of het wel goed was gedaan bleef, het gevoel van onvolledigheid hield aan. Vaak ontstaan rituelen om de kwellende twijfel de baas te worden, zonder veel resultaat. De gordijnen moeten elf (en niet twaalf of dertien) keer worden dichtgetrokken, de sloffen zeventien keer gecontroleerd en dán is het goed, ook al is het vaak slechts voor even. Het opvallendste aan deze twijfel is dat Cécile, en de meeste andere dwangpatiënten met haar, prima kan aangeven dat ze heus wel *weet* dat de gordijnen dicht zijn en haar handen schoon, maar dat ze het niet *voelt*.

Tegenwoordig wordt bij patiënten met dwangstoornis veel aandacht gegeven aan de aard van de verschijnselen, maar de werkelijke essentie van de ziekte is door Janet al meer dan honderd jaar geleden opgetekend: het voortdurende gemis van het gevoel dat het 'goed' is. Dit gevoel volgt, normaal gesproken, op een keuze die we hebben gemaakt, een beslissing die we hebben genomen, een handeling die we hebben uitgevoerd. Net als God pas verder ging met het scheppen van de wereld nadat Hij geconstateerd had dat wat Hij zojuist had gedaan 'goed' was, zo is het bij ons mensen ook. We kunnen pas verder met de volgende handeling, we kunnen pas een nieuwe keuze maken als we de vorige hebben afgesloten. Patiënten met een dwangstoornis kunnen niet beslissen, ze slagen er niet in keuzes maken, *omdat* ze niet in staat zijn hun handelingen af te sluiten. Bij patiënten met dwangstoornis komt dat gevoel van rust en bevrediging, zodat ze weer verder kunnen om een volgende actie te ondernemen of een nieuwe keuze te maken, vrijwel nooit. Zo blijven deze patiënten steken in voortdurende twijfel, in een belemmerende besluiteloosheid, die, zoals het volgende beroemde geval illustreert, een gevolg is van een stoornis in het hersensysteem dat onze voorkeuren in het leven bepaalt.

TWIJFEL EN KIEZEN

De patiënt staat bekend onder zijn initialen, EVR, en is in 1985 uitgebreid onderzocht en beschreven door de Amerikaanse neurologen Antonio Damasio en Paul Eslinger van de Universiy of Iowa in het agrarische Midden-Westen van de Verenigde Staten. Wanneer deze onderzoekers EVR voor het eerst in 1985 zien, is hij maatschappelijk in de goot beland en is zijn gedrag uitzonderlijk vreemd, maar niets in zijn voorgeschiedenis had gewezen op zo'n treurig lot. Integendeel, de jeugd van EVR laat zich lezen als een toonbeeld van landelijke Amerikaanse voorspoed. Hij brengt zijn eerste jaren door op een boerderij, als oudste van een gezin van vijf kinderen en wordt door zijn ouders op handen gedragen. Ook op school is hij geliefd. Zijn schoolprestaties zijn uitstekend, zodat hij na de middelbare school een opleiding volgt tot accountant. Kort na zijn eindexamen trouwt EVR en wordt niet veel later vader van twee kinderen. Vanaf zijn vijfentwintigste werkt hij als accountant en promoveert binnen enkele jaren tot hoofdaccountant in een middelgroot bedrijf. Zijn broers en zussen zien in hem een rolmodel omdat hij zo hard werkt, ambitieus en gedisciplineerd is en tegelijkertijd toch graag bereid is anderen te helpen. Kortom, het leven van een succesvol Amerikaan. Tot op een kwade dag een hersentumor bij hem wordt ontdekt. Zo heel slecht is het nieuws gelukkig niet, want het betreft een goedaardige tumor, een meningeoom, die van de hersenvliezen uitgaat. De tumor bevindt zich in het onderste deel van de voorste hersendelen, in het vooronder van de hersenen zogezegd, een gebied dat zich vlak boven onze ogen bevindt. Omdat het meningeoom vergroeid is met het onderliggende hersenweefsel, is het noodzakelijk ook een deel van de hersenen zelf mee te verwijderen. EVR herstelt volledig van de operatie en kan na drie maanden terugkeren in zijn baan als hoofdaccountant. Vanaf dat moment gaat het echter volledig mis. EVR is de oude niet meer. In tegenstelling tot zijn gebruikelijke voorzichtige en weloverwogen handelen (hij is tenslotte niet voor niets accountant geworden), besluit EVR een zakenrelatie aan te gaan met een voormalige en als louche bekendstaande medewerker. Ondanks de klemmend negatieve adviezen van zijn vrouw en vrienden investeert hij al zijn spaarcenten in een twijfelachtige nieuwe onderneming, die dan ook korte tijd later op de fles gaat. Hierop volgen de spreekwoordelijke twaalf ambachten, dertien ongelukken, want EVR weet geen enkele baan langer dan enkele maan-

DE MEDISCH STUDENTE

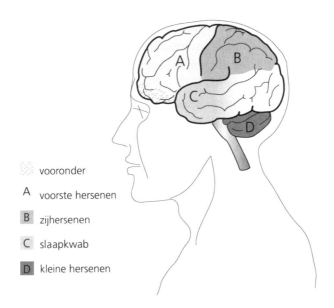

- vooronder
- A voorste hersenen
- B zijhersenen
- C slaapkwab
- D kleine hersenen

Verschillende delen van de hersenen.

den te houden. Hij wordt overal ontslagen, met name vanwege zijn veelvuldig te laat komen en zijn chaotisch gedrag. Dat hij laat op zijn werk verschijnt, is niet geheel onbegrijpelijk: het duurt gewoonlijk twee uur tot hij gewassen, geschoren en aangekleed is. Soms is hij de hele dag bezig zich te scheren en zijn haar te wassen. Ook andere zaken kan hij niet loslaten, vooral als het een beslissing betreft. Zo kan hij urenlang delibereren over de keuze van een restaurant, waarbij hij de verschillende alternatieven minutieus vergelijkt op basis van het menu, de sfeer, de bedrijfsleiding en hoe de tafels staan opgesteld. Meestal komt hij er niet uit, zelfs niet nadat hij de restaurants alle een voor een bezocht heeft. Aankopen doen leidt tot eenzelfde besluiteloosheid. Iedere aanschaf wordt uitentreuren vergeleken en afgewogen, rekening houdend met prijs, merk en kwaliteit. Uiteindelijk koopt hij niets, want hij kan niet kiezen. De beslissing nemen om iets weg te gooien, lukt evenmin, zodat het huis van EVR een vuilnisbelt wordt vol oude tv's (vijf), kapotte ventilatoren (zes), lege aanstekers (vijftien), verlopen telefoonboeken, dode planten en stapels oude kranten. Ondanks deze, op z'n minst opmerkelijke, gedragingen is EVR geestelijk en intellectueel volkomen intact. Zijn formeel geteste IQ bedraagt honderdvijfentwintig, duidelijk boven het gemiddelde van honderd. Ook zijn geheugen is uitstekend. Zelfs de proeven die de functie van de voorste hersendelen testen, doet hij zonder problemen. Hiermee overeenkomstig maakt EVR in de gesprekken met de onderzoekers de indruk een ontwikkeld mens te zijn, die probleemloos en met inzicht de politieke, economische en sociale situatie van zijn tijd bespreekt. Morele vraagstukken leveren evenmin dilemma's voor hem op.

Wat zou er met EVR aan de hand zijn geweest? Intellectueel was hij volkomen intact. Zijn geheugen was ongestoord en met zijn morele gevoel was evenmin iets mis. En toch stortte zijn wereld in elkaar. Zijn leven liep niet vast vanwege een gebrek aan intelligentie, niet als gevolg van geheugenproblemen en evenmin omdat hij goed en kwaad niet meer kon onderscheiden. EVR ontspoorde omdat hij geen keuzes meer kon maken, omdat zijn vermogen tot het nemen van (de juiste) beslissingen verloren was gegaan. Hij kon de eenvoudigste beslissingen – of hij het oude telefoonboek ooit nog nodig zou hebben – tot meer fundamentele keuzes – of hij in zee moest gaan met de louche ex-medewerker – niet meer adequaat nemen. EVR faalde omdat hij niet meer kiezen kon. Zou dat te wijten zijn geweest aan het deel van de hersenen dat bij hem verwijderd was? Zou dit gebied bij ons verantwoordelijk zijn voor het nemen van (de juiste) beslissingen? Het volgende onderzoek dat onder leiding stond van gedragsonderzoeker Raymond Dolan van het Institute of Neurology van het University College in Londen, schept helderheid.

Acht gezonde proefpersonen werden in dit onderzoek betrokken en gevraagd een spelletje te doen. Uit een complete set speelkaarten werd willekeurig een kaart getrokken en die werd aan de proefpersoon getoond. Daarna werd uit hetzelfde spel kaarten een tweede kaart getrokken die de proefpersoon niet te zien kreeg. De onderzoeker vroeg de

DE MEDISCH STUDENTE

proefpersoon om aan te geven of die speelkaart hoger of lager zou zijn dan de kaart die ze zojuist hadden gezien (aas was een, alle plaatjes een tien). Als ze het goede antwoord gaven, werden de proefpersonen geldelijk beloond. Tijdens het maken van deze keuzes werd hun hersenactiviteit gemeten. Begrijpelijkerwijs was de kans het goede antwoord te geven groter wanneer de getoonde kaart een lage waarde had, zoals schoppen twee, dan wanneer het een kaart met een hoge waarde was, schoppen negen bijvoorbeeld. Het antwoord bij kaarten met een getalwaarde van één en tien betrof de gemakkelijkste beslissing, want het antwoord daarop is met honderd procent zekerheid te geven. De moeilijkste keuzes betroffen dus de kaartnummers in het midden. Na hun keuze kregen de proefpersonen het goede antwoord te zien.

In de seconden net voorafgaande aan het maken van de beslissing nam de activiteit in de voorste hersendelen toe, met name in het vooronder van de hersenen. Hoe groter de onzekerheid over de uitkomst (dus bij de kaarten met getalswaarden van vier, vijf en zes) des te sterker nam de activiteit in het vooronder toe.[4]

Inderdaad blijkt dat het vooronder van onze hersenen, precies het deel dat bij EVR was verwijderd, actief wordt wanneer we keuzes moeten maken. Hoe meer twijfel aan de keuze is verbonden, hoe onzekerder de uitkomst, des te actiever wordt dit gebied. Dit deel van de hersenen is dus betrokken bij het maken van beslissingen, maar op welke manier het gebied ons helpt te kiezen, is nog niet duidelijk. Om hierachter te komen, dienen we ons eerst af te vragen hóe we in het dagelijks leven kiezen.

BELONING EN STRAF

Keuzes maken we op basis van de te verwachten beloning of straf. Beloningen zijn vaak, maar zeker niet alleen, gekoppeld aan zintuiglijke prikkels, zoals smaak, reuk, gevoel, geluid en zien. Zeker bij de mens hebben beloningen ook een meer abstracte vorm, zoals een compliment, geld, macht en aanzien.

Beslissen wat u gaat doen, wordt bepaald door de beloning, of straf, die u verwacht als gevolg van de gemaakte keuze. Zo zult u een maaltijd in een restaurant bestellen omdat u verwacht dat deze lekker zal zijn, u leest een boek omdat u ervan uitgaat dat u er plezier aan zal beleven of er iets van kan leren, u koopt een huis in de veronderstelling dat u er aangenaam in zult wonen. U kiest een partner vanwege de langdurige beloning die dat op velerlei gebied zal (kunnen) opleveren. Kortom, we nemen onze beslissingen in anticipatie op de beloning, zelfs al ligt die niet in het onmiddellijke verschiet. Hetzelfde, maar dan omgekeerd, geldt voor vermijden van straf als bepalende factor in onze keuzes. Zo zult u in uw beslissingen proberen pijn, schaamte, verdriet en verlies te voorkomen. Voordat we überhaupt kunnen kiezen, moeten we echter weten wat een beloning (of een straf) is en wat niet, want als we dat niet voelen, valt er niets te kiezen. Ligt het dan niet in de lijn der verwachting dat een specifiek deel van de hersenen ons laat zien wat een beloning is en wat een straf? Zou dat het gebied vooronder in de hersenen zijn, het stuk dat verwijderd was bij EVR en dat in proeven bij gezonde vrijwilligers actief wordt wanneer ze keuzes (moeten) maken? Zou dit gebied u helpen kiezen door de (positieve dan wel negatieve) waarde van de verschillende keuzemogelijkheden te verhelderen? Dat is nagegaan door de effecten op onze hersenen te onderzoeken van een goed doseerbare en alom aanwezige beloning: chocola.

De meesten van ons zien chocola, met name die van Lindt uit Zwitserland, als een traktatie, en dus als beloning. Dat is niet alleen een vermoeden, maar werd door een aantal Canadese hersenonderzoekers van het Neurological Institute van McGill University in Montreal zorgvuldig vastgesteld. Negen chocoladeliefhebbers (vijf vrouwen) werd gevraagd twintig chocolademerken te proeven en hun voorkeur aan te geven: Lindt stak met kop en schouders boven de rest uit (de alternatieven werden met grote kiesheid niet door de onderzoekers genoemd).

Wat bewoog hersenonderzoekers om een dergelijk warenonderzoek te doen? Ze waren geïnteresseerd in de relatie tussen beloning en hersenactiviteit en zochten een makkelijk toe te dienen en goed te doseren beloning. Daarnaast waren ze benieuwd of beloning kan omslaan in straf, zonder de aard van de prikkel te veranderen. Dit probeerden ze te bereiken door de proefpersonen steeds meer van hun lievelingschocola te laten eten.

Om de relatie tussen beloning, straf en hersenactiviteit te meten, werd de hersenactiviteit bij ieder van de vrijwilligers zeven keer achter elkaar bepaald, elke keer kort nadat ze een chocoladeblokje op hun tong hadden laten smelten. Meteen na iedere hersenscan werd hun gevraagd hoe lekker ze het eten van de chocola hadden gevonden, in de vorm van de volgende vraag: 'Hoe graag zou u al dan niet nog een stukje chocola willen?' Maar of ze nu wilden of niet, de proefpersonen moesten iedere keer toch opnieuw een stuk chocola eten, tot de zeven keer bereikt was. Geheel volgens verwachting steeg de beloningswaarde van de chocolade in het begin en daalde deze naarmate er meer van gegeten werd. Vanaf het vijfde blokje chocola was de lol er voor de meeste proefpersonen af. De activiteit in de hersenen vertoonde hiermee samenhangend specifieke veranderingen. Tijdens de periode dat chocola een positieve beloningswaarde had, nam de activiteit in de binnenzijde van het vooronder in de hersenen toe. Naarmate de beloningswaarde verminderde en genoegen plaats maakte voor ongenoegen, nam de activiteit in deze binnenzijde af en steeg tegelijkertijd de activiteit in de buitenzijde ervan.[5]

Het gebied vooronder in uw hersenen laat u inderdaad zien wat beloning is en wat straf. Eén stukje chocola is een beloning en activeert de binnenzijde ervan. Zeven stukken chocola is een straf en leidt tot verhoogde activiteit van de buitenzijde van dat hersendeel. Het blijkt dus dat een specifiek, goed onderscheiden, gebied in de hersenen verantwoordelijk is voor onze keuzes. Door duidelijk te maken wat beloning is en wat straf, door ons de consequenties van onze keuze voor te houden, bereidt dit stuk van onze hersenen de weg tot een beslissing.

Nu is voedsel als beloning een nogal basale, sommigen zouden zelfs zeggen een primitieve, vorm van beloning. Zouden onze hersenen ons ook helpen beslissingen te nemen die verder strekken dan welk voedsel te eten? Zouden ze u bijvoorbeeld helpen kiezen wie u als (tijdelijke) partner zou willen hebben? Door u aan te geven wie u mooi vindt en wie niet? Voor het keuzecentrum in het vooronder van onze hersenen blijkt het geen verschil te maken: chocola of fotomodel, het bepaalt wat of wie u het 'lekkerst' vindt: Het onderzoek vond plaats in het Neuroscience Center van een van de beste ziekenhuizen in de wereld, het Massachusetts General Hospital van Harvard, dat als een chaotische verzameling flatgebouwen op een prachtige locatie aan de Charles River in Boston ligt. Vijfentwintig vrijwilligers (dertien mannen) werd gevraagd naar achtenveertig foto's van mannelijke en vrouwelijke gezichten te kijken terwijl zij in een hersenscanner lagen. Op basis van eerder onderzoek waren de foto's ingedeeld in twee groepen: aantrekkelijke en onaantrekkelijke gezichten. De proefpersonen kregen de opdracht de gezichten te bekijken en aan te geven door middel van een knopje of het gezichten van mannen of vrouwen betrof. Hun was niet verteld dat het eigenlijke doel van het experiment was de relatie te onderzoeken tussen hersenfunctie en de beloningswaarde van aantrekkelijke gezichten. Pas na afloop van het experiment gingen de proefpersonen de gezichten ordenen op basis van aantrekkelijkheid. Het zien van de aantrekkelijke gezichten leidde bij de proefpersonen tot een verhoogde activiteit in de binnenzijde van het keuzecentrum in de hersenen. Dit is hetzelfde deel van de hersenen dat ook actief werd in het Canadese experiment op het moment dat die proefpersonen de eerste stukjes chocola op hun tong lieten smelten. Deze toename van hersenactiviteit trad op zonder dat de proefpersonen zich bewust waren van het feit dat ze de gezichten aantrekkelijk vonden (ze moesten immers opletten of het mannen of vrouwen betrof). Bij het zien van de onaantrekkelijke gezichten trad geen activiteit op in de binnenzijde van het keuzecentrum. Integendeel, nu werd de buitenzijde ervan geactiveerd, hetzelfde deel dat actief werd toen de Canadezen geen chocola meer konden zien. De onderzoekers van Harvard hadden met dit experiment aangetoond dat onze hersenen mooie gezichten als beloning beschouwen en, onthutsender, minder aantrekkelijke mensen als straf. Net als bij chocolade stellen de hersenen, zo gezegd, de beloningswaarde vast van wat we zien. Of het nu om voedsel gaat, of om (on)aantrekkelijke mensen, door gebruik te maken van twee verschillende subgebieden in het vooronder van de hersenen, helpen de hersenen ons kiezen.

BELONING EN BEHOEFTE

De beloningswaarde is echter niet alleen afhankelijk van de prikkel zelf. De waarde hangt ook af van de staat waarin we ons bevinden. Zo zal de betekenis van chocolade als beloning afhangen van uw voedingstoestand. Heeft u net uitvoerig gegeten, dan zal de chocolade, hoe lekker ook, een geringere beloningswaarde hebben dan als u langdurig gevast heeft. En andersom: de kwaliteit van het stuk chocolade is vast niet zo belangrijk als u rammelt van de honger. Kortom, voedsel heeft niet altijd dezelfde beloningswaarde. Zou dat dan ook betekenen dat de activiteit van het keuzecentrum wordt bepaald door de *relatieve* en niet door de absolute beloningswaarde? Houdt dit hersengebied, met het aangeven wat lekker en mooi is en wat niet, rekening met hoe we onszelf voelen? Anders gezegd, zijn onze hersenen in het aangeven van potentiële beloningen afhankelijk van de (lichamelijke en geestelijke) staat waarin we ons bevinden?

In een jaren durend onderzoek uit de laatste decennia van de vorige eeuw legde professor Edmund Rolls, een bekende hersenonderzoeker uit Oxford, het gehele smaaksysteem bij de aap bloot. Door één voor één 3120 individuele neuronen in de hersenen van makaken te stimuleren (vandaar dat het onderzoek zo lang duurde), werd duidelijk dat het smaaksysteem bij de aap uit verschillende subsystemen bestaat. Een deel houdt zich bezig met het onderscheid maken tussen zoet, zuur, bitter en zout. Dat wordt het primaire smaakcentrum genoemd, omdat de smaak zelf daar geregistreerd wordt. In een ander deel, vooronder in de hersenen gelegen, liggen neuronen die weliswaar reageren op verschillende smaken maar hun activiteit is afhankelijk van de voedingstoestand van de aap. Het betreft selectieve neuronen die alleen actief worden na het ervaren van respectievelijk de smaak van suiker, sinaasappelsap of zwartebessensap (en natuurlijk nog vele andere smaken, maar die werden niet allemaal getest). Deze zenuwcellen worden actief als het aapje suikerdrank, sinaasappel- of bessensap te drinken krijgt, maar *alleen* als het aapje er zin in heeft. Als het aapje verzadigd is, vuren deze smaakneuronen in het vooronder van de hersenen namelijk niet. Kortom, de smaakneuronen in het keuzecentrum reageren op de presentatie van voedsel afhankelijk van de voedingstoestand van de aap. Algemener gezegd, de (smaak)neuronen in het keuzecentrum van de hersenen registreren de *relatieve* beloningswaarde van smaak.

Het keuzecentrum in de hersenen bepaalt de beloningswaarde *afhankelijk van de toestand waarin we ons bevinden.* De beloning wordt door de hersenen afgewogen in het licht van onze (fysieke en mentale) behoeftes. Dat is een essentiële eerste stap in het maken van een keuze. Waar heb ik op *dit* moment behoefte aan (als we iets volwassener zijn geworden, wordt 'dit' moment een stuk rekbaarder). In de eerste plaats kiest u dus op geleide van uw behoefte. Anders gezegd: de keuze wordt bepaald op basis van uw innerlijk.

Maar we kiezen ook afhankelijk van omstandigheden die weinig met onze innerlijke staat te maken hebben – bijvoorbeeld wanneer verschillende beloningen om onze aandacht strijden of wanneer de mate van beloning uiteenloopt. Sommige beloningen bekoren u natuurlijk meer dan andere. Dan is het voor de hersenen niet meer een keuze tussen beloning of straf, tussen lekker of vies, maar tussen lekker en lekkerder.

BELONING EN BELONINGST

Het maken van een keuze wordt moeilijker wanneer het contrast tussen de alternatieven gering is of wanneer de keuzemogelijkheden groot in aantal zijn. Dan wordt het pas echt kiezen. In eerste instantie

DE MEDISCH STUDENTE

proberen onze hersenen, het keuzecentrum in dit geval, het ons gemakkelijk te maken door ons alleen te richten op die alternatieven die leiden tot de maximale beloning of tot de minimale straf. In andere woorden, de hersenen helpen u te kiezen door het maximaliseren van het contrast tussen de alternatieven.

In het Engelse Manchester konden proefpersonen niks, tien, twintig, vijftig of honderd penny's verdienen bij het correct herkennen van een gekleurd vierkant. De taak was gemakkelijk, het enige dat men hoefde te doen, was de goede kleur te onthouden (iedereen gaf dan ook in alle gevallen het goede antwoord). Het bedrag per goed antwoord varieerde echter, zodat het geven van het juiste antwoord niet altijd tot dezelfde financiële beloning leidde. De proefpersonen wisten bij het geven van het antwoord de hoogte van de beloning, omdat die tegelijk met het vertonen van de vierkantjes werd aangegeven. Het keuzecentrum werd actief, maar alleen bij de twee uiterste situaties: het ontbreken van een beloning en de maximale beloning (honderd penny's), de binnenzijde bij de (maximale) beloning van honderd penny's, de buitenzijde bij het ontbreken van enig financieel gewin.

Keuzes maken is prioriteiten stellen en dat is precies wat het keuzecentrum van de hersenen doet. Zijn er beloningen van verschillende waarde, dan neemt de activiteit in dit gebied alleen toe in de situaties van maximaal gewin en/of verlies. De andere keuzemogelijkheden worden genegeerd. Anders gezegd, het keuzecentrum optimaliseert. Maar wat als de alternatieven nauwelijks verschillen? Hoe gaan de hersenen daarmee om?

Een aantal onderzoekers van de Engelse Cambridge University bedacht een experiment waarbij mensen de keus hadden tussen verschillende lekkernijen. Ze lieten de proefpersonen een spijskaart samenstellen waar ze hun favoriete gerechten op konden zetten. Daarnaast werd hun gevraagd een spijskaart te maken met gerechten waar ze geen speciale voorkeur, maar ook geen afkeur voor hadden (de neutrale menukaart). Deze menukaarten waren dus voor ieder van de proefpersonen individueel samengesteld. Op het ogenblik dat de proefpersonen in de hersenscanner lagen, werd hun gevraagd een gerecht uit het favorietenmenu te kiezen en een uit de neutrale spijskaart. Het ging hier dus om te kiezen tussen alternatieven met een verschillende beloningswaarde, waar in het ene geval de beloningswaarde van alle keuzemogelijkheden gelijk en zeer hoog was (het favorietenmenu) en in het andere geval de beloningswaarde gelijk maar gemiddeld was (het neutrale menu). Het kiezen uit de lijst met lekkernijen leidde tot activiteit in de binnen- én buitenzijde van het keuzecentrum in vergelijk tot het kiezen uit de neutrale menukaart. Hoe moeilijker men de keuze vond, des te sterker nam de activiteit toe. De binnenkant werd met name actief wanneer de proefpersonen probeerden het lekkerste uit te kiezen, de buitenkant wanneer ze de minder aantrekkelijke alternatieven afstreepten. Anders gezegd, het binnenste deel van het keuzecentrum werd met name geactiveerd bij het maken van de ja-keuzes, het buitenste stuk tijdens de nee-keuzes.

Uit dit onderzoek uit Cambridge blijkt dat het keuzecentrum vooronder in de hersenen voortdurend afwegingen maakt door lekker met iets minder lekker te vergelijken en niet-lekker met iets minder niet-lekker. Uit studies bij apen blijkt dat het hierbij om steeds dezelfde neuronen gaat. Specifieke neuronen worden steeds weer actief bij het *op dat moment* aantrekkelijkste alternatief. Andere neuronen worden tegelijkertijd actief bij de op dat ogenblik minst aantrekkelijke keuzemogelijkheid. De hersenen maken dus steeds relatieve afwegingen, wikken voortdurend afhankelijk van de keuzes die er op dat specifieke ogenblik voorhanden zijn. Gebruikmakend van speciale neuronen maakt het keuzecentrum in het vooronder van de hersenen duidelijk wat het aantrekkelijke en wat het minder begeerlijke alternatief is.

TEVREDEN?

Maar hoe weet u nu of het een goede of een verkeerde beslissing is geweest? Uiteindelijk gaat het tenslotte daarom. Kiezen is misschien

DE MEDISCH STUDENTE

niet zo moeilijk, maar de juiste keuze maken kan een stuk lastiger zijn. Meestal weet u korte tijd na de gemaakte keuze of het een goede beslissing was of niet vanwege de consequenties van die beslissing. Of u een stukje chocola lekker vindt of niet, merkt u vrijwel meteen. Soms duurt het iets langer, als het om de keuze voor een partner gaat, bijvoorbeeld. In beide gevallen ontwikkelt zich (onmiddellijk of uiteindelijk) een gevoel dat de keuze goed of verkeerd is geweest. Dat gevoel is essentieel, want als het niet ontstaat, dan blijft u twijfelen.

Het optreden van dit gevoel van tevredenheid over de door ons genomen beslissingen is, volgens Janet, essentieel voor ons normaal functioneren. Anders blijven we twijfelen over de genomen beslissing, dan komen we niet vooruit. Kortom, we moeten de keuze en de handeling kunnen evalueren om verder te kunnen. Ook voor dit laatste aspect van kiezen, het evalueren van de keuze, het verkrijgen van het gevoel dat de beslissing de juiste (of verkeerde) was, is het gebied vooronder in de hersenen onontbeerlijk:

Patiënten met beschadigingen in het vooronder van de hersenen en patiënten met letsels elders in de voorste hersendelen (maar niet in het vooronderste deel ervan) kregen de opdracht zo veel mogelijk punten te verzamelen door het kiezen uit twee abstracte figuren. Bij een goede keus kregen ze een punt, bij een verkeerde keus verloren ze er een. Ze moesten hierachter zien te komen door te proberen. Na korte tijd was duidelijk welk van de twee figuren een winstpunt opleverde en welke figuur een strafpunt. Op bepaalde onvoorspelbare ogenblikken veranderde de toekenning van de punten: de figuur die eerst een winstpunt opleverde, leidde nu tot een strafpunt en andersom. Ook dit moesten de patiënten met vallen en opstaan ontdekken. Alle patiënten waren prima in staat te herkennen welke figuren winst- en welke strafpunten opleverden. Het ging verkeerd op het ogenblik dat de puntentoekenning van figuur wisselde. De patiënten met beschadigingen in het vooronderste deel bleven de figuur aanwijzen die oorspronkelijk de winstpunten had opgeleverd. Wat de onderzoekers echter het meest opviel, was dat de patiënten achteraf prima konden aangeven dat ze waren blijven wijzen op de verkeerde figuur nadat de beloningswissel had plaatsgevonden. Ze wisten precies welke figuur ze na de wissels hadden moeten aanwijzen om beloond te worden, maar ze konden dat niet. Anders gezegd, ze wisten wel dat ze een foute beslissing namen, maar ze handelden er niet naar. Patiënten met beschadigingen aan het vooronder van de hersenen, patiënten zoals EVR, blijven verkeerde beslissingen nemen. Maar dat is niet zo indrukwekkend. Verkeerde beslissingen nemen we allemaal wel eens. Veel opmerkelijker is dat de patiënten wéten dat ze de verkeerde beslissing nemen, en ze nemen hem toch. Ze lopen, als het ware, met open ogen hun ondergang tegemoet. Dat is wel heel bijzonder. Hoe komt dat? Wat ontbreekt er bij hen?

De goktaak, ontwikkeld door Antonio Damasio, is een bekende taak die veelvuldig bij gezonde vrijwilligers en patiënten is toegepast. Het principe is het volgende: de proefpersonen krijgen een 'lening' van namaakgeld. De opgave is om tijdens de test zo veel mogelijk winst te maken door uit twee verschillende kaartspelen een kaart te kiezen. Kaarten uit een van deze twee kaartspelen leveren op termijn verlies op, de kaarten uit het andere kaartspel, winst. In beide stapels leveren sommige kaarten een beloning op en andere verlies, maar in het gunstige spel is de beloning per kaart lager (vijftig dollar), maar de straf proportioneel nog kleiner en minder frequent, terwijl het ongunstige spel de beloning per kaart groter is (honderd dollar) maar de straf naar verhouding groter en frequenter. Uiteindelijk zal het selecteren van gemiddeld tien kaarten uit de gunstige stapel winst opleveren, uit de ongunstige stapel, verlies. Omdat beloning en straf willekeurig in de stapels kaarten is verwerkt, kunnen de proefpersonen niet uitrekenen welke stapel uiteindelijk gunstig uitwerkt en welke niet. Ze moeten dit – en hier gaat het om – *voelen*. De proefpersonen moeten na een tijdje spelen het gevoel ontwikkelen: dit kaartspel levert me winst op en die andere stapel kaarten niet. Beredeneren werkt niet; ze moeten gokken op hun gevoel. Gokken is een beetje griezelig. Deze mate van griezeligheid of spanning is tijdens het uitvoeren van dit gokspel te meten, door middel van het bepalen van de huidgeleiding, die, wanneer mensen van spanning meer gaan zweten, toeneemt.

Gezonde vrijwilligers komen er na enige tijd achter welk spel kaarten gunstig voor hen uitwerkt, maar ze vinden het een spannend proces. Normaal gesproken gaan de proefpersonen in het begin van de test kaarten pakken uit het spel met de hoge beloning (honderd dollar), hun huidgeleiding is dan nog normaal. Ze zijn er immers nog niet achter dat hun dit straf gaat opleveren. Maar na verloop van tijd begint het besef te dagen dat er iets niet klopt. Ze komen erachter dat het schijnbaar aantrekkelijke spel kaarten met de beloning van honderd dollar misschien toch niet zo aantrekkelijk is als het lijkt. Ze beginnen het 'warm' te krijgen en hun huidgeleiding neemt als gevolg daarvan langzaam toe. Ze bespeuren onraad. Halverwege de test wordt dit gevoel van onraad bewust en kunnen de proefpersonen aangeven dat ze beginnen te onderkennen dat het honderd-dollarkaartspel een groter risico oplevert. Maar ze zijn er nog niet helemaal zeker van. Vandaar dat ze nog wel eens een gokje wagen door een kaart te pakken uit de ongunstige stapel, maar wanneer ze dat doen, neemt hun huidgeleiding navenant toe. Ze doen het bijna tegen beter weten in en dat leidt tot klamme handen. Op driekwart van het spel kunnen de meeste proefpersonen aangeven waaróm het ene spel kaarten op termijn gunstig is en het andere op den duur ongunstig. Anders gezegd, ze hebben het principe door. Ze pakken dan alleen nog maar de kaarten uit het gunstige spel.

De helft van de patiënten met letsels in het vooronder van de hersenen bereikt, wanneer ze de goktaak doen, het conceptuele stadium: ook zij kunnen aangeven waarom de ene stapel kaarten ongunstig uitwerkt en de andere uiteindelijk gunstig is. Maar, in tegenstelling tot de gezonde proefpersonen, neemt hun huidgeleiding niet toe. Het kiezen laat ze letterlijk en figuurlijk koud. En daarom blijven de patiënten, ondanks hun correcte inzicht, te vaak kaarten pakken uit de ongunstige stapel. Ze weten het wel, maar doen het fout. Omdat ze niet *voelen* dat ze het verkeerd doen.

Damasio heeft met dit onderzoek niet alleen aangetoond dat het vooronder van de hersenen van belang is om te kunnen kiezen (dat wist u al), maar een bevinding gedaan van veel praktischer aard. Hij heeft namelijk opgehelderd hoe de hersenen ervoor zorgen dat we de *goede* keuzes maken. Zijn studie maakt duidelijk dat om de juiste beslissing te nemen, zich een *gevoel* moet ontwikkelen dat de keuze goed is. Dat gevoel is wat bij patiënten met beschadigingen in het keuzecentrum ontbreekt. Het essentiële, onberedeneerbare, proces dat plaatsvindt nadat we een beslissing hebben genomen, het *gevoel* dat de keuze juist was, ontstaat blijkbaar ook in het keuzecentrum van de hersenen.

Terwijl bij gezonde mensen de spanning toeneemt bij het maken van een onzekere keus, een beslissing waarvan de uitkomst niet vaststaat, gebeurt dat niet bij de patiënten met letsels in het hersengebied waar het keuzecentrum deel van uitmaakt. Blijkbaar voelen dergelijke patiënten geen spanning wanneer ze voor keuzes staan. En toch, als het hun (achteraf) gevraagd wordt, weten ze wat ze verkeerd hebben gedaan.

Dit verschil tussen weten en voelen vormt de kern van de patiënten met beschadigingen vooronder in de hersenen. Het lijkt alsof de emotionele component die bij iedere keuze aanwezig is, bij hen ontbreekt, alsof de patiënten wel weten maar niet voelen wat de goede keuze is en om die reden de beste keus niet kunnen maken. Deze patiënten kunnen niet kiezen omdat het gevoel ontbreekt dat bij het kiezen hoort. Dit is precies wat Cécile, en de vele patiënten met dwangstoornis met haar, aangeven: ik weet het wel, maar ik voel het niet. Cécile bleef twijfelen of de gordijnen echt dicht zaten, of ze de schoolboeken echt in haar schooltas had gedaan, of ze de zinnen uit het leerboek wel echt gelezen had. Allemaal dingen waar we normaal gesproken geen van allen over nadenken, omdat we meteen vóelen dat het gordijn wel (ongeveer) dicht zit, we gevoeld hebben dat we de boeken in de tas hebben gedaan. We hoeven ons niet steeds bewust te zijn van onze daden en beslissingen, en al helemaal niet van zulke vanzelfsprekende zaken als het sluiten van een gordijn. Intussen wist Cécile natuurlijk wel dat ze de boeken had meegenomen en, later in haar ziekte, dat ze niet besmet kon raken door te pinnen. Natuurlijk wist Cécile dat haar handen na twee wassen keer schoon genoeg waren. Maar ze vóelde het niet. Ook na elf keer wassen, de gordijnen sluiten en de zin overlezen, bleef het gevoel ontbreken dat het zo goed was, dat het af was. Ook dan bleef het gevoel van onvolledigheid bestaan.

Zou dan bij patiënten als Cécile, bij mensen met dwangverschijnselen, het gebied vooronder in de hersenen, daar waar het keuzecentrum zetelt, beschadigd zijn?

Inderdaad blijken patiënten met dwangstoornis afwijkingen te vertonen in het vooronder van de hersenen. In een recente studie uit Barcelona, verricht bij tweeënzeventig patiënten met dwangstoornis en evenveel gezonde vrijwilligers, blijkt dat bij deze patiënten met name de binnenzijde van dit gebied te zijn verkleind. Dit is het onderdeel van het keuzecentrum dat verantwoordelijk is voor het maken van de ja-keuzes; het deel van onze hersenen dat ingeschakeld wordt bij het kiezen van de lekkerste maaltijd, het registreren van de beloningswaarde van een mooie vrouw, het maximaliseren van de te verkrijgen winst. Niet alleen is de structuur van dit hersengebied bij patiënten met dwangstoornis afwijkend, ook de functie is gestoord. De activiteit in het keuzecentrum is bij patiënten met een dwangstoornis namelijk vrijwel voortdurend verhoogd. Zelfs wanneer dergelijke patiënten geen beslissingen hoeven te nemen, is het vooronder in hun hersenen actief. In een onderzoek waarbij patiënten met dwangstoornis in een hersenscanner lagen en zij niets anders hoefden te doen dan rustig te blijven liggen, was de activiteit vooronder in hun hersenen sterk toegenomen. Alsof de hersenen voortdurend aan het kiezen zijn terwijl er niets te kiezen valt. Tientallen studies vertonen hetzelfde beeld: toegenomen activiteit in het vooronder van de hersenen bij patiënten met dwangstoornis. Wanneer deze patiënten worden behandeld met medicijnen (zoals Prozac, Fevarin of Seroxat), normaliseert deze activiteit, althans in de patiënten bij wie de dwangklachten verminderen. Succesvolle behandeling van dwangverschijnselen leidt dus tot een normalisatie van de toegenomen activiteit vooronder in de hersenen. Of met het normaliseren van deze activiteit ook het 'gevoel' terugkeert dat zo noodzakelijk is voor het maken van beslissingen, is niet onderzocht.

HET 'OEPSGEBIED'

Nadat we een handeling hebben verricht of een keuze hebben gemaakt, is het nuttig, zo niet noodzakelijk, dat we die evalueren. Doen we dit niet, dan zouden we niet leren van onze goede en foute daden en beslissingen. Een klein deeltje van onze hersenen, voor in de hersenen gelegen, controleert op fouten. Het gebied wordt met name actief wanneer er sprake is van een vergissing of een fout (het gebied wordt daarom ook wel het 'oepsgebied' genoemd). De activiteit van dit gebied neemt toe wanneer we taken verrichten waarbij een prestatie moet worden geleverd. Hoe ingewikkelder en moeilijker de taak, hoe groter de kans op fouten is en des te meer behoefte we hebben aan kwaliteitscontrole. Deze kwaliteitscheck berust bij dit deel van de hersenen. De activiteit ervan neemt met name toe wanneer we ingewikkelde inspanningen verrichten. Bij patiënten met dwangstoornis is de activiteit in dat gebiedje echter vrijwel voortdurend verhoogd. Wanneer dergelijke patiënten taken verrichten waarbij keuzes moeten worden gemaakt, neemt de activiteit er onevenredig toe. Vandaar dat lang gedacht is dat afwijkingen in het 'oepsgebied' tot dwangverschijnselen zouden kunnen leiden. Deze toegenomen activiteit blijkt echter niet alleen op te treden bij patiënten met dwangstoornis maar ook bij patiënten die overmatig gespannen of angstig zijn. Zo is de activiteit toegenomen bij fobische mensen, militairen met posttraumatische angstverschijnselen, bij patiënten met angstaanvallen en zelfs bij gezonde vrijwilligers die zich kortdurend angstig voelen. Het lijkt er dus meer op dat onze hersenen in het algemeen behoefte hebben aan een toegenomen controle, een extra check, wanneer we angstig en onzeker zijn. Met dwangverschijnselen op zich heeft het 'oepsgebied' weinig uitstaande.

DE MEDISCH STUDENTE

TOT SLOT: LEVEN MET TWIJFEL

U maakt elke dag tientallen keuzes. Voortdurend neemt u kleine en soms grote beslissingen, vaak zonder zelfs te weten dát u kiest. Veel van die keuzes zijn automatisch, gebaseerd op routine, en zijn eigenlijk al helemaal geen keuzes meer. Juist bij mensen met een dwangstoornis blijkt hoe ingewikkeld en moeilijk kiezen eigenlijk is, omdat bij hen iedere keuze bewust moet plaatsvinden. Bij hen zien we het proces van kiezen ontdaan van elk automatisme. Bij hen kunnen we het proces van keuzes maken gadeslaan in al zijn deelaspecten omdat het bij deze mensen nooit routine wordt. De kleine alledaagse keuzes lijken bij mensen met een dwangstoornis verworden tot beslissingen van levensbelang. Zo zien we hoe belangrijk het is dat we snel een beslissing kunnen nemen, zonder dat we erbij na hoeven te denken. We kunnen kiezen zonder te beredeneren omdat ons hersensysteem ervoor ontworpen is om op de achtergrond te wikken en te wegen zonder dat we ons daarvan bewust hoeven zijn. Het gebied in de hersenen dat verantwoordelijk is voor het maken van keuzes in het vooronderste deel van de hersenen, helpt ons daarin, onopgemerkt. Niet alleen dat, ditzelfde gebied zorgt er ook nog eens voor dat we achteraf tevreden kunnen zijn over de gemaakte keuze. Zonder inspanning, als vanzelf, automatisch.

Het keuzecentrum kiest door uit te maken wat de grootste beloning of de geringste straf is. Als het gebied die keuze maakt, houdt het rekening met uw (gemoeds)toestand en met de aanwezige alternatieven. Uit deze informatie destilleert het keuzecentrum het alternatief met de hoogste beloningswaarde (of geringste negatieve consequentie). Na het 'innen' van de beloning wordt de keuze automatisch geëvalueerd, waarop het gevoel ontstaat dat het 'goed' was. Op die manier 'weet' u dat het de juiste beslissing is geweest. Dan kunt u weer verder, op naar de volgende keuze.

Doorgaans verloopt deze cascade van afwegingen en vergelijkingen razendsnel, onbewust en op de achtergrond. Werkt het keuzecentrum niet zoals bedoeld, dan voltrekt dit proces zich echter niet. Dan moet het kiezen, dat in opzet onbewust zou moeten plaatsvinden, op het gevoel als het ware, bewust worden aangestuurd. En waar dat bij grote beslissingen misschien nog nuttig kan zijn[6], bij alledaagse keuzes houdt dit, op z'n minst, het leven nogal op.

Het voortdurend bewust moeten kiezen dat we bij mensen met een dwangstoornis zien, de niet- aflatende twijfel die deze mensen kenmerkt, is het gevolg van een te hard werkend gebied vooronder in de het brein, van een doorgeschoten activiteit van het keuzecentrum in hun hersenen. Waarom dat kiesgebied overuren draait, is niet duidelijk, maar misschien is het een gevolg van het ontbreken van het gevoel dat de gemaakte keuze de goede is geweest. Het betreft hier het zo prachtig beschreven gevoel van onvolledigheid dat Janet honderd jaar geleden optekende, het gevoel dat de handeling, de beslissing niet compleet is, dat er iets aan ontbreekt.[7] Het gevoel dat het goed is, geeft ons de rust en ruimte om weer verder te gaan, om niet te blijven stilstaan bij de handeling die we net verricht hebben. Zo kunnen we, na gedane arbeid, na een genomen besluit, weer verder gaan met ons leven.

Omdat dit gevoel ontbrak, moest Cécile steeds opnieuw de zinnen in het studieboek overlezen en bleef ze haar handen wassen, ook al wist ze dat ze de leerstof prima kende en haar handen allang meer dan schoon waren. Dat was weer een gevolg van een voortdurende en onnodige hyperactiviteit in het vooronder van haar hersenen, het gebied dat het keuzecentrum huisvest. Daarom bleef Cécile steken in twijfel.

Een 'afzonderlijk' kind

Over empathie

Op mijn spreekuur komt de negentienjarige Mark met zijn moeder langs. Mark is een magere, lange puber, die houterig mijn kamer binnenstapt. Hij geeft me een wat slappe hand en kijkt me niet aan. Als hij op zijn stoel gaat zitten, gebeurt dat op een bijna bedachtzame manier, alsof het iets gewichtigs betreft. Hij zit voorovergebogen met zijn handen ineengevouwen op de glazen tafel; een houding die gedurende het grootste deel van het gesprek ongewijzigd blijft. Aan het feit dat zijn handen al snel hun afdrukken op het glas van mijn tafel achterlaten, kan ik zien dat hij aanzienlijk gespannener is dan je in eerste instantie zou vermoeden. Mark vertelt dat hij al jaren onder behandeling is geweest van verschillende psychiaters en psychologen maar dat het nog steeds niet goed met hem gaat. De laatste tijd werkt hij bij zijn ouders in de kantoorboekhandel maar hij vindt het er vreselijk. 'Ik begrijp vaak niet wat ze precies willen,' zegt Mark, op de klanten doelend, 'en ik kan het niet opbrengen beleefd tegen ze te zijn als ze treuzelen of geen keus kunnen maken.' Wat ook niet helpt, is dat hij vaste klanten steevast niet herkent, vult zijn moeder aan. Zo komt het nogal eens voor dat hij een klant die hij al een aantal keren heeft geholpen, aanspreekt alsof hij die voor het eerst ontmoet. Tot grote ergernis van die klant, natuurlijk, en van zijn ouders.

Omgaan met anderen is altijd al moeizaam geweest. Op school was

ONZE HERSENEN

Mark een eenling, en echte vrienden heeft hij nog steeds niet. Een relatie met een vriendinnetje heeft hij nooit gehad. Wat is er dan zo moeilijk in het omgaan met anderen, vraag ik. Mark kan het goed verwoorden: 'Ik begrijpt ze niet. Ik kan niet aanvoelen wat ze bedoelen. Vaak neem ik hun opmerkingen letterlijk.' Vroeger kon hij soms tijdenlang naar de andere kinderen in de klas kijken om te proberen te leren hoe ze met elkaar omgaan. 'Eigenlijk moet ik,' zo legt hij uit, 'steeds beredeneren wat de anderen voelen en bedoelen, waardoor ik nog bezig ben met de vorige opmerking als iemand het alweer over iets anders heeft. Dan raak ik in de war en wil ik eigenlijk het liefst wegrennen. Maar dat doet ik niet.'

Hij heeft ook niet door wanneer de ander de conversatie niet meer interessant vindt, vertelt zijn moeder. Soms kan hij ook erg kwetsend zijn zonder dat hij dat doorheeft. Mark blijft dan toch doorgaan, zonder te beseffen wat hij anderen aandoet. 'Ik denkt dat iedereen denkt wat ik denk, en voelt wat ik voel,' zegt Mark, en daar gaat hij dan ook in het contact met anderen van uit. 'Ik weet wel dat het zo niet werkt, maar ik kan het toch niet laten,' verklaart Mark zijn houding.

Inderdaad handelt Mark telkens weer volgens zijn eigen gevoelens en leeft hij zich niet in de ander in. School was erg vervelend: hij werd vaak gepest en zijn ouders hebben hem daarom op drie verschillende middelbare scholen geplaatst. Aanvankelijk ging het iedere keer redelijk op de nieuwe school, maar na een tijdje liep het er altijd weer mis. Hoeveel pauzes hij alleen op de speelplaats heeft gestaan, kan hij zich niet eens meer herinneren, maar het was eerder regel dan uitzondering. Hij werd ook vaak geplaagd vanwege zijn stijve houding en zijn slechte prestaties bij gymnastiek. Wanneer klasseteams werden geformeerd om op de sportdag tegen elkaar te spelen, was hij steevast de laatste die werd gevraagd.

Mark is traag geweest met leren lopen en was als klein kind al moeilijk. Hij kon niet goed tegen verandering en als het te druk werd, ging hij soms onbeheerst gillen. Aan de andere kant kon hij soms uren achtereen bezig zijn met het maken van driedimensionale tekeningen van gebouwen en machines. Ook is Mark dol op lezen. Hij verslindt boeken, het maakt nauwelijks uit was hij leest – detectives, geschiedenis, biografie, boeken die zijn vader te moeilijk vindt – hij leest ze stuk voor stuk in een razend tempo uit. Als hij aan het lezen is, kunnen ze een kanon naast hem afschieten zonder dat hij het zou merken, zozeer gaat hij erin op. Vaak zat hij ook tijdens schoolpauzes in de bieb te lezen. Een 'afzonderlijk' type, noemt hij zichzelf, zegt zijn moeder. Die is in de roos.

Tijdens ons gesprek valt op dat Mark mij niet echt aankijkt: hij kijkt me niet in de ogen maar naar mijn mond. Mark spreekt luid, te luid voor de geringe afstand die ons scheidt. Daarnaast is zijn stem monotoon, zodat wat hij zegt een zeurderige kleuring krijgt. Omdat hij onmiddellijk een concreet antwoord geeft op mijn vragen, zonder even rust te nemen, verloopt ons gesprek vreemd. Alsof het een vraag-en-antwoordspel is en hij punten verdient bij het zo snel mogelijk geven van het goede antwoord. Het resultaat is dat de normale wederkerigheid in het gesprek geheel ontbreekt. Mij valt hij gemakkelijk in de rede, maar als zijn moeder hem onderbreekt, wordt hij zeer opgewonden en kapt haar bruusk af.

De nare ervaringen die hij op school heeft meegemaakt, vertelt hij alsof het een ander betreft, zakelijk, zonder emoties. Toch is te zien dat Mark droevig is en dat hij lijdt onder zijn handicap. De handicap van het syndroom van Asperger, want dat is de ziekte die heeft geleid tot Marks huidige eenzaamheid. De ziekte lijkt op autisme maar is er een mildere variant van. Mark kan begeleid worden met trainingen in het onderhouden van sociale contacten, maar hij heeft al veel van dergelijke trainingen gehad, zonder veel resultaat.

LEO KANNER

Autisme is in 1943 voor het eerst beschreven door de Amerikaanse kinderpsychiater, Leo Kanner, op basis van elf kinderen die hij uitgebreid had bestudeerd. Kanner is de grondlegger van de kinderpsychiatrie in de Verenigde Staten en, als zo velen in de Amerikaanse psychiatrie in het begin van de twintigste eeuw, een geëmigreerde joodse arts. Hij wordt, als zoon van een rabbijn, in 1894 geboren in Klekotow, een kleine plaats in het toenmalige Oostenrijks-Hongaarse keizerrijk dicht bij de Russische grens (hetgeen er onder meer toe leidde dat hij zes talen vloeiend sprak). De kleine Leo blijkt al snel een zo getalenteerd kind te zijn dat hij in staat wordt gesteld zijn middelbare school te volgen op een gymnasium in Berlijn. Na zijn middelbare schooltijd studeert hij daar, onderbroken door zijn militaire dienstplicht ten tijde van de Eerste Wereldoorlog, geneeskunde. Enkele jaren na de oorlog wordt hij benoemd tot stafarts aan het (nog steeds) wereldberoemde Berlijnse Charité- ziekenhuis, waar hij werkt als cardioloog. De economische depressie in Duitsland doet hem echter in 1924 besluiten naar de Verenigde Staten te emigreren waar hij in de binnenlanden (Dakota) syfilis bij de indianen onderzoekt. Zijn hart blijkt echter bij de psychiatrie te liggen. Hij solliciteert naar een opleidingsplaats bij een van de beroemdste Amerikaanse psychiaters uit die tijd, Adolf Meyer, verbonden aan het Johns Hopkins Hospital in Baltimore, en wordt aangenomen. Na zijn specialisatie krijgt hij een aanstelling aan hetzelfde ziekenhuis als hoofd van de eerste kinderpsychiatrische afdeling in Amerika en bouwt deze uit tot de bakermat van de Amerikaanse kinderpsychiatrie.

In 1935 publiceert hij het eerste Engelstalige leerboek over kinderpsychiatrie (*Child Psychiatry*), dat inmiddels een van de standaardwerken geworden is. Hoewel hij in de loop van zijn lange werkzame leven (hij werd 86 jaar) nog veel meer gezaghebbende boeken over het vak gepubliceerd heeft, blijft zijn meest invloedrijke publicatie, het artikel uit 1943, waarin hij de elf kinderen beschrijft met, zoals hij het noemde, '*autistic disturbance of affective contact*'.[1] Het belangrijkste gemeenschappelijke kenmerk van deze kinderen was dat ze geen of nauwelijks contact met anderen maakten. Het leek wel alsof ze geen onderscheid konden zien tussen mensen en objecten. De kinderen vertoonden vanaf de geboorte een extreme op zichzelf gerichtheid, door Kanner *'autistic aloneness'* genoemd. Zij maakten geen oogcontact en hadden een grote behoefte aan onveranderlijkheid. Die uitte zich in het feit dat ze strak vasthielden aan bepaalde gewoonten en telkens dezelfde handelingen herhaalden. Daarnaast vond hij een duidelijke achterstand in de taalontwikkeling, waarbij vooral opviel dat de taal niet als communicatiemiddel werd gebruikt, maar diende om mededelingen te doen.

HANS ASPERGER

Een soortgelijk syndroom, maar dan zonder een stoornis in de taal, werd in 1944 door de Weense kinderarts Hans Asperger beschreven. Hoewel zijn artikel slechts één jaar na de publicatie van Kanner uitkwam, heeft het bijna een halve eeuw geduurd totdat zijn beschrijving onder psychiaters gemeengoed werd. Een van de redenen is dat zijn artikel, in tegenstelling tot dat van Kanner, in een Duitstalig tijdschrift verscheen. Na de Tweede Wereldoorlog was Engels de taal van de internationale wetenschap geworden (daarvoor was het – althans in de psychiatrie – Duits geweest), zodat Aspergers artikel niet door de invloedrijke psychiaters uit zijn tijd gelezen werd. Pas een jaar na zijn dood, in 1980, nadat zijn artikel in een Engelstalig tijdschrift was aangehaald, werd het door hem beschreven (en later naar hem vernoemde) syndroom algemeen bekend.

Asperger stamde, net als Kanner, uit het grote Habsburgse keizerrijk, waar hij in 1906 wordt geboren als oudste zoon van een boerenfamilie. Hij gaat geneeskunde studeren in Wenen, waar hij een grote belangstelling ontwikkelt voor pedagogiek en kinderen met psychische problemen. In Wenen specialiseert hij zich tot kinderarts en wordt daarna hoofd van een kliniek voor moeilijk opvoedbare kinderen. Daar verzamelt hij de patiënten voor zijn studies. Aan de hand van vierhonderd kinderen beschrijft hij er vier, met *'einem Mangel an*

Empathie, wenig Fähigkeit Freundschaften zu bilden, einseitiges Gespräch, intensive Absorption in einem speziellen Interesse und plumpe Bewegungen'. Hij noemt deze kinderen '*kleine Professoren*' vanwege hun pedante en detaillistische spreekwijze. Hem valt daarnaast op dat zij sociaal weinig ontwikkeld zijn, grotendeels in hun eigen wereld leven en beperkte of eenzijdige interesses vertonen. Het contact met deze kinderen wordt door de omgeving als arm en vlak beleefd. Zij spelen zelden met anderen noch lijken ze daar de behoefte toe te voelen. Hoewel de taal in strikte zin niet afwijkend is (de grammatica en zinsopbouw is correct), ontbreekt bij deze kinderen de melodie (de prosodie) die zo belangrijk is voor de emotionele waarde in onze spraak. Hun contact en taalgebruik mist ook elke wederkerigheid, zodat niet geanticipeerd wordt op het antwoord van de ander. De mimiek is vlak en de motoriek houterig, weinig vloeiend en ongemakkelijk.

AUTISME EN HET SYNDROOM VAN ASPERGER

Sindsdien is duidelijk geworden dat autisme en het syndroom van Asperger, zoals ze nu worden genoemd, in hoge mate verwant zijn. Ze vormen een onderdeel van een continuüm dat van normale sociale teruggetrokkenheid tot autisme verloopt, waarbij het syndroom van Asperger een plaats in het midden inneemt. Het grootste deel van de kinderen met autisme, ongeveer driekwart van hen, vertoont een verlaagde intelligentie. Vrijwel allen hebben een taalachterstand en de helft spreekt in het geheel niet. Daarentegen zijn patiënten met het syndroom van Asperger normaal intelligent en hebben ze geen duidelijke taalachterstand. De oorzaak van beide aandoeningen is nog niet opgehelderd. Vaststaat dat erfelijke factoren een grote rol spelen en dat opvoeding geen of nauwelijks invloed heeft op het ontstaan ervan. Specifieke genen die autisme veroorzaken, zijn echter nog niet gevonden. De behandeling bestaat uit begeleiding en gedragstherapie.

Medicijnen hebben nauwelijks invloed op het beloop van beide aandoeningen.

Autisme komt niet veel voor, hoewel het de laatste jaren meer opvalt (omdat er beter op wordt gelet?) en de aantallen daardoor stijgen. Zo leek autisme in de jaren zeventig van de vorige eeuw bij één op de tweeduizend mensen te ontstaan. Meer recent onderzoek suggereert echter dat dit getal dichter bij de één op de duizend ligt; nog steeds niet zeer hoog. Hoe vaak het syndroom van Asperger in de bevolking voorkomt, is niet zeker, maar schattingen komen uit op drie tot vier op de duizend mensen (hoewel een recentere studie suggereert dat dit veel hoger kan liggen, rond de één procent). Autisme en het syndroom van Asperger worden vier keer zo vaak bij jongens als bij meisjes gezien.

Duidelijk is dat beide aandoeningen worden gekenmerkt door een stoornis in het intermenselijke contact. Mark is daar een goed voorbeeld van. Meekomen op school kon hij best en het werken op de zaak van zijn ouders is intellectueel geen uitdaging voor hem. Zijn probleem ligt echter in het omgaan met andere mensen, in het aanvoelen wat ze willen, wat ze bedoelen, wat hun intenties en gevoelens zijn. Dat kan hij niet inschatten. Zijn gebrek is dat hij zich niet kan inleven in de ander. Anders gezegd, wat bij Mark ontbreekt, is empathie.

EMPATHISCHE HERSENEN

Empathie stamt van het Griekse *empatheia*, hartstocht, maar betekent tegenwoordig het zich inleven in de belevingswereld van anderen, zich kunnen verplaatsen in de gedachtegang van een ander. Empathie is niet alleen een prettige menselijke eigenschap, ze is een voorwaarde voor normaal sociaal contact. Kennen we niet allen de waarde van dat ene woord van begrip of medeleven op het juiste moment gegeven? Of hoe sterk de, desnoods kortdurende, band die samen lachen schept? De functie van empathie is echter breder dan een voorwaarde scheppen voor sociaal contact. Empathie is noodzakelijk om op tijd de acties van uw medemens te kunnen voorspellen. Weet u namelijk wat de ander voelt, dan kunt u aanvoelen hoe de ander zal handelen. Hoe sneller en accurater we iemands gemoed kunnen plaatsen, des te groter de kans dat we confrontaties zullen overleven, contacten voorspoedig zullen verlopen, en als we talentvol zijn, mensen voor ons kunnen winnen. Juist voor de mens, levend in een complex sociaal systeem, is het misschien niet altijd van levensbelang dat hij zich kan verplaatsen in de gedachtegang van een ander, maar dan toch wel van levensvreugdebelang. Vanwege de grote betekenis van empathie beschikken onze hersenen over systemen die een sleutelrol spelen bij het aanvoelen wat de persoon beweegt, figuurlijk, maar ook in de meest letterlijke zin.

In 1996 verscheen in *Brain*, het oudste wetenschappelijke tijdschrift voor hersenonderzoek, het artikel, 'Action recognition in the premotor cortex', dat rapporteerde over onderzoek met twee aapjes. Het is een van de meest invloedrijke gedragsstudies geworden van de afgelopen tien jaar. Geen wonder. Vittorio Gallese en zijn medeonderzoekers van het Istituto di Fisiologia Umana van de Universiteit van Parma hadden het in zijn eenvoud briljante beginsel blootgelegd dat de basis vormt van empathie.

Hersencellen geven signalen aan elkaar af via minimale, maar meetbare elektrische activiteit. Deze activiteit kan onder meer gemeten worden door elektrodes op de schedel te plakken. Een dergelijke methode, het elektro-encefalogram (EEG) geheten, behoort tot het routineonderzoek in de neurologie en wordt onder andere veel gebruikt om te onderzoeken of iemand aan epilepsie, vallende ziekte, lijdt.[2] Het nadeel van dit onderzoek is echter dat het slechts een globale indruk geeft van de activiteit in de hersenen. Daarnaast kan alleen de activiteit aan de oppervlakte van de hersenen worden gemeten, niet in de dieper gelegen gebieden. Ten slotte is het onmogelijk de activiteit van individuele zenuwcellen zichtbaar te maken.

EEN 'AFZONDERLIJK' KIND

De mooiste en meest accurate manier om hersenfunctie te onderzoeken, is de activiteit van individuele hersencellen te meten. Hoewel dit misschien op sciencefiction lijkt, is dit tegenwoordig mogelijk door zeer kleine elektrodes, niet voor niets micro-elektrodes genoemd, direct in de hersenen te plaatsen. Deze elektrodes zijn zo klein dat ze verandering in activiteit van één enkele zenuwcel kunnen registreren en vanwege hun geringe omvang beschadigen ze de hersenen niet. Om begrijpelijke redenen is dergelijk onderzoek bij mensen moeilijk uitvoerbaar, maar bij aapjes wel.

De twee aapjes uit het beroemde onderzoek ondergingen onder narcose een neurochirurgische operatie waarbij 532 (!) micro-elektrodes in hun hersenen werden ingebracht (niet allemaal tegelijk natuurlijk). De elektrodes werden alle in het hersengebied geplaatst dat normaal gesproken actief wordt bij het uitvoeren van bewuste bewegingen, zoals grijpen. Na de operatie herstelden de aapjes volledig en kon het eigenlijke onderzoek beginnen. De aapjes werden in een onderzoekstoel vastgemaakt, waar ze wel vrijelijk hun armen konden bewegen, maar niet uit weg konden komen. Nadat ze in de stoel waren geplaatst, voerden de onderzoekers enkele handelingen uit die door de aapjes werden gadegeslagen. Een van die handelingen was het oppakken van een rozijn dat op een dienblad lag. Dit dienblad was op zodanige afstand van de aapjes geplaatst dat ze het zelf niet konden aanraken, maar ze zagen goed hoe de onderzoeker de rozijn van het dienblad pakte. Daarna schoven de onderzoekers het dienblad naar de aapjes toe, zodat de aapjes in staat waren de rozijn zelf beet te pakken. Het experiment bestond dus uit twee delen: de aapjes zagen de onderzoeker de rozijn oppakken en – wanneer ze daartoe in de gelegenheid werden gesteld – pakten ze de rozijn zelf. De aapjes sloegen een handeling dus gade en voerden die zelf ook uit.

Uit het analyseren van de resultaten bleek dat hetzélfde neuron actief werd wanneer de aapjes de gebeurtenis gadesloegen, wanneer ze dus zagen dat een ánder de handeling verrichtte, als wanneer de aapjes deze handeling zélf uitvoerden. Dit patroon werd ontdekt voor vele verschillende acties: het gelijke neuron werd actief bij zowel het gadeslaan van de handeling als bij het uitvoeren ervan.

Dat deze neuronen actief werden als de aap een handeling verrichtte, was niet verbazingwekkend. De micro-elektrodes waren immers in het gebied geplaatst dat verantwoordelijk is voor het uitvoeren van bewegingen. De revolutionaire ontdekking was dat deze *zelfde* neuronen ook actief werden bij het gadeslaan van beweging die door een ander uitgevoerd werd. Dat terwijl deze neuronen niet behoren tot het visuele gebied, het hersengebied dat verantwoordelijk is voor het zien.

Zenuwcellen waarvan men dacht dat ze alleen actief werden bij het *maken* van bewegingen, werden ook geactiveerd bij het *observeren* van beweging. Hersencellen waarvan men tot dan toe had aangenomen dat ze alleen in werking traden bij het uitvoeren van handelingen, bleken dat ook te doen bij het *zien* verrichten van handelingen. Niet alleen dat: één en hetzelfde neuron werd ingeschakeld bij het uitvoeren én bij het observeren van een beweging. Hierbij viel één centraal thema op: de zenuwcellen traden alleen in werking bij het zien van een betekenisvolle, doelgerichte, handeling (iets grijpen bijvoorbeeld). Bij het observeren van doelloze bewegingen (openen en sluiten van een hand) bleven ze stil. Daarnaast moest de handeling zijn uitgevoerd door een levend wezen, niet door een voorwerp. Bestaat dit principe ook bij de mens? Zijn onze hersenen ook zo ontworpen dat zien doen en zelf doen identiek is?

Vanzelfsprekend is het ethisch moeilijk te verantwoorden om micro-elektrodes in de hersenen van proefpersonen te plaatsen. We zullen deze vraag dus met andere middelen dienen te beantwoorden. Door gebruik te maken van beeldvormende technieken, zoals hersenscans, kan, weliswaar minder nauwkeurig maar wel globaal, dezelfde vraag beantwoord worden. Met dergelijk onderzoek is inderdaad aangetoond dat mensenhersenen niet anders functioneren dan die van de twee aapjes. Net als bij de aapjes wordt het gebied dat onze bewegingen stuurt, ook actief bij het *kijken* naar een beweging wanneer die door een ander wordt uitgevoerd. Het uitoefenen van een beweging en het

EEN 'AFZONDERLIJK' KIND

observeren ervan activeert dus ook bij mensen hetzelfde hersengebied. Maar het betekent nog meer.

Wanneer u *kijkt* naar iemand die een beweging maakt, activeert bij u het hersengebied dat actief zou worden wanneer uzelf die beweging zou uitvoeren. Op het moment dat dit hersengebied bij u actief is (omdat u naar de beweging kijkt), is op datzélfde ogenblik het identieke gebied actief bij de ander (omdat die de handeling tenslotte uitvoert). Uw hersenactiviteit is op dat ogenblik dus *gelijk* aan die van de ander. Als voorbeeld: bij de ander is zijn grijpneuron actief omdat hij grijpt, bij u is uw grijpneuron actief omdat u kíjkt naar het grijpen van de ander. Anders gezegd, uw hersenen spiegelen op dat moment de hersenactiviteit van de ander.

Dit is de baanbrekende ontdekking gebaseerd op die ene studie van Vittorio Gallese: wanneer u iemand observeert, doen uw hersenen het gedrag van de ander na. In de meest letterlijke zin.

Dit spiegelen van de hersenen maakt een eigenaardig fenomeen helder dat u ongetwijfeld kent uit de dagelijkse praktijk. Het is u vast wel eens opgevallen dat iemand met wie u spreekt of die tegenover u zit, uw houding overneemt. U zit met de handen achter het hoofd gevouwen en, ziedaar, de ander doet net zo. Of andersom, degene naast u slaat de benen over elkaar en voor u er erg in heeft, zit u in dezelfde houding. Het gaat meestal onopvallend en zonder dat u er erg in heeft, maar let maar op: het gebeurt veel vaker dan u denkt (en voor geeuwen was het u waarschijnlijk allang opgevallen). Dit kopieergedrag is de weerspiegeling van het proces dat zich in de hersenen voltrekt. Nog een voorbeeld: als iemand naar u glimlacht, zal uw neiging zijn terug te glimlachen: de ander strak aan te kijken, zonder terug te glimlachen, zult u, bewúst, moeten doen; vanzelf gaat het niet, omdat uw hersenen u eigenlijk dwingen de ander na te doen. Het spiegelen in de hersenen vindt voortdurend plaats, zonder dat u het zelf merkt, maar het is een fundamenteel proces in de hersenen: het vormt de basis van ieder menselijk contact.[3]

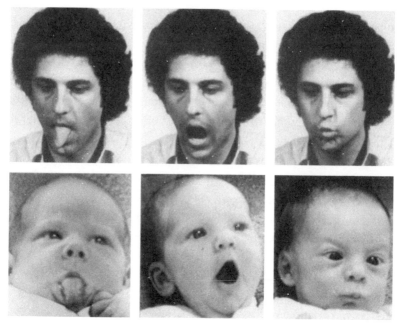

Imitatiegedrag bij een baby

U vraagt zich misschien af, waarom doen hersenen dit? Waarom spiegelen mijn hersenen de hersenactiviteit van de ander wanneer ik die persoon gadesla? De meest voor de hand liggende verklaring is dat de hersenen zich zo ontwikkeld hebben om te kunnen leren. Leren doen we namelijk het gemakkelijkst door de ander te imiteren. Iedereen die een kind heeft opgevoed weet dat. Een van de belangrijkste menselijke functies, de taal, leren we bijvoorbeeld door na te doen. Daarom spreekt de een Nederlands, de ander Engels en de derde Chinees. Niet omdat de Nederlandse taal is aangeboren, maar omdat we van kinds af aan de spraak nadoen van de mensen om ons heen.[4] Imitatie is inderdaad zo'n elementaire functie dat het verschijnsel zich al voordoet bij kinderen van nog geen drie dagen oud. Deze pasgeborenen imiteren feilloos gezichtsuitdrukkingen van volwassenen, zoals het uitsteken van de tong, openen van de mond en fronsen. Dit kopiëren gaat automatisch, een baby kan niet kiezen of hij imiteert of niet, hij kan het niet tegenhouden. Zijn hersenen spiegelen die van de ander, of hij wil of niet. Zo werkt het bij u ook, alleen bij de baby is dit nog goed te zien, omdat hij het imiteren niet kan onderdrukken. Dat kan hij pas maanden later, wanneer zijn voorste hersendelen verder zijn gerijpt. Dit onderdeel van de hersenen is namelijk onder meer verantwoordelijk voor het onderdrukken van gedrag en voorkomt dus dat u voortdurend anderen nadoet (het zou een grappige bedoening worden als we dit niet konden onderdrukken).[5]

Een volgende vraag is of dit imitatiegedrag van onze hersenen verder strekt dan het nadoen van bewegingen. Of dit principe zich heeft uitgebreid tot andere domeinen dan louter het fysieke. Wanneer onze hersenen beweging spiegelen, zou hetzelfde principe kunnen gelden voor andere, meer complexe, aspecten van het menselijk gedrag? Voor emotie bijvoorbeeld? Zouden onze hersenen ook de gevoelens van anderen kunnen spiegelen, net als zij dit doen voor beweging? Zoals uit het volgende onderzoek blijkt, luidt het antwoord hierop bevestigend.

In deze studie werd aan verschillende proefpersonen gevraagd foto's te bekijken van mensen die iets vies lijken te ruiken en een gezicht trekken dat daarbij hoort. Met andere woorden, de gezichten op de foto's drukten walging uit. Daarna (of daaraan voorafgaand, om de volgorde van het experiment willekeurig te houden) kregen de proefpersonen een vieze geur te ruiken, zodat ze zelf het gevoel van walging zouden ervaren. In beide situaties werd hun hersenactiviteit gemeten. Bij het zelf ruiken van de vieze geur werd bij deze proefpersonen, niet geheel onverwachts, het gebied in de hersenen actief dat verbonden is aan het ervaren van misselijkheid en walging (meer in het algemeen is het betrokken bij het registreren van lichamelijke en geestelijke onlust). In de situatie waarbij de proefpersonen slechts keken naar de gezichten die walging uitdrukten, werd dit gebiedje echter net zo actief als in de situatie dat ze de vieze geur echt zelf geroken hadden. Het identieke deel van de hersenen werd dus geactiveerd bij het kijken naar en bij het ervaren van dezelfde emotie (walging in dit experiment).

Zoals uit dit experiment blijkt, spiegelen onze hersenen niet alleen bewegingen die we waarnemen, ook het zien van emoties leidt in de hersenen tot kopieeractiviteit. Het gadeslaan van emoties activeert het identieke hersengebied als wanneer we ze zelf ervaren. Meer algemeen gesteld: emoties bij de ander observeren, is voor de hersenen hetzelfde als deze emoties zélf ervaren. De hersenen spiegelen de hersenactiviteit van de ander dus ook als ze de *gevoelens* van anderen zien.

Is het echter noodzakelijk dat onze hersenen de gevoelens van de ander echt zíen om ze te kunnen te voelen? U kunt zich voorstellen dat iemand droevig is wanneer u zijn treurige gelaat aanschouwt. Die gemoedstoestand kunt u voelen omdat u de geobserveerde treurigheid letterlijk voor ogen heeft. Maar bent u ook in staat zich een voorstelling te maken van iemands emoties als u deze niet heeft kunnen zien? Natuurlijk kunt u dat. Het is mogelijk droefenis te voelen zonder het treurige gelaat tegelijkertijd te zien, omdat u die emotie kent, u heeft dat gevoel zelf (ooit) meegemaakt. Zou het voor de hersenen net zo gelden? Kunnen hersenen emoties ervaren zonder dat ze die emoties direct voor ogen hebben? Dan zouden de hersenen kunnen spiegelen, niet op basis van wat we bij de ander zien, maar gebaseerd op wat we ons *voorstellen* wat er in de ander omgaat. Als dat zo is, kunnen onze hersenen echt invoelen, zich verplaatsen in de belevingswereld van de ander. Dat is pas echte empathie: voelen wat de ander voelt door je in de ander te verplaatsen.

Om te onderzoeken of onze hersenen kunnen invoelen zonder de emotie bij de ander te hoeven zien, moeten we een gevoel kiezen dat we ons makkelijk kunnen inbeelden. Een gevoel dat we allemaal wel eens hebben meegemaakt. Een ervaring die we goed kennen. Pijn bijvoorbeeld. Pijn vormt dan ook de kern van een briljant experiment dat vanwege zijn originaliteit en verstrekkende gevolgen in *Science* verscheen, een van de twee meest toonaangevende wetenschappelijke tijdschriften in de wereld.

Heteroseksuele (echt)paren die een aantal jaren een (waarschijnlijk goede, zoals uit het vervolg zal blijken) relatie onderhielden, werden in een proefopstelling geplaatst. De vrouw van het paar lag in de hersenscanner, de man lag ernaast, en wel zodanig dat de vrouw het gezicht van haar partner niet kon zien. Zowel de vrouw als de man ontving pijnlijke schokken op de rug van de rechterhand, maar nooit de man en vrouw tegelijkertijd. Op een scherm, zichtbaar voor beiden, werden kleuren vertoond die aangaven of een schok zou worden toegediend bij de vrouw of bij de man, of dat niets zou gebeuren (de zogenaamde controleconditie). Zo wisten ze van tevoren wie wanneer een schok zou krijgen. Op het moment dat de vrouwelijke proefpersonen de schok kregen, werd bij hen het gebied in de hersenen actief dat pijn (en andere onaangename gevoelens) registreert, de insula, een gedeelte van de voorste hersenschors. Hoe sterker de pijn ervaren werd, des te sterker was de activiteit in dat hersendeel. Dat is niet zo verbazingwekkend. Veel opmerkelijker was dat ditzelfde gebied bij de vrouw ook actief werd wanneer de schok werd toegediend bij hun (mannelijke) partner. De vrouwen konden vanwege de proefopzet niet hebben gezien dat hun partner pijn leed. Ze moesten het zich hebben ingebeeld. Hun hersenen voelden wat hun partner voelde zonder dat ze de emoties bij hun partner hadden kunnen observeren. De hersenen van de vrouw reageerden op de pijn van hun partner als ervoeren zij die zelf.[6]

Onze hersenen kunnen blijkbaar niet alleen meebewegen, imiteren en voelen op basis van direct verkregen informatie. Ze kunnen, gebaseerd op een voorstelling, de gevoelens van een ander inbeelden. Het principe van nabootsing in de hersenen reikt verder dan imitatie van beweging, verder dan het spiegelen van gevoel en zelfs verder dan meevoelen. Het vormt de biologische basis van empathie.

WANNEER EMPATHIE ONTSTAAT

Empathie is blijkbaar biologisch in onze hersenen verankerd. Dit suggereert dat deze vaardigheid aangeboren is. Is dat ook zo? Is deze eigenschap al bij kleine kinderen aanwezig? Wanneer kunnen we voor het eerst meevoelen met een ander, ons in de schoenen van een ander verplaatsen?[7] Om deze vraag te kunnen beantwoorden is het noodzakelijk dat we beschikken over een test waarmee we dit vermogen kunnen meten. Niet alleen dat. Als we willen weten wanneer empathie ontstaat, zullen deze testen ook bij kleine kinderen toegepast moeten kunnen worden. Een bekend voorbeeld daarvan is de zogenaamde 'Sally-en-Anne-test', een proefopstelling die inmiddels de standaard geworden is voor het onderzoeken van empathie bij kinderen. De test is vernoemd naar de hoofdpersonen uit de proefopstelling, de twee poppen Sally en Anne, en is bedacht door Uta Frith. De oorspronkelijk uit Duitsland afkomstige Uta vormt samen met haar echtgenoot Chris een creatief en productief paar dat al jarenlang vooraanstaand onderzoek verricht naar de rol van de hersenen bij sociaal gedrag. Zij hebben daarbij een duidelijke taakverdeling gemaakt: Chris houdt zich voornamelijk met onderzoek bij volwassenen bezig, terwijl Uta zich meer op studies bij kinderen richt. Het volgende experiment is een sprekend voorbeeld van haar wetenschappelijke originaliteit.

Het onderzoek speelt zich op een tafel af, in het zicht van het onderzochte kind. Op de tafel bevinden zich Sally en Anne, een mandje waarop een doekje ligt, een doosje en een knikker. De test begint wanneer pop Sally de knikker van tafel pakt en deze in het mandje stopt, onder het doekje.[8] Dan loopt Sally weg. Terwijl Sally weg is, pakt Anne de knikker uit het mandje en (ver)stopt deze in het doosje. Dan komt Sally terug. Op dat ogenblik vraagt de onderzoeker aan het kind: 'Waar zal Sally kijken voor de knikker?' Aangezien Anne de knikker verplaatst heeft toen Sally weg was, heeft Sally niet kunnen zien dat Anne de knikker in het doosje heeft gestopt. Het goede antwoord is dus het mandje, want de kinderen moeten zich kunnen inleven in Sally: die weet immers niet dat Anne de knikker heeft verplaatst. Het kind is zich dus bewust van de misvatting van Sally. Daar blijkt het inlevingsvermogen van het kind uit. Stel dat Sally had kunnen zien dat Anne de knikker verplaatste. Dan was het goede antwoord het doosje geweest, maar we hadden niet kunnen concluderen dat het kind zich in Sally had verplaatst. We

De Sally-en-Anne-test in originele uitvoering

weten namelijk niet of het kind dit antwoord geeft omdat het zélf gezien heeft dat de knikker werd verplaatst, of dat het dit zag gebeuren vanuit de ogen van Sally.

Normaal gesproken beginnen kinderen vanaf vier jaar de Sally-en-Anne-test goed uit te voeren, vanaf zes jaar kan iedereen het. Met zes jaar kunnen we het gedrag van een ander dus voorspellen op basis van ons inlevingsvermogen in de ander. Behalve kinderen met autisme, zo bleek toen het echtpaar Frith de Sally-en-Anne-test voorlegde aan elfjarige kinderen met autisme en even oude kinderen die leden aan het syndroom van Down ('mongooltjes'). De kinderen met Down-syndroom konden, ondanks hun lage IQ van gemiddeld vierenzestig, deze test prima doen: zij gaven vrijwel allen het goede antwoord. De autistische kinderen (met een hoger gemiddeld IQ, van tweeëntachtig) slaagden daar niet in: slechts vier van de twintig produceerden het correcte antwoord. De kinderen met autisme liepen dus ten minste vijf jaar in emotionele ontwikkeling achter (immers, ze waren elf jaar oud en we hebben gezien dat kinderen van zes jaar oud de empathietest goed kunnen doen). Vijf jaar, of zelfs nog meer? Want wellicht ontstaat het vermogen zich in te leven in een ander nog eerder dan op zesjarige leeftijd.

Kinderen van anderhalf jaar oud begrijpen dat het een spelletje is wanneer moeder een banaan als telefoon gebruikt. Ze weten dat de banaan geen echte telefoon is en dat moeder 'doet alsof'. Dit duidt erop dat kinderen van die leeftijd zich in ieder geval kunnen verplaatsen in de bedoelingen van de moeder. Vanaf twaalf maanden kijkt het kind naar een voorwerp waar een ander (een volwassene) ook naar kijkt, zij volgen dus de blik van de ander (*'joint attention'* genoemd). Als de moeder een speelgoedje met een angstige blik beschouwt, zal een kind van een jaar dit niet oppakken. Nog jongere kinderen kunnen een onderscheid maken tussen objecten en mensen, omdat ze begrijpen dat objecten niet uit zichzelf kunnen bewegen; althans ze zijn verbaasd als een speeltje beweegt, maar niet als een mens of dier dat doet. Tenslotte, kinderen van slechts een aantal weken oud weten al wat het verschil tussen mens en object is: ze zullen glimlachen naar een mens, maar niet naar een object. Toch zijn deze laatste eigenschappen niet hetzelfde als je kunnen verplaatsen in een ander. Het blijkt dat deze eigenschap pas op z'n vroegst omstreeks het midden van het tweede levensjaar ontstaat.

In een uiterst elegante en goed doordachte studie die in 1995 verscheen in *Developmental Psychology*, onderzocht Andrew Meltzoff van de University of Washington in het Amerikaanse Seattle of kinderen van achttien maanden, die dus nog nauwelijks verbale mogelijkheden hebben, in staat zijn de bedoelingen van anderen te doorgronden, een eerste stap op weg naar het inleven in de ander. Intenties toekennen gaat namelijk vooraf aan de ontwikkeling van empathie. Zonder dat we de

EEN 'AFZONDERLIJK' KIND

ander als een persoon met een eigen wil, een eigen doel, zien, is inleven nog niet eens aan de orde. Pas wanneer we andere mensen als intentionele wezens zien, kunnen we ons gaan inleven in hun belevingswereld, kunnen we ons gaan verplaatsen in hun gedachtegang.

Veertig kinderen van achttien maanden oud werden in verschillende groepen verdeeld. Zittend op de schoot van een ouder kregen zij te zien hoe een vriendelijke onderzoeker enkele handelingen uitvoerde met een aantal uitgestalde voorwerpen. De kinderen konden de voorwerpen niet kennen, want ze waren speciaal voor dit onderzoek ontworpen. Een van die voorwerpen was een klein houten haltertje, ter grootte van een vuist. Door goed aan beide einden te trekken kon het haltertje in tweeën worden gedeeld, maar dat wisten de kinderen niet.

Bij de ene groep pakte de onderzoeker het haltertje op en trok krachtig aan beide uiteinden, zodat het in twee delen uiteenviel. Bij de andere groep peuters trok de onderzoeker ook aan beide uiteinden maar nu glipte zijn hand van een van de uiteinden van het haltertje, zodat het niet in twee delen uiteenviel. De kinderen konden dus zien dat hij probeerde het haltertje uit elkaar te trekken maar daar niet in slaagde. Zij zagen echter niet dat het haltertje uit twee delen bestond en dus in tweeën gesplitst kon worden. De kinderen in beide groepen werd gevraagd de onderzoeker na te doen. De kinderen uit de groep die gezien hadden dat de onderzoeker de haltertjes uit elkaar trok, deden zijn gedrag na en splitsten de halters in tweeën. Dat is niet erg opmerkelijk; we weten immers dat kinderen het gedrag van volwassenen gemakkelijk imiteren. Bijzonder was dat de kinderen uit de andere groep, waarbij de hand van de onderzoeker van het haltertje afgleed, het haltertje toch in twee delen brak. In plaats van simpelweg de actie van de onderzoeker na te bootsen (een van de handen van het haltertje laten afglijden), handelen de peuters alsof ze de *intentie* van zijn beweging kennen. Dat bleek ook wel, want ze deden het in één keer goed. De kinderen probeerden niet eerst even te kijken en te trekken aan het haltertje; ze pakten het ding op, trokken krachtig aan beide uiteinden en het ding viel in tweeën uiteen. De peuters bootsten dus niet de handeling van de onderzoeker na, maar zijn bedoeling.⁹ In een tweede studie waren de twee delen van het haltertje aan elkaar vastgelijmd: de onderzoeker kon het haltertje dus echt niet uit elkaar trekken, ook al deed hij zijn best (de handen gleden nu met reden van het haltertje af). Toch begrepen de peuters ook hier de bedoeling, want ze probeerden uit alle macht de twee delen uit elkaar te trekken en keken smekend naar hun ouder om hulp.

De onderzoekers toonden daarna aan een ander stel peuters een veel grotere houten halter, die zij zelf wel, maar de kinderen niet aan beide uiteinden konden vastpakken (de handen van de kinderen waren er simpelweg te klein voor). Ook nu weer 'mislukte' de handeling van de onderzoeker bij de helft van de kinderen. Toch waren ook die kinderen in staat om de bedoeling van de onderzoeker te begrijpen. Ze probeerden op allerlei slinkse wijzen de einden van de halter uit elkaar te trekken, door bijvoorbeeld een van de uiteinden tussen hun benen te klemmen en aan de andere kant te trekken, een actie die ze de onderzoeker nooit hadden zien doen. Ook nu bleek dus weer dat peuters letten op de intentie van de ander, niet op de handeling op zich. Anders gezegd: ze besteedden aandacht aan wat iemand wil, niet aan wat hij doet.

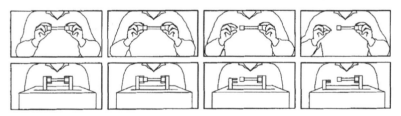

Menselijke (bovenste rij) en machinale (onderste rij) handelingen in een poging een houten haltertje in tweeën te delen.

Ten slotte bleef de vraag nog open of deze kinderen echt de intentie van een mens aanvoelden of dat hun gedrag niet meer was dan het voltooien van een incomplete beweging. Om dit op te lossen, lieten de onderzoekers een vierde groep achttien maanden oude kinderen eenzelfde opzet zien, maar nu was het geen mens die aan de haltertjes trok maar

EEN 'AFZONDERLIJK' KIND

een speciaal daarvoor gebouwd machientje. Dit machientje slaagde er bij de ene groep kinderen wel in om het haltertje uit elkaar te trekken en slipte, net als bij de menselijke test, bij de andere groep van een van de uiteinden af. Hoe leuk de kinderen het machientje ook vonden, ze trokken de haltertjes niet uit elkaar als ze de machine dit ook niet hadden zien doen. Kennelijk konden zij zich niet 'inleven' in de intenties van de machine. Terecht. Want een machine heeft geen intenties.

Meltzoff toonde met dit experiment aan dat kinderen van achttien maanden onderscheid kunnen maken tussen menselijke intenties en menselijke (of machinale) acties. Peuters kennen al het verschil tussen de handeling op zich en het dieper liggende niveau van de menselijke intentie die aan de handeling voorafgaat. Dit onderscheid vormt de grondslag van menselijke communicatie, van contact, van elkaar begrijpen. Empathie, althans de basis daarvan, namelijk de bedoelingen van een ander mens aanvoelen, is al bij heel jonge kinderen aanwezig.

Het is wellicht niet toevallig dat juist op het moment dat het vermogen zich ontwikkelt om intenties toe te kennen aan anderen, rondom de leeftijd van achttien maanden dus, bij autistische kinderen een stoornis in de herseontwikkeling optreedt. Door bij grote aantallen pasgeboren de schedelomtrek te meten en deze jaarlijks te blijven volgen, is duidelijk geworden dat de hersenontwikkeling[10] bij kinderen met autisme abnormaal verloopt. Bij de geboorte verschilt het hersenvolume van kinderen die autisme ontwikkelen niet van dat bij gezonde kinderen. Rondom het tweede levensjaar blijkt echter dat kinderen met autisme aanzienlijk grotere hersenen hebben in vergelijk met kinderen zonder autisme (het was Leo Kanner al opgevallen dat kinderen met autisme grotere hoofden hadden). Na deze vergroting treedt in de daaropvolgende jaren een normalisering op van het hersenvolume. De hersenen van kinderen met autisme groeien dus aanvankelijk te veel en daarna juist minder sterk. Het eindresultaat is dat rondom de puberteit de hersenen nog wel iets groter zijn, maar niet meer zo extreem als in de eerste levensjaren.

Het is nog steeds niet duidelijk wat deze plotselinge explosieve hersengroei in de vroege kinderjaren betekent en hoe deze ontstaat. Het lijkt specifiek voor autisme en de daaraan gerelateerde stoornissen, want bij kinderen met een algemene ontwikkelingsachterstand ziet men deze extreme hersengroei niet. Het is echter moeilijk voor te stellen dat het gebrek aan inlevingsvermogen bij autisme en het syndroom van Asperger te relateren is aan zo een algemene ontwikkelingsstoornis in de hersenen. Aannemelijker is dat specifieke delen van de hersenen minder goed functioneren en dat dit juist die gebieden zijn die betrokken zijn bij het vermogen ons in een ander in te leven. Zoals uit het vervolg zal blijken, is dat inderdaad het geval.

TE VEEL HERSENEN IS OOK NIET GOED

Opmerkelijk is dat bij de groei en ontwikkeling van de hersenen aanvankelijk veel meer zenuwcellen worden gevormd en zenuwbanen worden aangelegd dan uiteindelijk in volwassenheid intact blijven. Slechts de helft van de zenuwcellen, ook wel neuronen genoemd, die gedurende de ontwikkeling worden aangelegd, overleeft de puberteit. Hele groepen neuronen worden dus verwijderd door het lichaam via een geprogrammeerde celdood, die apoptose heet. Aanvankelijk zijn er niet alleen te veel neuronen, ook het aantal onderlinge verbindingen is veel groter dan wat ervan in volwassenheid overblijft. Dit proces van aanvankelijke overmatige groei en daarna snoeien, is waarschijnlijk de methode van ons brein om nuttige verbindingen in stand te houden en nutteloze connecties te verwijderen. Inderdaad blijkt dat de neuronen die overleven, degene zijn die veel worden gebruikt, waarvan dus uit ervaring gebleken is dat we die echt nodig hebben, terwijl de neuronen die zelden worden gebruikt, afsterven. Veelvuldig gebruik van zenuwbanen leidt tot versnelde activiteit in en tussen deze zenuwbanen. Anders gezegd, frequent gebruik maken van een weg zorgt vanzelf voor verbreding ervan (was dat maar het geval in het normale verkeer). Waarschijnlijk werkt dit als volgt: signalen verlopen via de zenuwbanen (ook wel axonen genoemd) met behulp van elektrische signalen en worden via synapsen (dat zijn de plaatsen waar de verschillende zenuwen contact met elkaar maken) doorgegeven aan andere neuronen. Wanneer zenuwbanen vaak gebruikt worden, worden deze synapsen efficiënter, waardoor de signalen effectiever worden doorgegeven. Daarnaast zullen de zenuwbanen dikker worden, waardoor het elektrische signaal sneller kan verlopen. Een dergelijk neuronaal 'leren' heeft als resultaat dat frequent optredende signalen gemakkelijker en sneller hun doel bereiken: zo ontstaat routine (in de meest oorspronkelijke betekenis van het woord) in de hersenen. Een ander aspect is het samenwerken van verschillenden neuronale systemen, hetgeen plaatsvindt bij meer gecompliceerde en geïntegreerde handelingen (bijvoorbeeld een service slaan bij tennis, fietsen, afstand schatten in het verkeer). Hierbij moeten de hersenen verschillende soorten informatie integreren, zoals zintuiglijke waarneming, de positie van het lichaam of snelheid van de auto, en die afstemmen met de beweging. Wanneer uiteenlopende neuronale systemen vaak tegelijkertijd worden gebruikt, zullen ze samen elektrische signalen afgeven. Al doende zullen deze neuronen meer synapsen vormen en meer op elkaar worden afgestemd. Wat we doen en wat we meemaken, bepaalt dus voor een groot deel hoe onze hersenen zich ontwikkelen. Nu begrijpt u waarom jong viool leren spelen zijn vruchten afwerpt, waarom tenniskampioenen al als kleuters op de baan stonden: omdat de hersenen juist daar gaan groeien waar wat van ze wordt verwacht (en afsterven waar ze niet nodig zijn).

EMPATHIE ONTLEED: INTENTIE

Uit de studie bij de achttien maanden oude peuters blijkt dat mensen al zeer vroeg in hun ontwikkeling een bedoeling toekennen aan een beweging. Hoe doen de hersenen dat? Hoe kennen hersenen intentie toe aan de handeling van een ander? Wanneer u een aap een grijpende beweging ziet maken naar, bijvoorbeeld, een rozijn, kent u niet het uiteindelijke doel van die beweging. De rozijn oppakken is niet het echte, uiteindelijke eindpunt, want de aap pakt die rozijn niet zomaar. Hij gaat de rozijn met een reden grijpen. Om te eten bijvoorbeeld (lag er een gouden ring op het dienblad, zou de intentie waarschijnlijk – hoe zinloos ook, helaas – een andere zijn geweest). Dat doel, die intentie (opeten van de rozijn), heeft u echter niet gezien.[11] Voordat hersenen een doel (de rozijn oppakken om die op te eten) aan een beweging kunnen toekennen, moeten ze eerst in staat zijn een onderscheid te maken tussen een zinloze beweging (openen en sluiten van de hand) en een betekenisvolle beweging (grijpen). Het grijpen is een betekenisvolle beweging omdat het een doel *veronderstelt* (in dit voorbeeld het eten van de rozijn). Het doel van het grijpen zal sterk wisselen, afhankelijk van wat gegrepen wordt (rozijn of ring), maar we weten dat we altijd grijpen om iets met het gegrepene te gaan doen. Grijpen doen we me een reden, en dus is het een betekenisvolle beweging.

Een eerste voorwaarde voor een betekenisvolle beweging is dat deze *beweegt*. Hoe kunnen we immers betekenis aan een beweging toedichten als er geen beweging *is*. Het gebied in de hersenen dat betrokken is bij het herkennen van een (betekenisvolle) beweging, bevindt zich op de plek, een soort drielandenpunt, waar gezichts-, gehoors- en gevoelsprikkels bij elkaar komen. Dit gebied is waarschijnlijk het menselijke equivalent van het gebied dat bij de aapjes actief werd toen ze bewegingen van anderen gadesloegen. Juist omdat in dit gebied de verschillende zintuiglijke prikkels bij elkaar komen, wordt het een stuk makkelijker beweging op waarde te schatten. Beweging wordt namelijk niet alleen gezien, maar soms ook gehoord, gevoeld of zelfs geroken. Integratie van die verschillende waarnemingen maakt de beleving compleet, zo gezegd. Wanneer u een aanstormende olifant alleen maar zou zien, zonder de bonzende stappen te horen, zonder de grond te voelen trillen onder uw voeten, zou het de ervaring een stuk minder volledig maken. Het drielandenpunt bundelt deze verschillende prikkels en concludeert dat de aanstormende olifant een (in dit geval zeer betekenisvolle) beweging is.[12] Zodra beweging, ook al is ze slechts impliciet, aanwezig is, wordt dit hersengebied actief zoals het volgende onderzoek heeft aangetoond.

EEN 'AFZONDERLIJK' KIND

In een proefopstelling ontwikkeld op het fameuze Massachusetts Institute of Technology (MIT) in het Amerikaanse Cambridge kregen vrijwilligers fotobeelden te zien van een stilstaande discuswerper en van een atleet die de discus leek te werpen, van een golvende en een vlakke zee, van een springende dolfijn en een rustende ijsbeer. De hersenactiviteit van de proefpersonen werd tijdens het bekijken van deze foto's gemeten. In alle gevallen nam de activiteit in het drielandenpunt toe bij het zien van de taferelen die beweging suggereerden, zoals de werpende atleet, de golvende zee, de duikende dolfijn. Tijdens het bekijken van de beelden zonder de schijn van beweging (zoals de rustende ijsbeer en de vlakke zee), gebeurde in dit hersengebied niets.

Het gebied in de hersenen, het drielandenpunt, dat bij de mens beweging registreert, wordt actief bij liplezen, maar niet bij het kijken naar bewegingloze lippen; bij ogen die steeds van richting veranderen, maar niet bij starende ogen; bij handen die gebruiksvoorwerpen hanteren, maar niet bij onbeweeglijke handen. In al deze gevallen is de beweging betekenisvol: bewegende lippen communiceren, rondschietende ogen veronderstellen onrust (en mogelijk gevaar), en handen met een gebruiksvoorwerp voeren een doelgerichte handeling uit.

Zoals het experiment van het MIT laat zien, worden de hersenen actief bij het waarnemen van een betekenisvolle beweging. Maar is ons brein ook betrokken bij het toeschrijven van een intentie, een doel, aan beweging?

In een mooie studieopzet heeft het echtpaar Frith dit onderzocht, gebruikmakend van onze menselijke eigenschap bedoelingen toe te kennen, zelfs waar deze er niet zijn. Zo blijkt uit verschillende studies dat wanneer proefpersonen een filmpje zien waarbij abstracte vormen, zoals driehoeken, op bepaalde wijze over een scherm bewegen, zij intenties aan deze vormen toekennen.

Een groep proefpersonen werd gevraagd naar een blauw en een rood driehoekje te kijken die in drie scenario's bewogen: ze probeerden elkaar te beïnvloeden, waarbij ze 'bluften', elkaar 'bespotten', elkaar probeerden te 'overtuigen'; de driehoekjes maakten contact zonder het gedrag van de ander te proberen te beïnvloeden, zoals 'dansen', elkaar achterna zitten, imiteren; en een scenario waarbij de driehoekjes willekeurig bewogen.[13] Tijdens het bekijken van de bewegende driehoekjes werd de hersenactiviteit van de proefpersonen gemeten. In de twee situaties waarbij de driehoekjes doelgericht gedrag leken te vertonen (elkaar beïnvloeden of contact maken), nam de activiteit in het drielandenpunt bij de vrijwilligers toe; in het scenario waarbij de beweging van de driehoekjes willekeurig was, gebeurde dit niet.[14] Hoe meer betekenis aan de beweging werd toegedicht, des te groter de activiteit in dit gebied.

Het hersengebied dat beweging in al haar modaliteiten registreert, is ook verantwoordelijk voor het toekennen van intenties aan die bewegingen. Het deel van de hersenen dat bij apen de bewegingen van anderen spiegelt, is bij de mens geëvolueerd tot het gebied dat intenties toekent aan anderen. Bij de mens is het geworden tot het gebied dat er verantwoordelijk voor is dat we de ander zien als een wezen met een intentie, met een eigen wil. Het stelt ons in staat anderen te zien als mensen met een drijfveer, als individuen met intenties, als personen met verlangens.

PUTTEN UIT ERVARING

Het wordt een stuk gemakkelijker om te beslissen of een actie van de ander betekenisvol is wanneer u deze kunt vergelijken met, of afzetten tegen, acties en gebaren die u eerder heeft meegemaakt. Zo kunt u uit uw ervaring putten. Van dit mechanisme maken we veel gebruik bij het beoordelen of hetgeen we zien de moeite is om naar te blijven kijken en wat te betekenis ervan is. De voorste delen van de slaapkwabben (zie figuur op pagina 185) worden actief wanneer men zich bij het beoordelen van een situatie bedient van vergelijking met kennis uit het verleden. Het vergelijken van geobserveerde acties met de in ons geheugen opgeslagen draaiboeken vindt daar plaats, waarbij de linkerkant meer wordt ingezet bij verbaal materiaal en de rechter meer bij bewegingen in de ruimte. Dit helpt ons enorm gedragingen van anderen te voorspellen, want we 'weten' eigenlijk al wat zij zullen gaan doen, we kunnen het voorspellen. We vergelijken als het ware de gebeurtenissen om ons heen met het in ons geheugen opgeslagen draaiboek. Zo kunnen we ervan uitgaan dat een treinconducteur ons om het kaartje zal vragen en niet of we iets willen eten; dat iemand zich aan ons voorstelt die we niet eerder gezien hebben, maar niet wanneer we hem al goed kennen. Vanzelfsprekend zijn ook meer complexe en vaak cultuurgebonden gewoonten ook zo bij ons opgeslagen. Zo voeren we wel even een beleefdheidsgesprekje voor we tot zaken komen, maar als het te lang duurt, klopt het niet met ons draaiboek en voelen we ons niet meer op ons gemak.

Al uit de eerste artikelen van Leo Kanner en Hans Asperger bleek dat de door hen beschreven kinderen de ander instrumenteel benaderden. Niet als mensen met een eigen wil of personen met individuele bedoelingen maar als objecten. Blijkbaar hadden deze patiëntjes er moeite mee het verschil te zien tussen (intentieloze) machines en (intentionele) mensen. Zou dit een gevolg kunnen zijn van afwijkingen in het gebied dat verantwoordelijk is voor het toekennen van intenties aan anderen? Het lijkt er inderdaad op.

Chris en Uta Frith pasten het experiment met de bewegende driehoekjes bij (volwassen) patiënten met autisme toe. Zij werden vergeleken met gezonde proefpersonen waarbij hun tijdens een hersenscan de hierboven beschreven bewegende driehoekjes werd getoond. In plaats van de bewegende figuurtjes als interacterende wezens te zien, kenden de patiënten ze geen intenties toe. Ze zagen geen verschil tussen de willekeurig bewegende driehoekjes en de driehoeken die volgens de gezonde proefpersonen wel met elkaar interacteerden. Tevens bleek de hersenactiviteit in het gebied dat intenties aan bewegingen toekent bij de patiënten met autisme duidelijk afgenomen in vergelijk met de gezonde proefpersonen.

Patiënten met autisme vertonen een verminderde activiteit in het hersensysteem dat ervoor zorgt dat we bedoelingen aan bewegingen kunnen toekennen. Het gebied dat noodzakelijk is om de ander te beschouwen als een intentioneel wezen functioneert bij autisme onvoldoende. Dat is de reden waarom Mark niet begrijpt wat anderen willen. Daarom kan hij niet aanvoelen wat mensen van plan zijn, of het nu zijn klasgenoten betreft of de klanten in de winkel. Mark kent mensen geen beweegredenen toe. Mark ziet de ander niet als een persoon met een eigen wil maar als een object. Hij kan niet anders, vanwege een stoornis in het hersengebied dat er normaal gesproken voor zorgt dat we mensen als individuele wezens met hun eigen intenties zien in plaats van als doelloze dingen.

> LICHTPUNTJES (1)
> Het blijkt dat wij mensen zeer goed in staat zijn betekenis te herkennen uit slechts een zeer geringe hoeveelheid informatie. In een beroemd geworden experiment uit 1973 van de Zweed Gunnar Johansson werd dit aangetoond. Hij bevestigde dertien lichtpuntjes op de gewrichten van acteurs en liet hen in het donker bewegingen uitvoeren. De toeschouwende proefpersonen konden zonder een enkel probleem de bewegingen herkennen en benoemen: een lopend persoon, een dansend persoon en ze konden zelfs het geslacht raden.
> In een ander experiment werd onderzocht of mensen met deze minimale informatie ook emoties zouden kunnen herkennen. Twee professionele dansers, een man en een vrouw, was gevraagd in twee situaties, in daglicht en in het donker, een vijftal emoties uit te beelden: angst, boosheid, droefheid, verbazing en walging. In de verduisterde toestand waren dertien lichtpunten op hun lichaam bevestigd, net als in het experiment van Johansson. In de donkere zowel als de verlichte situatie hadden de dansers zwarte kappen op hun gezicht, zodat de uitgebeelde emoties niet af te lezen waren van hun gezichten. Zesendertig mannen en evenveel vrouwen observeerden de uitbeelding van deze emoties in de donkere en in de verlichte enscenering. De proefpersonen konden de verschillende emoties correct interpreteren, ook wanneer de dansers in het donker optraden. Het blijkt

dus dat we in staat zijn met zeer globale en minimale informatie emoties bij anderen in te schatten. Een niet onbelangrijke gave, want het snel en accuraat beoordelen van de emotionele toestand van een ander mens is in sommige gevallen van levensbelang. Er kunnen zich tenslotte situaties voordoen waarbij we niet de tijd hebben eens even goed op alle details te letten.

LICHTPUNTJES (2)

Het vermogen bewegingen (en emoties) van anderen snel in te schatten, blijkt een elementaire functie bij de mens te zijn. Vanaf vier maanden oud kunnen baby's beoordelen of hetgeen ze zien een relevante beweging is of niet. Het lijkt moeilijk vast te stellen wat een vier maanden oude baby belangrijk vindt, maar daar is wat op gevonden. Baby's blijken langer te kijken naar een object dat ze interessant vinden dan naar iets wat ze minder boeit. Door te meten hoe lang de baby's hun ogen op een voorwerp gericht houden, wordt een maat voor hun belangstelling verkregen.

In een onderzoek uitgevoerd op Vanderbilt University in het Amerikaanse Nashville kregen drie groepen baby's van twee, vier en zes maanden oud, zittend op de schoot van een van hun ouders, bewegende lichtpunten te zien op een zwarte achtergrond. Om ervoor te zorgen dat de ouders het gedrag van hun kinderen niet zouden beïnvloeden, werden de ouders geblinddoekt. Twee tv-schermen werden elk op vier meter afstand links en rechts voor de baby's geplaatst. Op het ene scherm bewogen de lichtpunten zich over het scherm op een betekenisvolle wijze, namelijk als ware het een persoon die rende zonder zich voort te bewegen. Op het andere scherm werden tegelijkertijd willekeurig bewegende lichtpunten vertoond. De baby's van vier en zes maanden oud keken duidelijk langer en vaker naar de 'rennende persoon' dan naar de willekeurig bewegende punten. De onderzoekers concludeerden dat baby's vanaf vier maanden oud, gebruik makend van slechts minimale informatie, onderscheid kunnen maken tussen bewegingen die een betekenis voor hen (zouden kunnen) hebben en bewegingen die geen verdere aandacht behoeven.

EMPATHIE ONTLEED: EMOTIE

Uit het voorafgaande blijkt dat bedoelingen toekennen aan bewegingen een aangeboren en in de hersenen verankerde functie is. Maar een doel toekennen aan iemands gedrag betekent nog niet dat we ons in die persoon kunnen inleven. Om het voorbeeld van de rozijn nog eens te nemen: u heeft inmiddels de aap de intentie toegekend dat hij de rozijn wil pakken om die op te eten. Aannemende dat deze intentie inderdaad de juiste is, weet u echter nog niet waaróm de aap die rozijn wil eten. Heeft hij honger, vindt hij de rozijn lekker? Dat onderliggende gevoel geeft een essentiële kleuring aan de intentie. Pakt de aap de rozijn omdat hij die louter lekker vindt, dan is de drang tot het uitvoeren van de handeling misschien toch iets minder sterk dan wanneer de aap dit doet omdat hij echt honger heeft. Mocht u een poging willen doen de aap te hinderen in het bereiken van zijn doel, dan zal in het laatste geval de reactie van de aap waarschijnlijk anders zijn dan in het eerste. Blokkeert u een aap in een pleziertje of in het voorzien in een levensbehoefte, dan kunt u sterk verschillende reacties verwachten.

Bij mensen is het niet anders. Vandaar het belang om te kunnen inschatten welke emotie ten grondslag ligt aan een intentie: het kan zelfs het verschil uitmaken tussen leven en dood. Het zal u waarschijnlijk niet gemakkelijk vallen te beoordelen welke emoties de basis van de aap z'n intenties vormen, omdat u niet geoefend bent in de observatie van apen. Bij uw medemens ligt het een stuk eenvoudiger. Die heeft u veel kunnen bestuderen. Tijdens uw eigen ontwikkeling heeft u voortdurend emoties bij anderen kunnen gadeslaan. Boosheid, droefenis, geluk, schaamte, angst, u zult ze vast wel eens bij anderen hebben gezien. Omdat u naar de gezichten van de mensen om u heen gekeken heeft terwijl u opgroeide. Gelaatsuitdrukkingen verschaffen ons namelijk de meeste informatie over de emoties van de bezitter van dat gezicht.[15] Het observeren van andermans bewegingen levert kennis op over de bedoelingen van de ander. Om onszelf een indruk te geven van de emotie die aan de intentie ten grondslag ligt, kijken we naar het gezicht.

En wanneer u dat gezicht aanschouwt, dan onderscheidt u, automatisch, zonder het te merken, twee aspecten: wie is het en wat zegt het me, figuurlijk bedoeld. In beide gevallen is de informatie van waarde voor het inschatten van veilig en onveilig, toenadering of verwijdering en zal derhalve de basis vormen van uw gedragingen ten opzichte van de bezitter van dat gezicht. Die twee aspecten, wie en wat, betreft inderdaad twee biologisch verschillende hersenfuncties: herkennen van het gezicht en herkennen van de emotie die uitgaat van dat gezicht. Zo zijn er patiënten beschreven met beschadigingen in de hersenen, als gevolg van infarcten of kleine tumoren, die wel een gezicht kunnen herkennen maar niet de emoties ervan kunnen aflezen en andersom.

Het niet-herkennen van gezichten wordt prosopagnosie genoemd en komt van het Grieks *prosopon* (gezicht) en *agnosia* (niet kennen/weten). Uit talloze studies blijkt dat het zien van gezichten een specifiek gebied in de hersenen activeert, een gebied dat deel uitmaakt van het stuk van de hersenen dat beweging registreert en intenties aan deze bewegingen toekent, het drielandenpunt dus. Dit gebied bevindt zich zowel links als rechts in de hersenen. Het rechterdeel is verantwoordelijk voor het in zijn geheel (holistisch) bekijken van gezichten, terwijl de linkerkant betrokken is bij het analyseren van de details van gezichten. Het herkennen van het gelaat is vrijwel altijd een holistische aangelegenheid; u ziet het gezicht in zijn geheel en niet als een samenstelling van details. Daardoor kunt u de ander bijzonder snel herkennen, zoals u gemerkt zult hebben bij het zien van beroemdheden. U herkent ze letterlijk in één oogopslag. Bij beroemde gebouwen of voorwerpen werkt het net zo: de Eiffeltoren herkent u ook in een oogwenk. Dat komt omdat u de Eiffeltoren vaak gezien heeft én er maar een van op de wereld bestaat. Nu is de Eiffeltoren wel erg uniek qua vorm, vandaar dat de herkenning zo gemakkelijk voor u is. Een minder uitgesproken object zult u misschien wat vaker gezien moeten hebben om te kunnen herkennen, maar als u het eenmaal kent, verloopt het proces van herkenning net zo snel. Zo werkt het ook bij vogelaars, postzegelverzamelaars of kunstliefhebbers. De laatsten zullen een Rembrandt in een flits van een Vermeer kunnen onderscheiden. Omdat ze die zo vaak gezien hebben, zijn ze kenner geworden. Zo bent u expert geworden in het herkennen van uw familie en kennissen. U heeft ze zo vaak gezien dat ze voor u 'Eiffeltorens' geworden zijn: uniek en enig in hun soort. Wanneer u echter twee plaatjes moet vergelijken om aan te geven waarin die verschillen, doet u dat door op de details te letten. Door op onderdelen te letten maken we kennis met nieuwe objecten (wie voor het eerst een Rembrandt van een Vermeer moet onderscheiden, zal dat doen op basis van een aantal deelkenmerken) en gezichten. Het rechterdeel in de hersenen blijkt verantwoordelijk voor het in zijn geheel en snel herkennen van mensen en dingen die we al goed kennen, kortom voor het 'Eiffeltoreneffect'.[16] De linkerkant is betrokken bij het bekijken van onbekende gezichten, voor het vergelijken van details, meestal in nieuwe, onbekende, situaties.

Wanneer de rechterkant uitvalt, ontstaat prosopagnosie. Deze patiënten kunnen anderen niet herkennen omdat het gebied dat verantwoordelijk is voor het snel en in zijn geheel beschouwen van gezichten, uitgeschakeld is. Maar ze gebruiken een compensatiemechanisme: wanneer ze gezichten bekijken, vertonen de hersenen van deze patiënten een toegenomen activiteit in het gebied links in de hersenen. Zij compenseren het gebrek aan holistische herkenning met het inschakelen van het gebied dat toegerust is voor detailopnames. Voor hun hersenen is het iedere keer weer alsof ze het gezicht voor het eerst zien. Zo duurt het herkennen langer, maar uiteindelijk werkt dit wel (totale prosopagnosie treedt dan ook alleen op bij uitval van de linker- én rechterkant, en dat gebeurt hoogst zelden).

Zou een defect in dit gebied misschien bij Mark een rol spelen? Zou dat verklaren waarom hij zo vaak de klanten in de zaak van zijn ouders niet herkent? Als dit het geval is, dan zouden we verwachten dat mensen met autisme of het syndroom van Asperger gezichten vanuit de details opbouwen en minder als een geheel zien.

Het is goed na te gaan hoe men naar bepaalde voorwerpen kijkt door een lichtpunt op de oogbol van de kijkende persoon te richten. Door de weerkaatsing van dat licht te meten, is te zien waar de persoon naar kijkt. Wanneer men een gezicht bekijkt, letten de meeste mensen op de ogen. Onze aandacht richt zich op de bovenste helft van het gelaat.[17] Patiënten met autisme en het syndroom van Asperger letten daarentegen op de onderste helft. Ze kijken niet naar de ogen, maar naar de mond en neus. Ook zoeken ze het gezicht minder globaal af maar houden hun ogen gericht op de mondregio. Zij lijken het gezicht meer te beschouwen als een samenstelling van details dan als een geheel. Houdt men een gezicht op z'n kop dan is het voor de meeste van ons aanzienlijk moeilijker een gezicht te herkennen. Omdat we als het ware gedwongen worden het gezicht vanuit de details op te bouwen. Mensen met autisme en het syndroom van Asperger zijn dan relatief in het voordeel. Ze doen het inderdaad sneller dan normale proefpersonen omdat ze niet anders gewend zijn dan het gezicht vanuit de onderdelen te aanschouwen.

Bij patiënten met prosopagnosie is de functie van het gebied (rechts) voor globale gezichtsherkenning, dat verantwoordelijk is voor het 'Eiffeltoreneffect', uitgevallen; zij activeren het gebied voor de detailvergelijking aan de linkerkant in een poging gezichten te herkennen. Zouden patiënten als Mark, met het syndroom van Asperger, net als patiënten met prosopagnosie een toegenomen activiteit in het linkergebied laten zien wanneer ze gezichten moeten herkennen, in plaats van in de rechterkant, zoals normaal gebruikelijk is?

Inderdaad activeren (volwassen) patiënten met het syndroom van Asperger het linker-, maar niet het rechterdeel bij het bekijken van gezichten. Blijkbaar functioneert ook bij hen het gebied voor holistische herkenning niet goed, waardoor ze niet in staat zijn snel en globaal gezichten te herkennen. Net als patiënten met prosopagnosie gebruiken zij het links gelegen deel, dat louter detailopnames maakt, om dit gebrek te compenseren.

Nu begrijpt u waarom Mark de klanten van zijn ouders zo vaak niet herkent: omdat hij hun gezichten niet onderscheidt. En dat is weer een gevolg van een slecht functionerend globaal herkenningsgebied, het 'Eiffeltorengebied' in zijn hersenen. Dat het soms toch nog goed gaat, is toe te schrijven aan een compensatie door het aan de tegenoverliggende kant van de hersenen gelegen deel dat in detail gezichten bekijkt. Bij patiënten met autisme lijkt zelfs de mogelijkheid deze handicap te compenseren te ontbreken. Wanneer patiënten met autisme gezichten op gelijkenis moeten herkennen, ontbreekt bij hen activiteit in het totale gezichtsherkenningsgebied, zowel het globale als het detaildeel is uitgevallen. Het complete hersensysteem voor gezichtsherkenning is uitgeschakeld. In plaats daarvan neemt de hersenactiviteit in geheel andere gebieden toe, gebieden die in wezen niets met het herkennen van gezichten te maken hebben. Deze gebieden worden normaliter geactiveerd bij het bekijken van onbekende, nieuwe, objecten. Ze behoren geen rol te spelen bij het bekijken van gezichten. Hier lijkt het compensatiemechanisme wel erg gebrekkig. De hersenen van patiënten met autisme bekijken gezichten door gebruik te maken van gebieden die ontworpen zijn om voorwerpen te herkennen. Zou dit een reden zijn dat mensen met autisme geen onderscheid kunnen maken tussen personen en objecten? Zou dit compensatiemechanisme een verklaring zijn voor het feit dat patiënten met autisme mensen als dingen beschouwen? Omdat hun hersenen gezichten, en dus personen, alleen maar als objecten kúnnen zien? Dit is inderdaad een deel van de verklaring maar er speelt nog een ander, ernstiger, probleem: het gebied van de hersenen dat emoties moet herkennen, functioneert niet goed.

Een van de belangrijkste functies van ons gezicht is om het 'podium' te scheppen voor onze emoties. Er is veel onderzoek verricht naar de betekenis die verschillende gelaatsuitdrukkingen in de communicatie vertegenwoordigen. Een angstige blik duidt op gevaar: kinderen vanaf acht maanden zullen een object niet oppakken als hun moeder met een angstige blik naar dat object kijkt. Angst waarschuwt. Een vrolijke, gelukkige gelaatsuitdrukking leidt tot het omgekeerde: het kind pakt het voorwerp juist wel op. Een vrolijk gezicht nodigt uit. Een boos gezicht leidt tot stoppen van ons gedrag, met name wanneer (sociale) normen overschreden worden. Een gezicht dat walging uitdrukt, heeft min of meer hetzelfde effect, maar lijkt samen te hangen met het opwekken van gevoelens van schaamte.

De amandelkern, een uitloper van de hippocampus (het orgaan in de hersenen dat nodig is voor het opslaan van herinneringen en voor het remmen van de hormonale stressreactie), is het deel van onze hersenen dat verantwoordelijk is voor het herkennen van emoties (zie figuur op pagina 51). Wanneer men proefpersonen gezichten toont die verschillende emoties uitdrukken, neemt de activiteit van de amandel sterk toe, het meest bij het vertonen van angstige gezichten, het minst bij het zien van blije gezichten. Wanneer dit gebied niet goed functioneert, bijvoorbeeld als gevolg van operaties, tumoren of aangeboren letsel, slagen deze patiënten er niet in emoties van gezichten af te lezen. Maar gezichten uit elkaar houden, of gezichten van kennissen en beroemdheden herkennen, kunnen zij probleemloos.[18] De amandel is verantwoordelijk voor het toekennen van emoties aan gezichten, en dus aan mensen. Het maakt van een gezicht een persoon.

Patiënten met autisme of het syndroom van Asperger hebben niet alleen moeite met het herkennen van gezichten, ze zijn evenmin goed in staat emoties in gezichten te benoemen. Wanneer deze patiënten foto's bekijken waarop gezichten staan die verschillende emoties uitdrukken (zie figuur op pagina 55), kunnen ze die emoties minder goed benoemen dan gezonde proefpersonen. Tijdens het zien van emotionele gelaatsuitdrukkingen neemt, als gezegd, normaal gesproken de activiteit in het hersengebied voor emotieherkenning beiderzijds toe. Bij patiënten met het syndroom van Asperger niet. Wanneer dergelijke patiënten emotionele gezichten bekijken, wordt geen activiteitstoename in de amandel gezien. In plaats daarvan wordt een ander hersengebied actief, het deel dat te maken heeft met taalfuncties. Zou het ook hier een compensatiemechanisme betreffen, net als bij het gebrekkig functionerend gebied voor het herkennen van gezichten? Zou vanwege een niet functionerend emotieherkenningsgebied een ander hersendeel worden ingeschakeld in een poging toch nog emoties in anderen te herkennen?[19] Het activeren van het taalgebied bij het zien van emoties suggereert dat de taal (en dus het denken) wordt ingeschakeld om het gebrek aan gevoel te compenseren. Het lijkt of deze patiënten zich bewust moeten worden van wat bij de meesten van ons onbewust verloopt. Dat is ook precies wat Mark aangaf: hij moet proberen te beredeneren wat de ander voelt. Hij moet zich bewust worden van wat de gelaatsuitdrukking van de ander voor boodschap geeft. Het bewust maken van emoties is een proces dat op z'n best langzamer en minder effectief verloopt dan wanneer emoties gevoeld worden (omdat de afstand die de zenuwsignalen moeten afleggen, langer is en het signaal meer tussenstations moet passeren). Mark loopt daardoor steeds enkele (emotionele) stappen achter, en zijn reactie op de gevoelens van de ander dus ook. Emoties beredeneren kan niet in de schaduw staan van ze daadwerkelijk te voelen. Empathie is niet te beredeneren. Zo zijn onze hersenen nu eenmaal niet ontworpen.

SCHAAMTE

Patiënten met autisme en Asperger lijken zich niet te kunnen generen, een schaamtevolle emotie die sterk gekoppeld is aan het inlevingsvermogen in de gevoelens van de ander. Gêne ontstaat wanneer een ander, door gedrag (een faux pas genoemd in het Nederlands) van onszelf, zich ongemakkelijk voelt en wij ons daarover schamen. Dit gevoel van schaamte zal niet bij ons opkomen als we ons niet zouden verplaatsen in de ander. Dergelijke situaties zijn zeer goed voor testsituaties aan te passen en zijn verschillende malen tijdens het maken van hersenscans bestudeerd. Kinderen met autisme en het syndroom van Asperger kunnen in deze testsituaties vaak niet aangeven of er sprake is van een faux pas. Hun gezonde leeftijdgenootjes kunnen dat wel.

TOT SLOT: LEVEN ZONDER EMPATHIE

Empathie blijkt van jongs af aan verankerd in onze hersenen. Vanaf anderhalf jaar kunnen we de intenties van anderen inschatten, kunnen we taxeren wat een ander wil. Dan al zien we de andere persoon als een individu met een eigen wil en motivatie. Dit is de eerste en een noodzakelijke stap op weg naar empathie. Zonder de ander als een mens met eigen verlangens, in plaats van als een willoze machine, te zien, kan het inleven in de gedachte- en gevoelswereld van de ander zich niet ontwikkelen.

Beweegredenen toekennen aan het gedrag van de ander heeft een specifieke plaats in onze hersenen. Dit gebied stelt ons in staat betekenis te verlenen aan de gedragingen van anderen en vormt als zodanig een essentieel onderdeel van het hersensysteem dat de basis legt voor empathie. Intentie toekennen zonder de emotie(s) die daarbij horen te herkennen, levert echter een onvolkomen beeld op van de bedoelingen van de ander. We zullen het gedrag van de ander veel beter kunnen voorspellen wanneer we het gevoel herkennen dat ten grondslag ligt aan de intentie. Dat vermogen, het voelen van andermans emotie, is de tweede en completerende stap naar empathie.

Empathie is gebaseerd op een fundamenteel principe in de hersenen: het spiegelen van de hersenactiviteit van de ander. Het is een fascinerend biologisch fenomeen dat ervoor zorgdraagt dat we voelen wat de ander beweegt, voelen wat de ander ervaart, door met de ander te versmelten, althans wat betreft hersenactiviteit. Dit principe heeft zich waarschijnlijk ontwikkeld vanuit de noodzaak efficiënt van anderen te kunnen leren, aangezien imitatie de snelste manier van leren is. Wij leren door na te bootsen, en dat is wat onze hersenen doen. Het imiteren in de hersenen heeft zich ontwikkeld van het nadoen van beweging tot het nabootsen van gevoel. We voelen wat de ander voelt door de gebieden in onze hersenen te activeren die bij de ander verantwoordelijk zijn voor wat hij voelt.

Mensen met autisme en het syndroom van Asperger worden gekenmerkt door een onvermogen zich in de ander in te leven; ze gaan instrumenteel met de ander om. Ze zien mensen niet als intentionele wezens, maar als objecten. Ze kunnen emoties van anderen niet herkennen. De basis voor dit gebrek ligt in stoornissen in de hersengebieden die verantwoordelijk zijn voor deze functies. Het betreft drie onderscheiden maar nauw verbonden gebieden.

De eerste stoornis leidt er bij deze patiënten toe dat ze mensen niet zien als wezens met een eigen wil en niet in staat zijn intenties toe te kennen aan de gedragingen van anderen. De tweede afwijking heeft als gevolg dat zij geen verschil kunnen zien tussen mensen en objecten. Het derde defect, ten slotte, resulteert erin dat patiënten met autisme en het syndroom van Asperger blind zijn voor de emoties van anderen. De som van deze stoornissen is dat mensen met autisme de ander niet zien als een persoon met een intentie, maar als een object; niet als een mens maar als een ding.

De ziektes die een halve eeuw geleden voor het eerst zijn beschreven blijken het gevolg van stoornissen in hersenfuncties die verantwoordelijk zijn voor het sociale gedrag. Geen wonder dat Mark sociale contacten vermijdt: iedere sociale interactie is voor hem een ontmoedigende brij aan gebaren en bewegingen die hij niet op hun intentionele en emotionele waarde kan schatten. Om toch – zij het gebrekkig – te functioneren moet hij andere hersengebieden inschakelen om te compenseren voor de uitgevallen functies. Mark moet processen bewust sturen die bij ons als vanzelfsprekend plaatsvinden. Mensen die een herseninfarct hebben doorgemaakt, kunnen ervan meepraten: zij geven aan hoe vermoeiend het is voortdurend te moeten nadenken om te kunnen lopen, hoe inspannend het is een beweging bewust te moeten maken die voorheen ongemerkt tot stand kwam. Het is bij Mark niet anders, behalve dat het bij hem gaat om het voortbewegen in het sociale verkeer.

Nawoord

Het zal de zorgvuldige lezer zijn opgevallen dat de in de verschillende hoofdstukken beschreven hersenstoornissen niet specifiek zijn voor de ziektes die in elk van die hoofdstukken besproken worden. De afwijkende functie van de amandel, bijvoorbeeld, leidt tot verschijnselen die we tegenkomen bij depressie, schizofrenie en autisme. Dat is ook niet zo verwonderlijk wanneer we de functie van de amandel beschouwen. Deze kern is verantwoordelijk voor het registreren van gevaar en, in bredere zin, het beoordelen van de emoties van anderen. Verhoogde activiteit van dit deel van de hersenen leidt ertoe dat de omgeving als overmatig bedreigend wordt gezien waardoor gebeurtenissen uit de omgeving onnodig als stressvol ervaren zullen worden. Bij sommige mensen zal deze overgevoeligheid voor stress kunnen leiden tot depressie of tot schizofrenie. Wanneer de functie van de amandel daarentegen verminderd is, kan het aanleiding geven tot een onvermogen de emoties van anderen in te schatten. Hoewel dientengevolge misschien minder angst wordt ervaren, leidt een dergelijk functieverlies tot de contactstoornis die we bij autisme zien. Want het inschatten van de emoties van een ander is een essentiële stap op weg naar empathie, hetgeen juist bij autisme ontbreekt.

Hetzelfde geldt voor stoornissen in de functie van het vooronder van de hersenen, het deel van de hersenen dat, onder andere, tot taak heeft onderscheid te maken tussen beloning en straf, en tussen verschillende gradaties van beloning, zodat we in staat zijn de hoogste winst te kunnen behalen uit onze omgeving. Hoewel stoornissen in dat gebied meestal onderdeel zijn van dwangstoornis, waardoor deze mensen niet kunnen kiezen, is een stoornis in dat gebied ook onderdeel van verslavingsgedrag. Verslaafden zijn immers niet meer in staat goed uit te maken wat voor hen (op lange termijn althans) de beste beloning zou zijn. Ook bij mensen die aan een depressie lijden, zien we soms een onvermogen tot het nemen van beslissingen, en inderdaad zijn ook bij hen afwijkingen in dit deel van de hersenen gevonden.

Ten slotte, aantasting van de hippocampus wordt in zeer ernstige mate bij de dementie van Alzheimer gezien, maar speelt ook een rol bij het risico op het terugkeren van een depressie. Hoewel de betrokken mechanismen bij beide ziektebeelden geheel verschillend zijn, betreft het wel hetzelfde orgaan.

De meeste psychische ziekten zullen dan ook niet veroorzaakt worden door afwijkingen in een specifiek deel van de hersenen. Integendeel, zulke complexe stoornissen als in dit boek besproken, zijn niet het gevolg van afwijkingen in één bepaald deel van de hersenen. Dergelijke ziekten zijn opgebouwd uit verschillende deelstoornissen in uiteenlopende domeinen van gedrag en emotie. Deze stoornissen zijn niet specifiek voor die ziekten. Zo zien we zowel bij depressie, dwangstoornis en schizofrenie verschijnselen van angst. Waarschijnlijker dan aan te nemen dat deze angst bij elk van deze aandoeningen door een ander stoornis in de hersenen wordt veroorzaakt, is dat bij deze drie aandoeningen de onderliggende oorzaak van de angst gebaseerd is op dezelfde afwijking in de hersenen, in de amandel in dit voorbeeld. Hersenafwijkingen vergelijken tussen patiënten met bepaalde ziektes en gezonde proefpersonen zal dan ook niet de oplossing zijn om de oorzaak te vinden van de meeste psychische ziekten. Zoals emeritus hoogleraar psychiatrie Herman van Praag al twee decennia geleden opperde, zal het onderzoek naar de rol van de hersenen bij psychische ziekten zich moeten richten op de relatie tussen veranderingen in gedrag en emotie en de bijbehorende stoornissen in hersenfunctie.

Soms hoort men het argument dat het verklaren van alle gedrag uit de structuur en functie van de hersenen simplistisch en reductionistisch zou zijn en met name de invloed van de omgeving op ons gedrag en onze emoties zou verwaarlozen. Maar zoals u heeft kunnen lezen, heeft juist het hersenonderzoek van de afgelopen jaren aangetoond dat de omgeving van wezenlijk belang is voor ons gedrag en onze emoties, omdát de omgeving onze hersenen beïnvloedt. De hier besproken studies bij vogels, muizen, apen en ook bij mensen hebben duidelijk gemaakt dat de hersenen onder voortdurende invloed staan van de omgeving. Hoe zouden we ook anders hebben kunnen verwachten? Onze hersenen zijn immers het orgaan dat verantwoordelijk is voor onze interactie met de omgeving. Dit blijkt een tweerichtingsverkeer te zijn: wij beïnvloeden onze omgeving door gebruik te maken van onze hersenen; en andersom: de omgeving verandert onze hersenen. Onze hersenen groeien, passen zich aan, veranderen naargelang de omstandigheden dat vereisen. Zo wij de wereld om ons heen (proberen te) beïnvloeden, zo vormt diezelfde wereld ons, in de meest letterlijke zin, zo blijkt. Ziekten als depressie en verslaving zijn juist te begrijpen als gevolg van een ontspoorde interactie tussen omgeving en hersenen. En wanneer de interactie met de omgeving uitblijft omdat de hersenen daar onvoldoende voor zijn toegerust, blijkt autisme te ontstaan. De hoopvolle boodschap is dat, vanwege deze flexibiliteit en beïnvloedbaarheid van ons brein, zieke hersenen weer gezond kunnen worden. Minstens zo belangrijk is dat de plasticiteit van onze hersenen betekent dat we er zelf voor kunnen zorgen dat ze lang(er) gezond blijven.

Aanhangsels

1 TECHNIEKEN VOOR HERSENONDERZOEK

De recente revolutie in het hersenonderzoek is gestoeld op één enkele techniek, die de uitvinders ervan, sir Peter Mansfield uit het Verenigd Koninkrijk en de Amerikaan Paul Lauterbur, in 2003 de Nobelprijs heeft opgeleverd: de Magnetic Resonance Imaging (MRI). MRI is gebaseerd op het feit dat als weefsel in een magnetisch veld wordt geplaatst, het energie van radiogolven kan absorberen en terugkaatsen. De meting betreft de resonantie van vrije waterstofionen (protonen), omdat protonen goed magnetische straling absorberen en aangezien waterstof zeer veel voorkomt in menselijke weefsels. De mate van terugkaatsing van de radiopuls is afhankelijk van de hoeveelheid waterstofionen die in het gebied aanwezig zijn.

Het onderzoek gaat als volgt. De persoon wordt in het magnetisch veld geplaatst (de 'M' in de MRI). Dit magnetische veld (dus geen radioactieve straling) brengt de waterstofionen uit hun evenwicht. De mate waarmee ze weer terug in hun evenwicht komen, wordt opgevangen door de sensoren die rondom de persoon zijn geplaatst. Dit is de resonantie, de 'R' in de MRI. Aangezien de grijze stof van de hersenen (die de hersenkernen bevat) en de witte stof (die bestaat uit de verbindingen tussen de hersenkernen) verschillen in de mate waarin ze waterstofionen bevatten, is de resonantie van witte en grijze stof van elkaar te onderscheiden.

Met de MRI-methode is het voor het eerst mogelijk, zonder gebruik te maken van radioactieve straling, de witte en de grijze stof, de zenuwbanen en de zenuwkernen dus, te onderzoeken. Deze zijn ook zeer goed te onderscheiden ten opzichte van de met vloeistof gevulde ruimtes in en rondom de hersenen. Dergelijk onderzoek levert niet alleen prachtige plaatjes op, maar maakt het ook mogelijk alle structuren en de dieper gelegen hersenkernen te visualiseren en dus te meten. Aangezien het ruimtelijk oplossend vermogen groot is (rondom één kubieke millimeter) kunnen de verschillende delen van de hersenen worden bestudeerd. Door het brein in 128 plakjes te verdelen, is het mogelijk met ondersteuning van computers de hele hersenen te onderzoeken en hun structuur in kaart te brengen. Zo kunnen we niet alleen het volume maar ook de dichtheid van de grijze stof in alle gebieden van de hersenen, de hersenwindingen en de vorm van de hersenen analyseren. Omdat geen radioactiviteit in het spel is en het onderzoek ook anderszins volkomen veilig is, kan het vaak worden herhaald, wat voor het bestuderen van de ontwikkeling van de normale en zieke hersenen (bijvoorbeeld voor en na behandeling) van groot belang is.

Naast het bestuderen van de hoeveelheid en de vorm van de verschillende hersengebieden is het recent ook mogelijk geworden de uitlopers van de zenuwen, de axonen, die de signalen van de ene naar de andere zenuw doorgeven, te visualiseren met behulp van Diffusion Tensor Imaging (DTI). Ook hierbij worden protonen in trilling gebracht. Aangezien het water in de axonen maar één kant op kan (namelijk parallel aan het axon), is de beweging van het water langs een zenuwuitloper vast te leggen. Dat levert bij deze techniek eveneens bijna schilderachtige taferelen op, die essentiële en tot nog toe onbereikbare informatie over de vorm, route en gaafheid van zenuwbanen bij de levende mens bevatten. Dit onderzoek zal veel informatie kunnen opleveren over de verbindingen tussen de verschillende hersende-

AANHANGSELS

len, en die informatie is waarschijnlijk net zo belangrijk als de gegevens over de hersenkernen zelf.

De MRI-techniek is niet alleen geschikt voor het zichtbaar maken van de structuur en vorm van de hersenen. Ook de functie van de hersenen kan met MRI worden onderzocht. Deze methode, functionele MRI (fMRI) genoemd, heeft het mogelijk gemaakt, wederom zonder gebruik te maken van radioactieve straling noch door iets in te spuiten, de functie van de hersenen te onderzoeken. De techniek maakt gebruik van het verschil in magnetische resonantie tussen bloed met en bloed zonder (althans minder) zuurstof. Dit verschil kan fMRI meten omdat hemoglobine, de stof die zuurstof vervoert in het bloed, met zuurstof eraan gekoppeld (oxyhemoglobine) een andere resonantie geeft dan wanneer de zuurstof van het hemoglobine heeft losgelaten (deoxyhemoglobine). Aangezien de mate van zuurstofgebruik een graad is voor de activiteit van de hersenen (omdat hersenen meer zuurstof gebruiken naarmate ze actiever zijn), levert fMRI informatie op over de functie van de hersenen. Maar fMRI kan alleen de *verandering* in het zuurstofgebruik meten, hetgeen het noodzakelijk maakt een verandering in de hersenenactiviteit op te wekken om de functie ervan te kunnen bepalen. Dit kan worden gedaan door de proefpersoon een taak te laten verrichten en de hersenactiviteit tijdens het uitvoeren van deze taak te vergelijken met een andere (rust- of controle-) toestand. Deze rust- of controletaak dient in alles te lijken op de echte taak, behalve in dat ene aspect dat men wil meten. De ontwikkeling van dergelijke taken is bijna nog belangrijker geworden dan de MRI-techniek zelf.

Een minder vaak gebruikte vorm van onderzoek betreft Positon Emission Tomography (PET) of Single Photon Emission Computer Tomography (SPECT). Beide technieken maken gebruik van het inspuiten van een radioactieve *tracer* (een stofje dat radioactief gemaakt is) waarbij in een scanapparaat de aanwezigheid van deze tracer in bepaalde hersengebieden wordt gemeten. Het nadeel is evident: men moet een radioactieve stof inspuiten en kan dat dus niet te vaak doen, omdat te veel radioactieve straling schadelijk is. Het grote voordeel van deze methode is dat het de enige manier is om de activiteit van boodschappermoleculen en de gevoeligheid van de ontvangstplaatsen van deze boodschappermoleculen (de receptoren) in het brein te meten.

De stoffen die ontwikkeld worden, moeten aan twee eisen voldoen. In de eerste plaats moeten ze kunnen binden aan de ontvangstplaatsen van de neurotransmitters (boodschappermoleculen) in het brein. Ze moeten als het ware de natuurlijke stof zo veel mogelijk nabootsen. Daarnaast moet het mogelijk zijn radioactiviteit in het molecuul 'in te bouwen', hetgeen meestal neerkomt op radioactief koolstof (voor PET) en fluor (voor SPECT). Het koppelen van deze atomen aan verschillende moleculen is niet voor alle verbindingen mogelijk. Daardoor is de toepassing van PET en SPECT beperkt. Een andere complicerende factor is dat het maken van tracers veel tijd vergt en zeer kostbaar is. De tracers moeten in speciale daarvoor ontwikkelde versnellers (cyclotrons) worden gemaakt om radioactief te worden en hebben een levensduur van slechts enkele minuten tot maximaal een halfuur (aanzienlijk korter voor koolstof dan voor fluor). Daarom moeten de meeste tracers gemaakt worden vlak voordat ze bij de proefpersoon of patiënt worden ingespoten. De scanner moet dus zeer dicht bij het cyclotron gelegen zijn (dit geldt voor PET-, niet voor SPECT-onderzoek). Het cyclotron, dat vele miljoenen kost, maakt dergelijk onderzoek kostbaar, zodat er slechts een handvol PET-scanfaciliteiten in ons land aanwezig is. Daarnaast vergt de ontwikkeling van een tracer enkele jaren, waardoor PET-onderzoek ook een grote investering in vakkundig personeel vereist.

De SPECT is een vergelijkbare methode, maar met een minder goed oplossend vermogen in de ruimte (vijf millimeter in plaats van één à twee), hoewel dat in de nabije toekomst aanzienlijk zal verbeteren. Dergelijk apparatuur is op meer plaatsen aanwezig omdat ze goedkoper is (geen cyclotron naast de deur nodig) en het aantal beschikbare tracers groter is dan voor PET-onderzoek.

Zowel PET- als SPECT-onderzoek kan de bloeddoorstroming in de hersenen meten door het toedienen van radioactieve zuurstof of andere radioactieve stoffen. Dit onderzoek is grotendeels vervangen door het functionele MRI-onderzoek, omdat dit ook de zuurstofactiviteit in de hersenen kan meten maar geen gebruik hoeft te maken van het inspuiten van radioactief materiaal.

2 ANATOMIE VAN ONZE HERSENEN

De hersenen bestaan uit grijze en witte stof. Deze worden zo genoemd omdat bij overleden patiënten de stof een dergelijke kleur lijkt te hebben, hoewel het meer donker- en lichtbeige is. De grijze stof bestaat uit hersenkernen, de kernen van de zenuwcellen, waarin zich ook alle belangrijke organen van de cellen bevinden, zoals DNA, de mitochondria (de energiecentrales) en de organen die eiwitten produceren. De totale grijze stof maakt iets minder dan de helft van de hersenen uit. Veruit de meeste hersenkernen bevinden zich in de hersenschors die, zoals de naam al zegt, de buitenkant van de hersenen vormt (zoals de schors van een boom). Een kleiner gedeelte is gegroepeerd in een aantal kernen dieper in de hersenen en is vernoemd naar hun vorm: bijvoorbeeld hippocampus (zeepaardje), amygdala (amandel), thalamus (bruidsbed) of kleur: substantia nigra (zwarte substantie), nucleus ruber (rode kern). De hersenschors is sterk gelobd met windingen (gyri) en ruimtes tussen te windingen (sulci). Deze windingen vergroten het effectieve oppervlak van de hersenen aanzienlijk, hetzelfde principe als bij de radiator van de verwarming.

Het grote verschil tussen dier en mens komt tot uiting in de grootte van de hersenschors. De hersenschors bevat dan ook de meeste functies die wij als mens wel en dieren in mindere mate hebben: taal, sociaal gedrag, plannen, organiseren en denken. Dieper in de hersenen ligt een aantal belangrijke hersenkernen die we ook bij dieren zien. Deze gebieden houden zich bezig met meer basale functies, zoals leren, emoties en bewegen. Onder de achterhoofdskwab van de hersenen (de achterhoofdskwab is voor een groot deel belangrijk voor het zien) liggen de kleine hersenen. De kleine hersenen zijn relatief weinig bestudeerd, maar lijken belangrijk te zijn voor het coördineren van beweging en mogelijk ook voor het plannen, coördineren en reguleren van emoties. De witte stof in de hersenen bestaat uit de zenuwbanen, axonen genaamd. Ieder axon is de uitloper van een enkele hersenkern. De axonen brengen de signalen over van de ene hersenkern naar de andere. Zij vormen dus de verbindingen tussen de hersenkernen en zijn de banen die de signalen vanuit de omgeving naar de hersenkernen en vanuit de hersenkernen naar het lichaam geleiden. De meeste axonen zijn gevat in bundels van miljoenen vezels. De grootste is de hersenbalk, een kommavormige structuur midden in de hersenen die de (enige) verbinding vormt tussen beide hersenhelften en meer dan tweehonderd miljoen zenuwbanen bevat. Andere belangrijke zenuwbundels lopen via het ruggenmerg naar de spieren, darmen en de rest van het lichaam.

3 ANATOMIE VAN ONZE ZENUWEN

Onze hersenen bestaan uit tussen de een en twee biljoen (duizend miljard) zenuwcellen, ook wel neuronen genoemd. De hersencellen zijn onder te verdelen in de neuronen zelf die bestaan uit het cellichaam (soma), de axonen die verantwoordelijk zijn voor de informatieoverdracht, en de dendrieten (kortere uitlopertjes die contact leggen met vele andere zenuwcellen). Soms kunnen de axonen één of twee meter lang zijn, bijvoorbeeld die van het hoofd naar de tenen gaan. Naast deze neuronen zijn er nog veel meer (tien- tot vijftigmaal zo veel) cellen die andere functies hebben, zoals het gezond houden van de zenuwbanen (astrocyten), het verhogen van de prikkelgeleiding in de zenuwen (oligodendrocyten), het opruimen van celresten na ontsteking of beroerte (microglia) en het beschermen van de axonen (de oligodendrocyten en Schwannse cellen). De miljoenen cellen en neuronen in onze hersenen vormen netwerken van verbindingen zoals die tussen het gebied van Wernicke en dat van Broca, tussen het geheugen en de emotionele betekenis ervan (de hippocampus en amandelkern) en tussen de rechter- en linkerhersenhelften.

De zenuwcellen staan niet met elkaar in directe verbinding, maar worden van elkaar gescheiden door de zogenaamde synapsspleet. Deze scheiding tussen de verschillende neuronen is er met een goede reden: zaten neuronen direct aan elkaar vast, dan zou één signaal onmiddellijk leiden tot signalen in alle andere zenuwcellen. Een van de belangrijkste taken van het brein is zenuwsignalen te reguleren, te sturen en aan te passen aan de situatie. Dit reguleren van een zenuwsignaal is mogelijk bij de gratie van deze synapsen. In de synaps voltrekt de signaaloverdracht zich met opzet niet via elektriciteit (hetgeen zeer snel verloopt) maar via een veel tragere methode: de ene zenuw moet moleculen (boodschappermoleculen of neurotransmitters genoemd) uitscheiden die relatief langzaam door de synapsspleet diffunderen naar ontvangstplaatsen (receptoren) op het andere neuron. Wanneer die moleculen daar zijn aangekomen en zich hebben gehecht aan de ontvangstplaatsen van het tegenoverliggende neuron, komt het signaal pas in het andere neuron tot stand. De moleculen die aan de receptor vastzitten, komen na enige tijd daar weer van vrij en worden dan terug opgenomen in de voorliggende zenuwcel (voor hergebruik) of afgebroken door enzymen. De sterkte van het signaal is afhankelijk van het aantal moleculen dat het neuron afscheidt maar ook van de gevoeligheid van de receptoren van het andere neuron. Door het aantal af te scheiden moleculen en de gevoeligheid van de ontvangstplaatsen te variëren, kan het zenuwstelsel de sterkte van de signaaloverdracht reguleren.

Noten

Inleiding

1 Desalniettemin worden de meeste medicijnen voor hersenziekten nog steeds op basis van rattenonderzoek ontwikkeld!
2 Zoals hartelijk, harteloos, 'het komt uit het hart', 'zijn hart zit op de goede plaats' enzovoort. In alle gevallen worden natuurlijk de hersenen bedoeld, want daar, en niet in het hart, zit ons gevoel.
3 Niet alleen grammatica, ook de emotionele betekenis van de taal heeft zijn plaats in het brein. Hiervoor is echter de rechterhersenhelft van belang. Taal bestaat niet alleen uit woorden die in een grammaticaal juiste volgorde moeten staan, maar heeft ook een emotionele lading die prosodie wordt genoemd. Prosodie is de expressie die in een zin wordt gelegd en die van belang is voor het juist uiten (actief) of inschatten (passief) van de gevoelswaarde van die zin. Een gebied dat zich op dezelfde plaats in de hersenen bevindt als het gebied van Wernicke maar dan in de rechterhersenhelft, is verantwoordelijk voor het begrijpen van de emotionele betekenis van de taal. Wanneer dat gebied beschadigd raakt, is de patiënt niet in staat te horen of een zin droevig, vrolijk of opgewonden wordt uitgesproken. Het gebied in de hersenen dat op dezelfde plaats ligt als het gebied van Broca, maar dan aan de rechterkant, zorgt ervoor dat we ons op een emotioneel gevarieerde wijze weten te uiten. Beschadigingen in dat gebied resulteren in een spraak die monotoon, weinig expressief en saai is.

Taalgebieden in de rechterhersenhelft zijn dus verantwoordelijk voor de emotionele aspecten van taal en spelen waarschijnlijk tevens een rol bij humor en het begrijpen van metaforen.

4 Uit het onderzoek van Penfield en Ojemann bleek ook dat de taalgebieden verder kunnen worden onderverdeeld in gebieden die verantwoordelijk zijn voor het begrijpen van de betekenis van woorden, en andere gebieden die belangrijk zijn voor het begrip van de volgorde van woorden in zinnen (hond bijt man is logischer dan man bijt hond).

5 Bij apen waarbij de beide amandelkernen worden uitgeschakeld, wordt eenzelfde beeld gezien: zij zijn niet meer in staat gevaar op de juiste wijze in te schatten (deze apen zijn bijvoorbeeld niet meer bang voor een slang en gaan ermee spelen). Dergelijke apen eindigen als ze geluk hebben onder aan de hiërarchie, maar meestal eindigen ze eerder.

'OVERSPANNEN THUIS'

1 Psychotherapie kan haar helpen daar beter mee om te gaan, haar zekerder en zelfstandiger te maken. Met deze combinatie van psychotherapie en medicijnen is de kans dat de depressie ooit terugkomt, minder dan de helft.

2 Italiaanse wetenschappers was opgevallen dat depressieve en psychotische patiënten die tegelijkertijd aan epilepsie (vallende ziekte) leden, veel minder depressief en psychotisch waren kort nadat ze een epileptische aanval hadden gehad. Zij hoopten dat het opwekken van een epileptische aanval door gebruik te maken van elektroshock schizofrenie en depressies zou kunnen behandelen. Wat betreft schizofrenie hebben ze geen gelijk gekregen. Voor de behandeling van depressie bestaat echter nog steeds geen effectievere behandeling dan elektroshock. En, in tegenstelling tot wat menigeen denkt, wanneer die zorgvuldig wordt uitgevoerd, is hij ook nog eens een van de veiligste behandelingen.

3 Veel medicijnen zijn vervolgens ontwikkeld die alle de hoeveelheid serotonine, noradrenaline of beide in de hersenen verhogen. Prozac is hiervan het bekendste voorbeeld, maar er bestaan inmiddels tientallen van dergelijke medicijnen.

4 Het extra bloed dat naar de spieren loopt, wordt onttrokken aan de huid en de

darmen. Vandaar dat we bij stress koude handen krijgen en ons de lust tot eten vergaat (overigens doet de gelegenheid zich toch niet voor).

5 Niet van creativiteit en ondernemingslust gespeend, suggereerden de onderzoekers, naast een evidente toepassing van antalarmin als angstremmer, ook een rol voor dit middel bij impotentie als gevolg van faalangst.

6 Dat zijn ze gewend uit de natuur: muizen en ratten zijn nachtdieren, daglicht brengt te veel gevaren met zich mee. In het donker voelen ze zich dus veiliger.

7 Deze cellen reizen via bestaande hersenbanen naar verschillende delen in de hersenen, zoals de voorhoofdskwab en andere gebieden die van belang zijn voor het integreren van informatie.

8 DNA bevat al ons genetisch materiaal en zit in al onze cellen. Om ervoor te zorgen dat deze gegevens in alle cellen blijven, deelt het DNA zich bij iedere celdeling in tweeën.

9 Dit gebeurt op een elegante en eenvoudige manier: cortisol leidt zelf tot stoppen van zijn eigen aanmaak. Dit gaat als volgt: toename van cortisol in het bloed leidt tot grotere hoeveelheden cortisol in de hersenen. In de hersenen bindt cortisol aan receptoren, ontvangstplaatsen, in de hippocampus. Op zijn beurt zorgt de hippocampus ervoor dat productie van het centrale stresshormoon wordt afgeremd, waardoor ACTH-productie vermindert en ten slotte cortisolaanmaak in de bijnier stopt.

10 Of dit bij de mens ook zo is, is niet onderzocht. Maar mocht dit het geval zijn, dan heeft het geweldige consequenties voor het leven, en met name werken, van zwangere vrouwen.

11 Marianne had een gelukkig jeugd gehad. Als ze in haar kindertijd misbruikt of mishandeld was, dan was de ontstaansgeschiedenis van de depressie niet wezenlijk anders, behalve dat Marianne aan het volwassen leven zou zijn begonnen met een al beschadigde hippocampus. Om een depressie uit te lokken, zou de eerste stressor bij Marianne – in het geval ze eerder wel was misbruikt of mishandeld – niet zo zwaar hebben hoeven zijn als nu het geval was geweest. Dat is de biologische verklaring voor het feit dat mensen die in hun jeugd misbruikt zijn geweest, een aanzienlijk grotere kans hebben om (soms jaren) later in hun leven een depressie te krijgen. Ze beginnen aan de volwassenheid met een hippocampus die minder goed stress zal kunnen remmen.

12 Meer precies gezegd, de beschikbaarheid in de ruimte tussen de zenuwen. De zenuwen staan namelijk niet met elkaar in directe verbinding, maar worden van elkaar gescheiden door een spleet, de synapsspleet. De ene zenuw scheidt het boodschappermolecuul, in dit geval serotonine, uit die door de synapsspleet diffundeert naar ontvangstplaatsen (receptoren) op het andere neuron. Wanneer die moleculen daar zijn aangekomen en zich hebben gehecht aan de receptoren van het tegenoverliggende neuron, komt het signaal in het andere neuron tot stand. De moleculen die aan de receptor vastzitten, komen na enige tijd daar weer van vrij en worden dan weer terugopgenomen in de voorliggende zenuwcel (ter hergebruik) of afgebroken door enzymen. Dit laatste proces wordt gestuurd door de serotoninetransporter, het eiwit dat door het gen SLC6A4 wordt gemaakt.

13 Vrijwel alle antidepressieve medicijnen, die overigens ook alle zonder uitzondering uitstekend angst verminderen, leiden direct of indirect tot een stijging van serotonine in de hersenen. De antidepressieve medicijnen, waarvan de bekendste Prozac is, verschillen in naam, bijwerkingen en veiligheid, maar in werkzaamheid en werkingsmechanisme zijn de overeenkomsten groot.

14 Ook uit andere studies blijkt dat de 's'-variant bij ongeveer twintig procent van de bevolking voorkomt, de 'l'-variant bij dertig procent en een mengvorm van lang en kort (s/l) bij de resterende vijftig procent. We hebben van alle genen twee kopieën, allelen genoemd, een van onze moeder en een van onze vader. Voor de s- en de l-versie van het 5HTT-gen zijn er dus mensen die s/s hebben, l/l of s/l. Gemiddeld zou te verwachten zijn dat vijfentwintig procent van de bevolking s/s heeft, vijfentwintig procent l/l en vijftig procent s/l. Dat klopt niet helemaal met de gegevens uit de studies, maar het verschilt niet veel.

15 Het bewust ervaren van angst (of een andere emotie) leidt dus tot een geringere activatie van de amandel dan wanneer we ons deze emotie niet bewust zijn. Deze bevinding vormt mogelijk de biologische achtergrond van de theorie van Freud dat het bewust maken van onbewuste angsten de helft van de behandeling is.

16 Het zal niet altijd lukken, maar uit dit diepgewortelde biologische fenomeen blijkt hoe belangrijk het is voor het overleven om koelbloedig onder (be)dreiging te blijven.

17 Een ander gebied in de hersenen, de insula, werd ook actief, maar dan alleen bij het

zien van de onbetrouwbare gezichten. De insula is het gebied dat actief wordt wanneer we gevoelens van walging en misselijkheid ervaren. Vandaar dat we ons soms echt misselijk voelen wanneer we een louche en malafide ogend persoon zien. Op deze manier worden we door onze hersenen nog eens extra gewaarschuwd.

18 Zoals zoveel in de natuur, betreft het een fijne balans tussen overmatige gevoeligheid en ongevoeligheid van de amandel. Te snel angst ervaren is niet gezond, te weinig angst ervaren kan dodelijk zijn.

19 Is de overgevoelige amandel, en de daaraan gekoppelde depressies, de evolutionaire prijs die we hebben moeten betalen om op tijd tijgers in de savannes te bespeuren? Voor het overleven van de soort is het misschien nog niet zo'n slechte ruil geweest.

20 Het principe geldt voor alle ziekten en ook voor normale eigenschappen, zoals IQ.

EEN STILLE OUDE MAN

1 Is het toeval dat Kraepelin en Janet, respectievelijk de grootste Duitse en Franse psychiater aan het eind van de negentiende eeuw, net als Alzheimer, ook verwoede botanisten waren? Vast niet. Medici, en dus ook psychiaters, uit die tijd waren vervuld van de drang de geneeskunde opnieuw in te delen en zagen wat Linnaeus had bereikt in de plantkunde als voorbeeld.

2 Wie bewaart, die heeft wat. De hersenen van deze patiënt, Johann F., zijn direct na zijn overlijden in de kliniek van München zorgvuldig gecatalogiseerd en vastgelegd in het autopsieboek. Vanwege de grondigheid, Duitsers eigen, was het mogelijk de hersensnedes van deze patiënt tachtig jaar later nog terug te vinden en konden deze zelfs met moderne genetische technieken opnieuw worden geanalyseerd.

3 Deze, voor het eerst door Pythagoras gemaakte, koppeling tussen ouderdom en het verliezen van geestelijke vermogens heeft in onze taal geleid tot de huidige betekenis van het woord 'seniel'.

4 De artsen gingen ervan uit dat de epilepsie (vallende ziekte) bij HM veroorzaakt werd door een hersenbeschadiging als gevolg van het ongeluk dat hij op zijn zevende had gehad.

5   Interessant en parallel aan wat we bij taal bij de mens zien, blijkt dat het zangcentrum van de kanarie links in de hersenen gelegen is. Wordt het zangcentrum beschadigd, dan passen de hersenen zich aan in de zin dat de volgende zomer het zangcentrum in de rechterhersenhelft te vinden is. Ook de hersenen van vogels hebben dus in principe een voorkeur voor de linkerhelft als het 'taal' betreft, maar net als bij de mens neemt de rechterhelft deze taak over, mocht de linker beschadigd zijn.

6   Korte tijd nadat dit onderzoek in 1997 in een van de twee meest vooraanstaande wetenschappelijke bladen, *Nature*, was verschenen, werd verslag van deze resultaten gedaan in algemene kranten, zoals de *New York Times*. Vanaf dat moment is de wieg van de baby omgeslagen van een rustpunt in een mini-Disneyland, waar toeters, bellen, fluitjes, bewegende poppetjes en ander kleurig materiaal strijdt om de aandacht van het kind, in de veronderstelling dat wat goed is voor de hersenen van een babymuis, dat vast ook voor het brein van mensenbaby's zal zijn.

7   We hebben allemaal herinneringen van ver terug, die noch belangrijk noch prangend lijken en toch zijn ze haarscherp en onuitwisbaar in ons geheugen opgeslagen. Soms kunnen we met enige moeite begrijpen waarom ze zo goed bewaard zijn gebleven. Misschien was de emotie sterker dan we dachten, de scène zoeter dan toen gevoeld, de betekenis dieper dan we ons bewust waren. Maar even vaak lijkt het een herinnering zonder diepe betekenis te zijn. En toch is het daar, in het geheugen gegrift, voor zolang onze hersenen functioneren.

8   Rijping van de hersenen wordt weerspiegeld door een toename van de myelineschede rondom de zenuwbanen. Myeline vormt zich om de uitlopers, de axonen, van de zenuwen waardoor de prikkelgeleiding sneller verloopt. Bij de geboorte is nog slechts een gering aantal van de zenuwbanen in de hersenen gemyeliniseerd. Dit proces neemt de eerste dertig jaren van ons leven in beslag.

9   Hersenen en huid zijn overigens uit hetzelfde embryonale weefsel ontstaan. Dus wie weet, kunnen we straks onze huid nog oefenen.

10 De laatste tijd zijn enkele medicijnen op de markt gekomen die het beloop van de ziekte van Alzheimer iets vertragen. Het effect, hoewel belangrijk, is echter niet erg groot.

11 De eerste geheugenklinieken en fitnesscentra voor het tegengaan van geestelijke

NOTEN

veroudering zijn in de Verenigde Staten al van de grond gekomen. In Nederland zal het niet lang meer duren of ze zijn er ook.

DE DIEF

1 Codeïne, een stof die van morfine is afgeleid, wordt nog steeds in hoestdrankjes gebruikt.
2 Frederik van Eeden. *Van de koele meren des doods*. Wereldbibliotheek, 15de druk, p. 225.
3 Dat is slechts een van de redenen waarom in de Middeleeuwen onnodig veel is geleden.
4 Frederik van Eeden. *Van de koele meren des doods*. Wereldbibliotheek, 15de druk, p. 234.
5 De meeste systemen in de hersenen zijn erop gericht de hersenactiviteit af te remmen, in toom de houden. Zou dit niet gebeuren, dan werd het een totale chaos in het hoofd. Vandaar dat de meeste stoornissen die we zien, een gevolg zijn van te weinig remming in de hersenen, slechts zelden als gevolg van te weinig aandrijving.
6 Ze doen dat ieder op een aparte plek in het GABA-systeem. Indien alcohol en benzodiazepinen tegelijkertijd worden ingenomen, simuleren ze ieder op hun eigen plek het GABA-systeem en versterken elkaar als zodanig. Dan kan het wel dodelijk zijn omdat de combinatie tot te veel remming, en daardoor tot onderdrukking van de ademhaling, leidt.
7 Te weinig dopamine in de zwarte substantie (substantia nigra) leidt tot verminderde motoriek, zoals we zien bij mensen die lijden aan de ziekte van Parkinson.
8 Is dit een verklaring dat succes tot succes leidt? Het dopaminesysteem wordt, zoals we bij de apen hebben gezien, (nog) sterker door het behaalde succes. Stijgen in de rangorde leidt tot meer dopamine, wat weer helpt om nog gemotiveerder beloningen na te streven. Zo ontstaat een positieve spiraal: een actief dopaminesysteem leidt tot succes, met als gevolg een sterker dopaminesysteem, meer succes enzovoort. Zou succes daarom zo verslavend zijn? Omdat het leidt tot meer dopamine in de accumbens, net zoals alle verslavende middelen?

Workaholic is misschien niet eens zo'n slecht gekozen begrip. Het is waarschijnlijk waar: succes is verslavend, omdat het in de hersenen het gebied activeert dat ook door verslavende middelen wordt aangezet. Zo succes de natuurlijke manier is om ons te blijven motiveren, zo is verslaving de onnatuurlijke.

DE ZWERVER

1   Rustig blijven en overwicht bewaren is van groot belang in het omgaan met angstige en psychotische mensen, want ze worden van onzekere mensen nog veel angstiger.
2   Binnenlandse Veiligheidsdienst, heet nu Algemene Inlichtingen en Veiligheidsdienst (AIVD).
3   Door deze misvatting gingen velen ervan uit dat schizofrenie een zeldzame aandoening was, omdat gespleten persoonlijkheid dat inderdaad is. Zo heeft schizofrenie, mede door dit misverstand, jarenlang niet de aandacht gekregen die ze, alleen al op de naakte getallen van voorkomen, verdient.
4   Er is plichtsbesef en plichtsbesef, maar als behandelaar je leven geven voor het redden van jouw patiënt, is toch wel bijzonder. Dat is echter niets minder dan wat Von Gudden heeft gedaan in een poging zijn patiënt, de depressieve koning Ludwig II van Beieren, te behoeden voor zelfmoord. Tijdens een wandeling aan de oever van de Starnberger See op 13 juni 1886 loopt de koning het meer in met het doel zich te verdrinken. Von Gudden, die de koning tijdens deze wandeling begeleidt, probeert zijn patiënt hiervan te weerhouden, waarop (althans volgens de reconstructie achteraf) een gevecht in het water ontstaat. Tevergeefs. Beiden verdrinken.
5   In woorden of gebaren, dat maakt niet uit. Voor gesproken en gebarentaal gelden dezelfde principes.
6   Waar en wanneer de mens ontstond, is minder een kwestie van onenigheid. De meerderheid van de wetenschappers gaat ervan uit dat de mens, *Homo sapiens*, tussen de honderd- en tweehonderdduizend jaar geleden in Afrika is ontstaan (de 'Out-of-Africa'- hypothese). Studies die de genetische variatie tussen verschillende volkeren op aarde met elkaar hebben vergeleken, komen tot de conclusie dat onze genen terug te voeren zijn tot een volk dat minder dan tweehon-

NOTEN

derdduizend jaar geleden in (oostelijk) Afrika woonde. Onderzoekers van fossiele resten van mensen- en apenschedels komen tot vrijwel dezelfde conclusie: de eerste op de mens lijkende schedels en botten stammen van honderddertigduizend jaar geleden uit een gebied dat nu in Ethiopië ligt.

7   De groei van de schedel wordt bepaald door de mate van groei van de hersenen. Dit geldt niet alleen ten tijde van de embryonale ontwikkeling, maar ook nog gedurende de kinderjaren. Dit betekent dat mensen met grote hoofden veel hersenen hebben en andersom.

8   Apen kunnen het gewicht van een andere aap inschatten door naar hun roep te luisteren. Bij zwaargebouwde apen is de klankkast groter en net als bij een orgelpijp, hoe langer de pijp, hoe dieper het geluid. Apen met een diepe 'stem' zijn dus zwaarder en groter dan apen met een 'hoge' stem. En bij apen geldt, hoe groter hoe sterker. Bij een bassige aap is het oppassen geblazen.

9   Niet alleen verschillen de linker- en rechterhersenhelft in functie, de hersenen zijn ook qua structuur links en rechts niet gelijk. Voor in de hersenen is het rechtergedeelte iets groter dan links, achter in de hersenen is dit andersom (ook wel de torsie van de hersenen genoemd). Deze torsie van de hersenen was al aanwezig bij onze verre voorouders. Omdat de torsie een afdruk in de schedel achterlaat, is aan de hand van opgegraven schedels uit te zoeken wanneer deze voor het eerst is ontstaan. De torsie van de hersenen is al aangetoond bij de Pekingmens, *Homo erectus pekinensis*, die ongeveer vier- tot vijfhonderdduizend jaar geleden leefde.

10 Onder meer uit opgegraven handwerktuigen blijkt dat we, overal ter wereld, al ten minste vijfduizend jaar overwegend rechtshandig zijn. Ook blijkt uit deze opgegraven instrumenten dat er even lang een klein deel van ons linkshandig is geweest.

11 Zelfs de meeste linkshandigen zijn niet totaal linkshandig en gebruiken voor sommige handelingen hun rechterhand of zijn even 'handig' in het gebruik van de linker- als rechterhand.

12 In overeenstemming hiermee blijken patiënten met schizofrenie veel vaker linkshandig te zijn dan normaal in de bevolking voorkomt.

13 Een van de belangrijke schizofrenieonderzoekers van de vorige eeuw, de Engelsman Timothy Crow, suggereert dat schizofrenie de evolutionaire prijs is die de mens heeft moeten betalen om taal te kunnen ontwikkelen. Hij denkt dat het proces van lateralisatie van het brein, waar de taalfuncties en de handvoorkeur

links in de hersenen kwamen te liggen, de mens niet alleen de capaciteit tot taal heeft gegeven, maar dat de ontsporing ervan heeft geleid tot schizofrenie. Het is een mooie theorie die echter niet te testen is. Of schizofrenie niet ontstaan zou zijn bij de Neanderthalers, zullen we nooit weten.

14 De techniek die Straatman gebruikte, was het pneumocefalogram, een methode waarbij lucht via een ruggenprik in de hersenen wordt gebracht, zodat vervolgens met röntgenfoto's de vochthoudende ruimtes zichtbaar kunnen worden gemaakt. Met de introductie van de CT-scan raakte deze patiënt-onvriendelijke methode in onbruik.

15 Medicijnen kunnen deze hallucinaties onderdrukken, al weten we niet hoe ze dat doen.

16 Voor wie deze geneigdheid bij zichzelf wil testen: de *Harvard Group Scale of Hypnotic Susceptibility*, uitgegeven door Consulting Psychologists Press in 1962.

17 Vormen de rechterzijhersenen de zetel van kadaverdiscipline, de biologische oorsprong van *'Führer, wir gehorchen dir'*, het doelwit van de Chinese heropvoedingskampen? Enige balans tussen activiteit van de linker- en rechterzijhersenen lijkt een voorwaarde voor *Zivilcourage*. Het in toom houden van de activiteit van het rechterdeel heeft wellicht voordelen die aanzienlijk verder strekken dan de behandeling van schizofrenie. Het garandeert onze individualiteit, het waarborgt onze vrije wil, het maakt ons tot mensen met een eigen mening. Deze hersengebieden bepalen of we mens zijn of marionet.

18 Waar ligt het optimum om ons in te leven in het perspectief van de ander en onze eigen mening te volgen? Waar ligt het midden tussen een rigide linker- en een volgzame rechterkant? En wat is de invloed van opvoeding, cultuur en religie op de verhouding tussen die activiteit van die twee hersengebieden? Worden we geboren met een actief ik-perspectief of een plooibare ik-grens? Vanzelfsprekend reiken de implicaties veel verder dan de psychiatrie. Het is tijd voor neurosociologie.

DE MEDISCH STUDENTE

1 Gelukkig kunnen we de verschijnselen nu behandelen met een combinatie van

medicijnen en gedragstherapie. Of de klachten helemaal zullen verdwijnen, is de vraag, maar naar alle waarschijnlijkheid zal Cécile normaal kunnen afstuderen en, wie weet, ooit zelf dit soort patiënten kunnen helpen.

2   Dwanggedachten, ook wel obsessies genoemd, zijn gedachten die zich aan de persoon opdringen, maar waarvan de persoon weet dat ze onzinnig zijn. Ze worden dwanggedachten genoemd omdat degene die er last van heeft, ze maar al te graag kwijt wil raken maar daar niet in slaagt.

3   Dit is een van de redenen waarom mensen met dergelijke karaktertrekken vaak gevonden worden in beroepen die een grote nauwkeurigheid vereisen, zoals boekhouders, horlogemakers, apothekers en, inderdaad, ook artsen.

4   Tegelijkertijd werd ook de *anterior cingulate gyrus*, ook voor in de hersenen gelegen, actief. Dit gebied wordt met name actief om te controleren of er fouten worden gemaakt.

5   Naarmate meer chocolade gegeten werd, vertoonde ook een ander gebied in de hersenen toename van activiteit, de insula. Dit gebied wordt geactiveerd wanneer we ons misselijk voelen, fysieke en mentale walging ervaren en meer in het algemeen bij het ondervinden van onaangename gevoelens zoals (psychische) pijn.

6   Hoewel het ook bij belangrijke beslissingen de vraag kan zijn of bewust alternatieven afwegen beter is dan dit op het gevoel doen. Is 'bewust' kiezen beter dan kiezen op grond van het 'buikgevoel'? Maken we de belangrijke keuzes in ons leven op basis van ons redeneren, of op basis van het keuzecentrum, op ons gevoel dus? Het zal uiteenlopen per beslissing en voor de verschillende mensen, maar wat beter is, is nog allerminst duidelijk.

7   De mensen die Janet als psychastenen beschreef, de tobbers, krijgen dat gevoel steeds maar niet. Zij komen slechts met de grootste moeite tot besluiten en hebben (mede) daarom een hekel aan verandering en nieuwigheid (die immers vaak nieuwe beslissingen vereisen). Als zij eenmaal met moeite een keuze hebben gemaakt, blijft deze onbevredigend, blijft de twijfel knagen. Deze patiënten, door Janet beschreven, zijn inderdaad nooit blij, vaak bitter, zuur en klagerig. Zij zien het leven als zwaar, belastend en onvolkomen. Niets is goed, niets voldoende, nooit zijn zij tevreden, noch over zichzelf, noch over anderen.

ONZE HERSENEN

EEN 'AFZONDERLIJK' KIND

1 Van het Griekse *autos*, zelf; 'op zichzelf gericht' en niet op de buitenwereld, aldus Kanner.
2 Epilepsie gaat gepaard gaat met plotselinge elektrische ontladingen in de hersenen. Deze ontladingen kunnen gemeten worden met een EEG.
3 Dit principe vormt waarschijnlijk ook de basis voor het gegeven dat we beter zullen tennissen als we (zeer) vaak naar toptennissers kijken, beter zullen voetballen als we Ajax veel zien spelen. Maar het is wellicht tevens een verklaring voor het feit dat vaak kijken naar agressie tot agressie leidt. Onze hersenen maken geen onderscheid in het gedrag dat ze spiegelen en, als gezegd, voor de hersenen geldt: gedrag zien is gedrag doen. En gedrag doen, is gedrag leren. We moeten nadenken over welk gedrag ter spiegeling wordt aangeboden.
4 Wel is een aantal grammaticale regels mogelijk aangeboren.
5 Patiënten met beschadigingen aan de voorste hersendelen als gevolg van dementie, maar ook sommige patiënten met schizofrenie, kunnen dit imiteren soms niet onderdrukken en doen dan onwillekeurig het gedrag van anderen na (meestal gelaatsuitdrukkingen).
6 Het experiment is nog niet omgekeerd verricht, waar de mannen op empathie worden getest wanneer hun vrouwelijke partners pijn wordt gedaan. Het zal benieuwen of dat hetzelfde resultaat oplevert.
7 Het is niet geheel helder hoe empathie zich tijdens de evolutie ontwikkeld heeft. Duidelijk is dat chimpansees zich een voorstelling kunnen maken van wat een ander wil en op basis daarvan hun gedrag kunnen aanpassen. Ze lijken ook impliciet in staat te beseffen dat verschillende individuen verschillende gedachten of motieven kunnen hebben, maar onomstreden is deze conclusie allerminst. Lagere apen kunnen het in elk geval niet. Empathie lijkt dus een voornamelijk menselijke eigenschap te zijn.
8 Het is natuurlijk de onderzoeker die de pop beweegt.
9 De onderzoekers hadden nog verschillende andere voorwerpen gemaakt die ook aan de peuters werden voorgelegd, alle met hetzelfde doel: onderzoeken of de kinderen de handeling van de onderzoeker zouden nabootsen of de intentie van de onderzoeker. De resultaten waren voor alle voorwerpen uit de test gelijkluidend: de intentie.

10 De groei van de schedel wordt tot de puberteit voornamelijk door de groei van de hersenen bepaald.
11 Net zoals de peuters niet zagen dat de haltertjes in twee delen uiteengetrokken moesten worden.
12 Niet voor niets heeft men voor het 'volkomen' beleven van een namaak (natuur)ramp in pretparken, naast (driedimensionale) visuele en geluidsprikkels, er ook voor gezorgd dat men de ramp voelt. Dan is de belevenis pas compleet.
13 De scenario's waren ontwikkeld op basis van onderzoek bij grote aantallen proefpersonen die deze bewegende driehoekjes hadden gezien en die ze deze 'intenties' hadden toegeschreven.
14 Verschillende andere gebieden werden ook actief, waaronder de mediale prefrontale cortex: dit gebied is betrokken bij het (bewust) toekennen van beweegredenen bij anderen.
15 Hoewel oefening van belang blijft voor het beoordelen van (gelaats)uitdrukkingen. Denk maar aan de moeite die we kunnen hebben met het inschatten van de emoties, en dus de intenties, van personen uit andere rassen en culturen.
16 Wanneer gezichten worden herkend, is ook het geheugensysteem actief, de (para)hippocampus.
17 Vandaar dat een balkje over de ogen plakken genoeg is om het herkennen van verdachten te belemmeren.
18 De amandel heeft dus niets te maken met het onderscheiden van gezichten, maar alles met het interpreteren van de emoties die van een gezicht uitgaan.
19 Is de verminderde functie van de amandel bij mensen met het syndroom van Asperger de oorzaak van hun onvermogen emoties bij anderen te herkennen? Of is het een gevolg van het feit dat ze zo weinig naar de gezichten van anderen kijken en daardoor onvoldoende ervaring hebben kunnen opbouwen in het onderscheiden van verschillende gelaatsuitdrukkingen? Het laatste is niet waarschijnlijk. Verschillende studies hebben namelijk aangetoond dat de amandel bij mensen met het syndroom van Asperger ook structureel afwijkend is.

Bronnen

'OVERSPANNEN THUIS'

Adolphs R., Tranel D., Damasio H., Damasio A. 'Impaired recognition of emotion in facial expressions following bilateral damage to the human amygdala', in: *Nature*, 1994, 372:669-672

Adolphs R., Tranel D., Damasio R. 'The human amygdala in social judgment', in: *Nature*, 1998, 393:470-474

Alvarex-Buylla, Garcia-Verdugo J.M. 'Neurogenesis in adult subventricular zone', in: *The Journal of Neuroscience*, 2002, 22:629-634

Anderson A.K., Phelps E.A. 'Lesions of the human amygdala impair enhanced perception of emotionally salient events', in: *Nature*, 2001, 411:305-309

Arborelius L., Owens M.J., Plotsky P.M., Nemeroff C.B. 'The role of corticotropin-releasing factor in depression and anxiety disorders', in: *Journal of Endocrinology*, 1999, 160:1-12

Avishai-Eliner S., Brunson K.L., Sandman C.A., Baram T.Z. 'Stressed-out, or in (utero)?', in: *Trends in Neurosciences*, 2002, 25:518-524

Bremner J.D., Vythilingam M., Vermetten E., Southwick S.M., McGlashan T., Nazeer A., Khan S., Vaccarino L.V., Soufer R., Garg P.K. 'MRI and PET study of deficits in hippocampal structure and function in women with childhood sexual abuse and posttraumatic stress disorder', in: *The American Journal of Psychiatry*, 2003, 160:924-932

Brunson K.L., Eghbal-Ahmadi M., Bender R., Chen Y., Baram T.Z. 'Long-term, progressive hippocampal cell loss and dysfunction induced by early-life administration of corticotropin-releasing hormone reproduce the effects of early-life stress', in: *Proceedings of the National Academy of Sciences of the United States of America (PNAS)*, 2001, 98:8856-8861

Campbell S., Marriott M., Nahmias C., MacQueen G.M. 'Lower hippocampal volume in patients suffering from depression: a meta-analysis', in: *The American Journal of Psychiatry*, 2004, 161:598-606

Canli T., Zhao Z., Brewer J., Gabrieli J.D.E., Cahill L. 'Event-related activation in the human amygdala associates with lator memory of individual emotional experience', in: *The Journal of Neuroscience*, 2000, 20:1-5

Caspi A., Sugden K., Moffitt T.E., Taylor A., Craig I.W., Harrington H., McClay J., Mill J., Martin J., Braithwaite A., Poulton R. 'Influence of life stress on depression: moderation by a polymorphism in the 5-HTT gene', in: *Science*, 2003, 301:386-389

Etkin A., Klemenhagen K.C., Dudman J.T., Rogan M.T., Hen R., Kandel E.R., Hirsch J. 'Individual differences in trait anxiety predict the response of the basolateral amygdala to unconsciously processed fearful faces', in: *Neuron*, 2004, 44:1043-1055

Fowler C.D., Liu Y., Ouimet C., Wang Z. 'The effects of social environment on adult neurogenesis in the female prairie vole', in: *Journal of Neurobiology*, 2002, 51:115-128

Gould E., Tanapat P., McEwen B.S., Flügge G., Fuchs E. 'Proliferation of granule cell precursors in the dentate gyrus of adult monkeys is diminished by stress', in: *PNAS*, 1998, 95:3168-3171

Gould E., Reeves A.J., Fallah Mazyar, Tanapat P., Gross C.G., Fuchs E. 'Hippocampal neurogenesis in adult Old World primates', in: *PNAS*, 1999, 96:5263-5267

Gould E., Reeves A.J., Graziano M.S.A., Gross C.G. 'Neurogenesis in the neocortex of adult primates', in: *Science*, 1999, 286:548-552

Habib K.E., Weld K.P., Rice K.C., Pushkas J., Champoux M., Listwak S., Webster E.L., Atkinson A.R., Schulkin J., Contoreggi C., Chrousos G.P., McCann S.M., Suomi S.J., Higley J.D., Gold P.W. 'Oral administration of a corticotropin-releasing hormone receptor antagonist significantly attenuates behavioral, neuroendocrine, and autonomic responses to stress in primates', in: *PNAS*, 2000, 97:6079-6084

Hamann S., Mao H. 'Positive and negative emotional verbal stimuli elicit activity in the left amygdala', in: *NeuroReport*, 2002, 13:15-19

Hariri A.R., Mattay V.S., Tessitore A., Fera F., Weinberger D.R.. 'Neocortical modulation of the amygdala response to fearful stimuli', in: *Biological Psychiatry*, 2003, 53:494-501

Hariri A.R., Mattay V.S., Tessitore A., Kolachana B., Fera F., Goldman D., Egan M.F., Weinberger D.R. 'Serotonin transporter genetic variation and the response of the human amygdala', in: *Science*, 2002, 297:400-403

Herman J.P., Cullinan W.E. 'Neurocircuitry of stress: central control of the hypothalamo-pituitary-adrenocortical axis', in: *Trends in Neurosciences*, 1997, 20:78-84

Huot R.L., Plotsky P.M., Lenox R.H., McNamara R.K. 'Neonatal maternal separation reduces hippocampal mossy fiber density in adult Long Evans rats', in: *Brain Research*, 2002, 950:52-63

Kendler K.S., Kessler R.C., Walters E.E., MacLean C., Neale M.C., Heath A.C., Eaves L.J. 'Stressful life events, genetic liability, and onset of an episode of major depression in women', in: *The American Journal of Psychiatry*, 1995, 152:833-842

Kendler K.S., Kuhn J., Prescott C.A. 'The interrelationship of neuroticism, sex, and stressful life events in the prediction of episodes of major depression', in: *The American Journal of Psychiatry*, 2004, 161:631-636

Lesch K.P., Bengel D., Heils A., Sabol S.Z., Greenberg B.D., Petri S., Benjamin J., Müller C.R., Hamer D.H., Murphy D.L. 'Association of anxiety-related traits with a polymorphism in the serotonin transporter gene regulatory region', in: *Science*, 1996, 274: 1527-1531

Liu D., Diorio J., Tannenbaum B., Caldji C., Francis D., Freedman A., Sharma S., Pearson D., Plotsky P.M., Meaney M.J. 'Maternal care, hippocampal glucocorticoid receptors, and hypothalamic-pituitary-adrenal responses to stress', in: *Science*, 1997, 277:1659-1662

Liu D., Diorio J., Day J., Frances D., Meaney M. 'Maternal care, hippocampal synaptogenesis and cognitive development in rats', in: *Nature Neuroscience*, 2000, 3:799-806

MacQueen G.M., Campbell S., McEwen B.S., MacDonald K., Amano S., Joffe R.T., Nahmias C., Young L.T. 'Course of illness, hippocampal function, and hippocampal volume in major depression', in: *PNAS*, 2003, 100:1387-1392

Mani H.K., Drevets W.C., Charney D.S. 'The cellular neurobiology of depression', in: *Nature Medicin*, 2001, 7:541-547

McEwen B.S., Magarinos A.M. 'Stress effects on morphology and function of the hippocampus', in: *Annals NY Academy of Sciences*, 1997, 821:271-284

McKittrick C.R., Magarinos A.M., Blanchard D.C., Blanchard R.J., McEwen B.S., Sakai R.R. 'Chronic social stress reduces dendritic arbors in CA3 of hippocampus and decreases binding to serotonin transporter sites', in: *Synapse*, 2000, 36:85-94

Mirescu C., Peters J.D., Gould E. 'Early life experience alters response of adult neurogenesis to stress', in: *Nature Neuroscience*, 2004, 7:841-846

Morris J.S., Friston K.J., Büchel C., Frith C.D., Young A.W., Calder A.J., Dolan R.J. 'A neuromodulatory role for the human amygdala in processing emotional facial expressions', in: *Brain*, 1998, 121:47-57

Müller M.B., Zimmermann S., Sillaber I., Haqgemeyer T.P., Deussing J.M., Timpl P., Kormann M.S.D., Droste S.K., Kühn R., Reul J.M.H.M., Holsboer F., Wurst W. 'Limbic corticotropin-releasing hormone receptor 1 mediates anxiety-related behavior and hormonal adaptation to stress', in: *Nature Neuroscience*, 2003, 6:1100-1107

Nemeroff C.B. 'Neurobiological consequences of childhood trauma', in: *The Journal of Clinical Psychiatry*, 2004, 65:18-28

Nestler, E.J., Barrot M., DiLeone R.J., Eisch A.J., Gold S.J., Monteggia L.M. 'Neurobiology of depression', in: *Neuron*, 2002, 34:13.25

Nishijo H., Ono T., Nishino H. 'Single neuron responses in amygdala of alert monkey during complex sensory stimulation with affective significance', in: *The Journal of Neuroscience*, 1988, 8:3570-3583

Phelps E.A., O'Connor K.J., Gatenby J.C., Gore J.C., Grillon C., Davis M. 'Activation of the left amygdala to a cognitive representation of fear', *Nature Neuroscience*, 2001, 4:437-441

Smith G.W., Aubry J.M., Dellu F., Contarino A., Bilezikjian M., Gold L.H., Chen R., Marchuk Y., Hauser C., Bentley C.A., Sawchenko P.E., Kob G.F., Vale W., Lee K.F. 'Corticotropin releasing factor receptor 1-deficient mice display decreased anxiety, impaired stress response, and aberrant neuroendocrine development', in: *Neuron*, 1998, 20:1093-1102

Spijker J., de Graaf R., van Bijl R., Beekman A.T.F., Ormel J., Nolen W.A. 'Duration of major depressive episodes in the general population: results from The Netherlands Mental Health Survey and Incidence Study (NEMESIS)', in: *The British Journal of Psychiatry*, 2002, 181:208-213

Stein M.B., Koverola C., Hanna C., Torchia M.G., McClarty B. 'Hippocampal volume in women victimized by childhood sexual abuse', in: *Psychological Medicine*, 1997, 27:951-959

Stenzel-Pore M.P., Heinrichs S.C., Rivest S., Koob G.F., Vale W.W. 'Overproduction of corticotropin-releasing factor in transgenic mice: a genetic model of anxiogenic behavior', in: *The Journal of Neuroscience*, 1994, 14:2579-2584

Sullivan P.F., Neale M.C., Kendler K.S. 'Genetic epidemiology of major depression: review and meta-analysis', in: *The American Journal of Psychiatry*, 2000, 157:1552-1562

Tanapat P., Galea L.A.M., Gould E. 'Stress inhibits the proliferation of granule cell precursors in the developing dentate gyrus', in: *International Journal for Developmental Neuroscience*, 1998, 16:235-239

Vythilingam M., Heim C., Newport J., Miller A.H., Anderson E., Bronen R., Brummer M., Staib L., Vermetten E., Charney D.S., Nemeroff C.B., Bremner J.D. 'Childhood trauma associated with smaller hippocampal volume in women with major depression', in: *The American Journal of Psychiatry*, 2002, 159:2072-2080

Weiskrantz L. 'Behavioral changes associated with ablation of the amygdaloid complex in monkeys', in: *Journal of Comparative and Physiological Psychology*, 1956, 49:381-391

Whalen P.J., Rauch S.L., Etcoff N.L., McInerney C., Lee M.B, Jenike M.A. 'Masked presentations of emotional facial expressions modulate amygdala activity without explicit knowledge', in: *The Journal of Neuroscience*, 1998. 18:411-418

Winston J.S., Strange B.A., O'Doherty J., Dolan R.J. 'Automatic and intentional brain responses during evaluation of trustworthiness of faces', in: *Nature Neuroscience*, 2002, 5:277-283

Yamasue H., Kasai K., Iwanami A., Ohtani T., Yamada H., Abe O., Kuroki N., Fukuda R., Tochigi M., Furukawa S., Sadamatsu M., Sasaki T., Aoki S., Ohtomo K., Asukai N., Kato N. 'Voxel-based analysis of MRI reveals anterior cingulate gray-matter volume reduction in posttraumatic stress disorder due to terrorism', in: *PNAS*, 2003, 100:9039-9043

ONZE HERSENEN

EEN STILLE OUDE MAN

Barnea A., Nottebohm F. 'Seasonal recruitment of hippocampal neurons in adult free-ranging blac-capped chickadees', in: *PNAS*, 1994, 91:11217-11221

Berchtold, N.C., Cotman C.W. 'Evolution in the conceptualization of Dementia and Alzheimer's disease: greco-roman period to the 1960's' in: *Neurobiology of Aging*, 1998, 19:173-189

Buckner R. 'Memory and executive function in aging and AD: multiple factors that cause decline and reserve factors that compensate', in: *Neuron*, 2004, 44:195-208

Canady, R.A., Kroodsma D.E., Nottebohm F. 'Population differences in complexity of a learned skill are correlated with the brain space involved', in: *PNAS*, 1984, 81:6232-6234

Colcombe S., Kramer A.F. 'Fitness effects on the cognitive function of older adults: a meta-analytic study', in: *Psychological Science*, 2003, 14:125-130

Colcombe S.J., Erickson K.I., Rax N., Webb A.G., Cohen N.J., McAuley E., Kramer A.F. 'Aerobic fitness reduces brain tissue loss in aging humans', in: *Journal of Gerontology: Medical Sciences*, 2003, 58A:176-180

Colcombe S.J., Kramer A.F., Erickson K.I., Scalf P., McAuley E., Cohen N.J., Webb A., Jerome G.J., Marquez D.X., Elavsky S. 'Cardiovascular fitness, cortical plasticity, and aging', in: *PNAS*, 2004, 101:3316-3321

Corkin S. 'Lasting consequences of bilateral medial temporal lobectomy: clinical course and experimental findings', in: *H.M. Seminars in Neurology*, 1984, 4:249-259

Di Carlo A., Baldereschi M., Amaducci L., Lepore V., Braccdo L., Maggi S., Bonaiuto S., Perissinotto E., Scarlato G., Farchi G., Inzitari D. 'Incidence of dementia, Alzheimer's disease and vascular dementia in Italy', The ILSA study', in: *Journal of the American Geriatrics Society*, 2000, 50:41-48

Feng R., Rampon C., Tang Y.-P., Shrom D., Jin J., Kyin M., Spher B., Martin G.M., Kim S.-H., Langdon R.B., Sisodia S.S., Tsien J.Z. 'Deficient neurogenesis in forebrain-specific presenilin-1 knockout mice is associated with reduced clearance of hippocampal memory traces', in: *Neuron*, 2001, 32:911-926

Frankland P.W., Bontempi B., Talton L.E., Kaczmarek L., Silva A.J. 'The involvement of the anterior cingulate cortex in remote contextual fear memory', in: *Science*, 2004, 304:881-883

Giedd J.N., Blumenthal J., Jeffries N.O., Castellanos F.X., Liu H., Zijdenbos A., Paus T., Evans A.C., Rapoport J.L. 'Brain development during childhood and adolescence: a longitudinal MRI study' in: *Nature Neuroscience*, 1999, 2:861-863

Gogtay N., Giedd J.N., Lusk L., Hayashi K.M., Greenstein D., Vaituzis A.C., Nugent III T.F., Herman D.H., Clasen L.S., Toga A.W., Rapoport J.L., Thompson P.M. 'Dynamic mapping of human cortical development during childhood through early adulthood', in: *PNAS*, 2004, 101:8174-8179

Gould E., Beylin A., Tanapat P., Reeves A., Shors T.J. 'Learning enhances adult neurogenesis in the hippocampal formation', in: *Nature Neuroscience*, 1999, 2:260-265

Graeber M.B., Mehraein P. 'Reanalysis of the first case of Alzheimer's disease', in: *European Archives of Psychiatry and Clinical Neuroscience*, 1999, 249:<iii>/10-III/13

Hof P.R., Morrison J.H. 'The aging brain: morphomolecular senescence of cortical circuits', in: *Trends in Neuroscience*, 2004, 27:607-613

Kawas C., Gray S., Brookmeyer R., Fozard J., Zonerman A. 'Age-specific incidence rates of Alzheimer's disease', in: *Neurology*, 2000, 54:2072-2077

Kempermann G., Kuhn H.G., Gage F.H. 'More hippocampal neurons in adult mice living in an enriched environment', in: *Nature*, 1997, 386:493-495

Kirn J., O'Loughlin B., Kasparian S., Nottebohm, F. 'Cell death and neuronal recruitment in the high vocal center of adult male canaries are temporally related to changes in song', in: *PNAS*, 1994, 91:7844-7848

Kukull W., Higdon R., Bowen J.D., McCormic W.C., Teri L., Schellenberg G.D., van Belle G., Jolley L., Larson E.B. 'Dementia and Alzheimer disease incidence', in: *Archives of Neurology*, 2002, 59:1737-1746

Mattson, M.P. 'Pathways towards and away from Alzheimer's disease', in: *Nature*, 2004, 430:631-639 and 431:107

Maviel T., Durkin T.P., Menzaghi F., Bontempi B. 'Sites of neocortical reorganization critical for remote spatial memory', in: *Science*, 2004, 305:96-99 and 305:1

McGaugh J.L. 'Memory – a century of consolidation', in: *Science*, 2000, 287:248-251

Morrison J.H., Hof P.R. 'Life and death of neurons in the aging brain', in: *Science*, 1997, 278:412

Nottebohm F., O'Louglin B., Gould K., Yohay K., Alvarex-Buylla A. 'The life span of new neurons in a song control nucleus of the adult canary brain depends on time of year when these cells are born', in: *PNAS*, 1994, 91:7849-7853

Nottebohm F. 'The road we travelled. Discovery, choreography, and significance of brain replaceable neurons', in: *Annals of the New York Academy of Science*, 2004, 1016:628-658

Oeppen J., Vaupel J.W. 'Broken limits to life expectancy', in: *Science*, 2002, 296:1029-1031

Penfield W., Milner B. 'Memory deficit produced by bilateral lesions in the hippocampal zone', in: AMA *Archives of Neurology and Psychiatry*, 1958, 79:476-496

Peters A., Morrison J.H., Rosene D.L., Hyman B.T. 'Are neurons lost from the primate cerebral cortex during normal aging?', in: *Cerebral cortex*, 1998, 8:295-300

Riedel G., Micheau J., Lam A.G.M., Roloff E.v.L., Martin S.J., Bridge H., Hoz L. de, Poeschel B., McCulloch J., Morris R.G.M. 'Reversible neura inactivation reveals hippocampal participation in several memory processes', in: *Nature Neuroscience*, 1999, 2:898-905

Scoville W.B., Milner B. 'Loss of recent memory after bilateral hippocampal lesions', in: *Journal of Neurology, Neurosurgery & Psychiatry*, 1957, 20:11-21

Small S.A., Chawla M.K., Buonocore M., Rapp P.R., Barnes C.A. 'Imaging correlates of brain function in monkeys and rats isolates a hippocampal subregion differentially vulnerable to aging', in: PNAS, 2004, 101:7181-7186

Sowell E.R., Peterson B.S., Thompson P.M., Welcome S.E., Henkenius A.L., Toga A.W. 'Mapping cortical change across the human life span', in: *Nature Neurosience*, 2003, 6:309-315

Sowell E.R., Thompson P.M., Leonard C.M., Welcome S.E., Kan E., Toga A.W. 'Longitudinal mapping of cortical thickness and rain growth in normal children', in: *Journal of Neuroscience*, 2004, 24:8223-8231

Wittgen B.J., Brown R.A.M., Talton L.E., Silva A.J. 'New circuits for old memories: the role of the neocortex in consolidation', in: *Neuron*, 2004, 44:101-108

DE DIEF

Baumeister A.A. 'The Tulane electrical brain stimulation program; a historical case study in medical ethics', in: *Journal of the History of the Neurosciences*, 2000, 9:262-278

Berridge K.C., Robinson T.E. 'What is the role of dopamine in reward: hedonic impact, reward learning, or incentive salience?', in: *Brain Research Reviews*, 1998, 28:309-369

Berridge K.C. 'Pleasures of the brain', in: *Brain and Cognition*, 2003, 52:106-128

Blood A.J., Zatorre R.J. 'Intensely pleasurable responses to music correlate with activity in brain regions implicated in reward and emotion', in: *PNAS*, 2001, 98:11818-11823

Deroche-Gamonet V., Belin D., Piazza P.V. 'Evidence for addiction-like behavior in the rat', in: *Science*, 2004, 305:1014-1017

Erk S., Spitzer M., Wunderlich A.P., Galley L., Walter H. 'Cultural objects modulate reward circuitry', in: *NeuroReport*, 2002, 13:2499-2503

Gerrits M.A.F.M., Petromilli P., Westenberg H.G.M., Di Chiara G., Van Ree J.M. 'Decrease in basal dopamine levels in the nucleus accumbens shell during daily durg-seeking behaviour in rats', in: *Brain Research*, 2002, 924:141-150

Hernandez L., Hoebel B.G. 'Food reward and cocaine increase extracellular dopamine in the nucles accumbens as measured by microdialysis', in: *Life Sciences*, 1988, 42:1705-1712

Hyman S.E., Malenka R.C. 'Addiction and the brain: the neurobiology of compulsion and its persistence', in: *Nature Reviews Neuroscience*, 2001, 2:695-703

Ikemoto S., Panksepp J. 'The role of nucleus accumbens dopamine in motivated behavior: a unifying interpretation with special reference to reward-seeking', in: *Brain Research Reviews*, 1999, 31:6-41

Jensen J., McIntosh A.R., Crawley A.P., Mikulis D.J., Remington G., Kapur S. 'Direct activation of the ventral striatum in anticipation of aversive stimuli', in: *Neuron*, 2003, 40:1251-1257

Kaplan J.R., Manuck S.B., Fontenot M.B., Mann J.J. 'Central nervous system monoamine correlates of social dominance in cynomolgus monkeys (Macaca fascicularis)', in: *Neuropsychopharmacology*, 2002, 26:431-443

Knutson B., Adams C.M., Fong G.W., Hommer D. 'Anticipation of increasing monetary reward selectively recruits nucleas accumbens', in: *Journal of Neuroscience*, 2001, 21:1-5

Laakkso A., Mohn A.R., Gainetdinov R.R., Caron M.G. 'Experimental genetic approaches to addiction', in: *Neuron*, 2002, 36:213-228

Meyer R.E. 'The disease called addiction: emerging evidence in a 200-year debate', in: *Lancet*, 1996, 347:162-166

Mobbs D., Greicius M.D., Abdel-Azim E., Menon V., Reiss A.L. 'Humor modulates the mesolimbic reward centers', in: *Neuron*, 2003, 40:1041-1048

Morgan D., Grant K.A., Gage D., Mach R.H., Kaplan J.R., Prioleau O.A., Nader S.H., Buchheimer N., Ehrenkaufer R.L., Nader M.A. 'Social dominance in monkeys: dopamine D2 receptors and cocaine self-administration', in: *Nature Neuroscience*, 2002, 5:169-174

Morgan D., Grant K.A., Prioleau O.A., Nader S.H., Kaplan J.R., Nader M.A. 'Predictors of social status in cynomolgus monkeys (Macaca fascicularis) after group formation', in: *American Journal of Primatology*, 2000, 52:115-131

Nestler E.J. 'Molecular basis of long-term plasticity underlying addiction', in: *Nature Reviews Neuroscience*, 2001, 2:119-128

O'Doherty J.P., Deichmann R., Critchley H.D., Dolan R.J. 'Neural responses during anticipation of a primary taste reward', in: *Neuron*, 2002, 33:815-826

Olds J. 'Self-stimulation of the brain', in: *Science*, 1958, 127:315-324

Pecina S., Cagniard B., Berridge K.C., Aldridge W., Zhuang X. 'Hyperdopaminergic mutant mice have higher "wanting" but not "liking" for sweet rewards', in: *Journal of Neuroscience*, 2003, 23:9395-9402

Pfaus J.G., Damsma G., Wenkstern D., Fibiger H.C. 'Sexual activity increases dopamine transmission in the nucleus accumbens and striatum of female rats', in: *Brain Research*, 1995, 693:21-30

Piazza P.V., Deminière J.M., Le Moal M., Simon H. 'Factors that predict individual vulnerability to amphetamine self-administration', in: *Science*, 1989, 245:1511-1513

Portenoy R.K., Jarden J.O., Sidtis J.J., Lipton R.B., Foley K.M., Rottenberg D.A. 'Compulsive thalamic self-stimulation: a case with metabolic, electrophysiologic and behavioral correlates', in: *Pain*, 1986, 27:277-290

Robinson T.E., Berridge K.C. 'Addiction', in: *Annual Review of Psychology*, 2003, 54:25-53

Schultz W. 'Multiple reward signals in the brain', in: *Nature Reviews Neuroscience*, 2000, 1:199-207

Vanderschuren L.J.M.J., Everitt B.J. 'Drug seeking becomes compulsive after prolonged cocaine self-administration', in: *Science*, 2004, 305:1017-1019

Volkow N.D., Fowler J.S., Wang G.J., Swanson J.M. 'Dopamine in drug abuse and addiction: results from imaging studies and treatment implications', in: *Molecular Psychiatry*, 2004, 9:557-569

Weiss F., Porrino L.J. 'Behavioral neurobiology of alcohol addiction: recent advances and challenges', in: *Journal of Neurosciences*, 2002, 22:3332-3337

Wise R.A. 'Dopamine, learning and motivation', in: *Nature Reviews Neuroscience*, 2004, 5:1-12

Zink C.F., Pagnoni G., Martin-Skurski M.E., Chappelow J.C., Berns G.S. 'Human striatal responses to monetary reward depend on saliency', in: *Neuron*, 2004, 42:509-517

DE ZWERVER

Balter B. 'What made humans modern?', in: *Science*, 2002, 295:1219-1225

Bauer R.H. 'Lateralization of neural control for vocalization by the frog (Rana pipiens)', in: *Psychobiology*, 1993, 21:243-248

Blakemore S.J., Oakley D.A., Frith C.D. 'Delusions of alien control in the normal brain', in: *Neuropsychologia*, 2003, 41:1058-1067

Bleuler M., Bleuler R., 'Books reconsidered: Dementia praecox oder die Gruppe der Schizphrenien: Eugen Bleuler', in: *British Journal of Psychiatry*, 1986, 149:661-664

Cantalupo C., Hopkins W.D. 'Asymmetric Broca's area in great apes', in: *Nature*, 2001, 414:505

Crow T.J. 'Schizophrenia as the price that homo sapiens pays for language: a resolution of the central paradox in the origin of the species', in: *Brain Research Reviews*, 2000, 31:118-129

Decety J., Chaminade T., Grèzes J., Meltzhoff A.N. 'A PET exploration of the neural mechanisms involved in reciprocal imitation', in: *NeuroImage*, 2002, 15:265-272

Dehaene-Lambertz G, Dehaene S, Hertz-Pannier L. 'Functional neuroimaging of speech perception in infants', in: *Science*, 2002, 298:2013-2015

Fisher S.E., Vergha-Khadem F., Watkins K.E., Monaco A.P., Pembrey M.E. 'Localisation of a gene implicated in a severe speech and language disorder', in: *Nature Genetics*, 1998, 18:168-170

Frith C., Wolpert D. *The neuroscience of social interaction; decoding, imitating, and influencing the actions of others*, Oxford University Press, 2004

Gannon P.J., Holloway R.L., Broadfield D.C., Braun A.R. 'Asymmetry of chimpanzee planum temporale: humanlike pattern of Wernicke's brain language area homolog', in: *Science*, 1998, 279:220-222

Gaser C., Nenadic I., Volz H.P., Büchel C., Sauer H. 'Neuroanatomy of "hearing voices": A frontotemporal brain structural abnormality associated with auditory hallucinations in schizophrenia', in: *Cerebral Cortex*, 2004, 14:91-96

Hertz-Pannier L., Chiron C., Jambaqué I., Renaux-Kieffer V., Van de Moortele P.F., Delalande O., Fohlen M., Brunelle F., Le Bihan D. 'Late plasticity for language in a child's non-dominant hemisphere. A pre- and post-surgery fMRI study', in: *Brain*, 2002, 125:361-372

Hoffman R.E., Hawkins K.A., Gueorguieva R., Boutros N.N., Rchid F., Carroll K., Krystal J.H. 'Transcranial magnetic stimulation of left temporoparietal cortex and medication-resistant auditory hallicunations', in: *Archives of General Psychiatry*, 2003, 60:49-56

Holden C. 'The origin of speech', in: *Science*, 2004, 303:1316-1319

Hubl D., Koenig Th., Strik W., Federspiel A., Kreis R., Boesch Ch., Maier S.E., Schroth G., Lovblad K., Dierks Th. 'Pathways that make voices. White matter changes in auditory hallucinations', in: *Archives of General Psychiatry*, 2004, 61:658-668

Kasai K., Shenton M.E., Alisbury D.F., Hirayasu Y., Onitsuka T., Spencer M.H., Yurgelun-Todd D.A., Kikinis R., Jolesz F.E., McCarley R.W. 'Progressive decrease of left Heschl gyrus and planum temporale gray matter volume in first-episode schizophrenia', in: *Archives of General Psychiatry*, 2003, 60:766-775

Kircher T.J., Liddle P.F., Brammer M.J., Williams S.C.R., Murray R.M., McGuire P.K. 'Neural correlates of formal thought disorder in schizophrenia' in: *Archives of General Psychiatry*, 2001, 58:769-774

Knecht S., Dräger B., Deppe M., Bobe L., Lohmann H., Flöel A., Ringelstein E.B., Henningsen H.

'Handedness and hemispheric language dominance in healthy humans', in: *Brain*, 2000, 123:2512-2518

Knecht S., Flöel A., Drägar B., Breitenstein C., Sommer J., Henningsen H.,

Ringelstein E.B., Pascual-Leone A. 'Degree of language lateralization determines susceptibility to unilateral brain lesions', in: *Nature Neuroscience*, 2002, 7:695-699

Kohl F. Emil Kraepelin (1856-1926). 'Der Systematiker der (deutschen) Psychiatrie', in: DMW *Medizingeschichte*, 1999, 124:98-101

Kwon J.S., McCarley R.W., Hirayasu Y., Anderson J.E., Fischer I.A., Kikinis R., Jolesz F.A., Shenton M.E. 'Left planum temporale volume reduction in schizophrenia', in: *Archives of General Psychiatry*, 1999, 56:142148

Lal C.S.L., Fisher S.E., Hurst J.A., Vargha-Khadem F., Monaco A.P. 'A forkhead-domain gene is mutated in a severe speech and language disorder', in: *Nature*, 2001, 413:519-523

Lennox B.R., Park S.B.G., Medley I., Morris P.G., Jones P.B. 'The functional anatomy of auditory hallucinations in schizophrenia', in: *Psychiatry Research: Neuroimaging Section*, 2000, 100:13-20

Lieberman Ph. 'On the nature and evalution of the neural bases of human language', in: *Yearbook of physical anthropology*, 2002, 45:36-62

Liégeois F., Baldeweg T., Connolly A., Gadian D.G., Mishkin M., Vargha-Khadem F. 'Language f MRI abnormalities associated with FOXP2 gene mutation', in: *Nature Neuroscience*, 2003, 6:1230-1237

MacDonald P., Paus T. 'The role of parietal cortex in awareness of self-generated movements: a transcranial magnetic stimulation study', in: *Cerebral Cortex*, 2003, 13:962-967

Mehler J., Jusczyk P., Lambertz G., Halsted N., Bertoncini J., Amiel-Tison C. 'A precursor of language acquisition in young infants', in: *Cognition*, 1988, 29:143-178

Musso M., Moro A., Glauche V., Rijntjes M., Reichenbach J., Büchel C., Weiller C. 'Broca's area and the language instinct', in: *Nature Neuroscience*, 2003, 6:774-780

Shergill S.S., Brammer M.J., Williams S.C.R., Murray R.M., McGuire Ph.K. 'Mapping auditory hallucinations in schizophrenia using functional magnetic resonance imaging', in: *Archives of General Psychiatry*, 2000, 57:1033-1038

Sommer, I. *Language lateralization in schizophrenia*, Thesis University Utrecht, 2004

Spence S.A., Brooks D.J., Hirsch S.R., Liddle P.F., Meehan J., Grasby P.M. 'A PET study of voluntary movement in schizophrenic patients experiencing passivity phenomena (delusions of alien control)', in: *Brain*, 1997, 120:1997-2011

Steinberg H., Angermeyer M.C. 'Emil Kraepelin's years at Dorpat as professor of psychiatry in nineteenth-century Russia', in: *History of Psychiatry*, 2001, xii:297-327

Toga A.W., Thompson P.M. 'Mapping brain asymmetry', in: *Nature Reviews Neuroscience*, 2003, 4:37-48

Watkins K.E., Vargha-Khadem F., Ashburner J., Passingham R.E., Connelly A., Friston Kj., Frackowiak R.S.J., Mishkin M., Gadian D.G. 'MRI analysis of an inherited speech and language disorder: structural brain abnormalities' in: *Brain*, 2002, 125:465-478

DE MEDISCH STUDENTE

Aharon I., Etcoff N., Ariely D., Chabris C.F., O'Connor E., Breiter H.C. 'Beautiful faces have variable reward value: fMRI and behavioral evidence', in: *Neuron*, 2001 32:537-551

Arana F.S., Parkinson J.A., Hinton E., Holland A.J., Owen A.M., Roberts A.C. 'Dissociable contributions of the human amygdala and orbitofrontal cortex to incentive motivation and goal selection', in: *Journal of Neuroscience*, 2003, 23:9632-9638

Bechara A., Tranel D., Damasio H. 'Characterization of the decision-making deficit of patients with ventromedial prefrontal cortex lesions', in: *Brain*, 2000, 123:2189-2202

Critchley H.D., Mathias C.J., Dolan R.J. 'Neural activity in the human brain relating to uncertainty and arousal during anticipation', in: *Neuron*, 2001, 29:537-545

Elliott R., Newman J.L., Longe O.A., Deakin J.F. 'Differential response patterns in the striatum and orbitofrontal cortex to financial reward in humans: a parametric functional magnetic resonance imaging study', in: *The Journal of Neuroscience*, 2003, 23:303-307

Eslinger P.J., Damasio A.R. 'Severe disturbance of higher cognition after bilateral frontal lobe ablation: patient EVT', in: *Neurologie*, 1985, 35:1731-1741

Hajcak G., Mcdonald N., Simons R.F. 'Anxiety and error-related brain activity', in: *Biology Psychology*, 2003, 64:77-90

Hoehn-Saric R., Schlaepfer T.E., Greenberg B.D., McLeod D.R., Pearlson G.D., Wong S.H. 'Cerebral blood flow in obsessive-compulsive patients with major depression: effect of treatment with sertraline or desipramine on treatment responders and non-responders' in: *Psychiatry Research: Neuroimaging*, 2001, 108:89-100

Kerns J.G., Cohen J.D., MacDonald III A.W., Cho R.Y., Stenger V.A., Carter C.S. 'Anterior cingulate conflict monitoring and adjustments in control', in: *Science*, 2004, 303:1023-1026

Krawczyk D.C. 'Contributions of the prefrontal cortex to the neural basis of human decision making', in: *Neuroscience and Biobehavioral Reviews*, 2002. 26:631-664

MacDonald III A.W., Cohen J.D., Stenger V.A., Carter C.S. 'Dissociating the role of the dorsolateral prefrontal and anterior cingulate cortex in cognitive control', in: *Science*, 2000, 288:1835-1838

O'Doherty J., Kringelbach M.L., Rolls E.T., Hornak J., Andrews C. 'Abstract reward and punishment representations in the human orbitofrontal cortex', in: *Nature Neuroscience*, 2001, 4:95-102

O'Doherty J., Winston J., Critchley H., Perrett D., Burt D.M., Dolan R.J. 'Beauty in a smile: the role of medial orbitofrontal cortex in facial attractiveness', in: *Neuropsychologia*, 2003, 41:147-155

Pitman R.K., 'Janet's obsessions and psychasthenia: a synopsis', in: *Psychiatric Quarterly*, 1984, 56:291-315

Pitman R.K.. 'Pierre Janet on obsessive-compulsive disorder (1903)', in: *Archives of General Psychiatry*, 1987, 44:226-232

Pujol J., Sorino-Mas C., Alonso P., Cardoner N., Mechón J.M., Deus J., Vallejo J. 'Mapping structural brain alterations in obsessive-compulsive disorder', in: *Archives of General Psychiatry*, 2004, 61:720-730

Rolls E.T. 'Information processing in the taste system of primates', in: *Journal of Experimental Biology*, 1989, 146:141-164

Rolls E.T. 'The orbitofrontal cortex and reward', in: *Cerebral cortex*, 2000, 10:284-294

Saxena S., Bota R.G., Brody A.L. 'Brain-behavior relationships in obsessive-compulsive disorder' in: *Seminars in Clinical Neuropsychiatry*, 2001, 6:82-101

Saxena S., Brody A.L., Ho M.L., Alborzian S., Maidment K.M., Zohrabi N., Ho M.K., Huang S.C., Wu H.M., Boxter L.R. 'Differential cerebral metabolic changes with paroxetine treatment of obsessive-compulsive disorder vs major depression', in: *Archives of General Psychiatry*, 2002, 59:250-260

Small D.M., Zatorre R.J., Dagher A., Evans A.C., Jones-Gotman M. 'Changes in brain activity related to eating chocolate. From pleasure to aversion', in: *Brain*, 2001, 124:1720-1733

Tremblay L., Schultz W. 'Relative reward preference in primate orbitofrontal cortex', in: *Nature*, 1999, 398:704-708

Watanabe M. 'Attraction is relative not absolute' in: *Nature*, 1999, 398:661-663

EEN 'AFZONDERLIJK' KIND

Aylward E.H., Minshew N.J., Field K., Sparks B.F., Singh N. 'Effects of age on brain volume and head circumference in autism', in: *Neurology*, 2002, 59:175-183

Baron-Cohen S., Leslie A.M., Frith U. 'Does the autistic child have a "theory of mind"?', in: *Cognition*, 1985, 21:37-46

Baron-Cohen S., Ring H.A., Wheelwright S., Bullmore E.T., Brammer M.J., Simmons A., Williams S.C.R. 'Social intelligence in the normal and autistic brain: an fMRI study', in: *European Journal of Neuroscience*, 1999, 11:1891-1898

Baron-Cohen S., O'Riordan M., Stone V., Jones R., Plaisted K. 'Recognition of faux pas by normally developing children and children with Asperger syndrome or high-functioning autism', in: *Journal of Autism and Developmental Disorders*, 1999, 29:407-417

Berger H. 'Professor Dr. Hans Asperger zum 70. Geburtstag' in: *Pädiatrie und Pädologie*, 1976, 11:1-4

Bender L. *In memoriam Leo Kanner, MD June 13, 1894-April 4, 1981*, in: *Journal of the American Academy of Child Psychiatry*, 1982, 21(1):88-89.

Castelli F., Frith C., Happé F., Frith U. 'Autism, Asperger syndrome and brain mechanisms for the attribution of mental states to animated shapes', in: *Brain*, 2002, 125:1839-1849

Courchesne E., Carper R., Akshoomoff N. 'Evidence of brain overgrowth in the first year of life in autism' in: *JAMA*, 2003, 290:337-344

Decety J., Grèzes J., Costes N., Perani D., Jeannerod M., Procyk E., Grassi F., Fazio F. 'Brain activity during observation of actions influence of action content and subject's strategy', in: *Brain*, 1997, 120:1763-1777

Decety J., Grèzes J. 'Neural mechanisms subserving the perception of human actions', in: *Trends in Cognitive Science*, 1999, 3:172-178

Dittrich W.H., Troscianko T., Lea S.E.G., Morgan D. 'Perception of emotion from dynamic point-light displays represented in dance', in: *Perception*, 1996, 25:727-738

Eisenberg L. 'In memoriam Leo Kanner, MD 1894-1981', in: *American Journal of Psychiatry*, 1981, 138:1122-1125

Fine C., Lumsden J., Blair R.J.R. 'Dissociation between 'theory of mind' and executive functions in a patient with early left amygdala damage', in: *Brain*, 2001, 124:287-298.

Fox R., McDaniel C. 'The perception of biological motion by human infants', in: *Science*, 1982, 218:486-487

Frith C.D., Frith U. 'Interacting minds – a biological basis', in: *Science*, 1999, 286:1692-1695

Frith U., Frith C.D. 'Development and neurophysiology of mentalizing', in: Frith C., Wolpert D. *The neuroscience of social interaction*, Oxford University Press, 2003, 385:45-75

Frith U., Frith C.D. 'Development and neurophysiology of mentalizing', in: *Philosophical Transactions of the Royal Society London*, 2003, 358:459-473

Gallese V., Fadiga L., Fogassi L., Rizzolatti G. 'Action recognition in the premotor cortex' in: *Brain*, 1996, 119:593-609

Gallese V., Goldman A. 'Mirror Neurons and the simulation theory of mind-reading', in: *Trends in Cognitive Sciences*, 1998, 2:493-501

Gallese V. 'The manifold nature of interpersonal relations the quest for a common mechanism', in: Frith C., Wolpert D. *The neuroscience of social interaction*, Oxford University Press, 2003, 159-182

Kourtzi Z., Kanwisher N. 'Activation in human MT/MST by static images with implied motion', in: *Journal of Cognitive Neuroscience*, 2000, 12:48-55

Lord C., Cook E.H., Leventhal B.L., Amaral D.G. 'Autism spectrum disorders', in: *Neuron*, 2000, 28:355-363

Meltzoff A.N. 'Understanding the intentions of others: Re-enactment of intended acts by 18-month-old children', in: *Developmental Psychology*, 1995, 31:838-850

Ohnishi T., Matsuda H., Hashimoto T., Kunihiro T., Nishikawa M., Uema T., Sasaki M. 'Abnormal regional cerebral blood flow in childhood autism', in: *Brain*, 2000, 123:1838-1844

Pierce K., Müller R.A., Ambrose J., Allen G., Courchesne E. 'Face processing occurs outside the fusiform "face area" in autism: evidence from functional MRI', in: *Brain*, 2001, 124:2059-2073

Posamentier M., Abdi H. 'Processing faces and facial expressions', in: *Neuropsychology Review*, 2003, 13:113-143

Ramnani N., Miall R.C. 'A system in the human brain for predicting the actions of others', in: *Nature Neuroscience*, 2004, 7:85-89

Shin L.M., Dougherty D.D., Orr S.P., Pitman R.K., Lasko M., Macklin M.L., Alpert N.M., Fischman A.J., Rauch S.L. 'Activation of anterior paralimbic structures during guilt-related script-driven imagery', in: *Biological Psychiatry*, 2000, 48:43-50

Volkmar F.R., Pauls D. 'Autism', in: *The Lancet*, 2003, 362:1133-1140; 363:250

Wilcox J., Tsuan M.T., Ledger E., Algeo J., Schnurr T. 'Brain perfusion in autism varies with age', in: *Neuropsychobiology*, 2002, 46:13-16

Zilbovicius M., Garreau B., Samson Y., Remy P., Barthélemy C., Syrota A., Lelord G. 'Delayed maturation of the frontal cortex in childhood autism', in: *American Journal of Psychiatry*, 1995, 152:248-252

Register

accumbens 127-140, 143, 144
ACTH 35
Afrika 155
alcohol 110-112, 116, 120-122, 127
alcoholconsumptie 112
Alzheimer, Alois 68-73, 75, 95, 103, 104
amandel 20, 50-62, 93, 94, 237, 241, 242, 249
amandelkern 20, 52, 57, 62, 93, 237, 251
amyloïd 103
angst 24, 34, 48-50, 52-55, 60-62, 90, 114, 121, 153, 179, 230, 232, 236, 241, 242
antalarmin 34
antibiotica 73
antidepressivum, antidepressiva 25, 27, 121
antipsychoticum 147
Aristoteles 74
Asperger, Hans 207, 229
Auguste, D. 68-70, 72, 76
Australopithecus 155, 158, 159

autisme 9, 205, 208, 209, 219, 220, 223, 224, 229, 230, 234-238, 240, 241, 243
autistisch 219, 223
axon, axonen 224, 246, 250, 251

babytijd 41
basale functies 18, 33, 250
beloning, beloningswaarde 80, 131, 133, 134, 136, 137, 140, 143, 187-194, 196, 197, 199, 201, 242
beslissen, beslissingen 16, 146, 182, 183, 185-189, 194-196, 198-202, 228, 242
bewegen, beweging 15, 18-20, 37, 43, 77, 96, 97, 102, 123, 127, 135, 147, 159, 163, 169-173, 211-213, 215-217, 220-222, 225-233, 239, 240, 246, 250
bijnieren 33, 35
Bleuler, Eugen 152, 153
bloeddruk 33, 67, 101, 102, 104, 121, 122
Boerhaave, Hermanus 29
botox 98

Broca, Paul 16-18, 149, 161-163, 165, 251
Bucy, Paul 52
Burton, Robert 28, 116

celdeling 37, 39, 40, 84, 105
centraal stresshormoon 33, 34, 36, 40, 44, 45, 51
centrale inkeping 19
Charcot, Jean Martin 152, 181
chimpansee 13, 128, 157
chocola 137, 188-191, 195
cholesterol 8, 101, 102
Chomsky, Noam 161
Cicero 74
cocaïne 7-9, 109-114, 122, 127, 138, 139, 142, 144
conditietraining 99, 106
contact 8, 9, 81, 129, 179, 204-210, 213, 223, 240, 241
Corticotropine Releasing Hormone (CRH) 33, 35
cortisol 35, 36, 40
creativiteit 158
Crow, Tim 166
CT-scan 166

DaimlerChrysler 136, 137
Damasio, Antonio 183, 196, 197
Dementia preacox 151, 152
dementie 67-69, 72-77, 100, 101, 103, 104, 107, 151
dementie van Alzheimer 68, 70, 103, 104, 106, 242

depressie 23, 25-31, 36, 44-50, 52, 58-61, 63, 110, 114, 153, 241-243
DNA 38, 50, 84, 86, 249
Dolan, Raymond 186
dopamine, dopaminestijging 135-144
drielandenpunt (in de hersenen) 226-228, 233
droefheid 230
dwang 177, 178
dwangstoornis 10, 180, 181-183, 198-202, 242
dwangverschijnselen 178, 180, 181, 199, 200

echtscheiding 31
Eeden, Frederik van 115, 119
EEG 210
eenzaamheid 28, 42, 43, 142, 205
Egyptenaren 14, 74, 116
elastine 98
elektrisch 9, 126, 224, 225
elektrisch stimuleren 18, 125, 132
elektrische activiteit 52, 53, 210
elektrische prikkel 123
elektrische stimulatie 123, 126, 127
elektrode(s) 42, 123-125, 210, 212
elektroshock 30
emotie(s) 8-10, 15, 21, 51-56, 58, 61, 62, 93, 123, 129, 205, 215-217, 230-233, 236-241, 243, 250
emoties herkennen 54-56, 58, 230, 231, 236-238, 240
emotionele ontwikkeling 220

REGISTER

emotionele waarde 21, 53, 55, 93, 208, 240
empathie 9, 203vv
endorfinen 121
epilepsie 8, 9, 19, 164, 210
epileptische aanval(len) 9, 19, 20, 77, 78, 120, 121
erfelijk 21, 30, 48, 49, 63, 151, 159, 208
Eslinger, Paul 183
Esquirol, Jean Etienne 75
Eysenck, Hans 48

fitheid 98, 99
fitnesstraining 98, 106
Framingham-studie 100-102
frenologie 15
Freud, Sigmund 29, 113, 114, 182
Frith, Chris 172, 219, 227, 229
Frith, Uta 218, 219, 227, 229
functieverlies 98, 241

Gage, Phineas 16
Galenus 14, 75
Gall, Franz Joseph 14, 15
Gallese, Vittorio 210, 213
gebied van Broca 17, 18, 161-163, 165, 251
gebied van Wernicke 17, 18, 163, 251
geheugen 19, 20, 39, 65vv, 186, 228, 229, 251
geheugenproblemen 67, 78, 79, 91, 94, 186
geheugentesten 67, 101
gelaatsuitdrukking(en) 54, 58, 60, 232, 236-238

geld 7, 72, 97, 109-111, 130, 131, 133, 134, 138-140, 179, 180, 188
geluk 127-131, 133-135, 143
gelukscentrum 131-133
genen 13, 58, 63, 92, 167, 168, 208
genetisch 37, 102, 103
gezichten 54-58, 61, 62, 157, 190, 215, 230, 232-238
gezichten herkennen 233-238
gezichtsherkenningsgebied 236
goktaak 196, 197
grammatica 160-163, 165, 208
grammaticaal correct 17, 161, 162
grand mal 77, 78
Grieken 14, 15, 115, 116
Gudden, Aloys von 152

hallucinaties 153, 167
halsader 126, 139
Haren, Neeltje van 96
hartinfarct 101, 102
herinneringen 21, 76, 79, 89, 91, 92, 94, 105, 107, 237
hersenactiviteit 9, 20, 53, 56, 58, 93, 99, 120, 131, 133, 134, 136, 161, 162, 165, 168, 172, 173, 175, 187-190, 213-216, 227-229, 236, 239, 247
hersenafwijkingen 10, 72, 151, 154, 166-69, 242
hersencellen 37, 38, 70, 72, 84, 99, 127, 139, 210-212, 250
hersencellen, nieuwvorming 37, 38, 84
hersengroei 106, 158, 223, 224

hersenkern 38, 39, 50, 68, 80, 91, 93, 105, 107, 127, 132, 133, 135, 168, 169, 245-247, 249, 250
hersenletsel 164
hersenonderzoek 13, 21, 45, 72, 96, 154, 166, 243, 245
hersenontwikkeling 21, 155, 223
hersenscan 11, 15, 57, 58, 67, 68, 96, 99, 129, 130, 132, 136, 141, 142, 161, 165, 168, 171-173, 189, 190, 193, 199, 212, 217, 229, 238
hersenschade 44
hersenschors 19, 55, 68, 70, 96, 103, 105, 107, 217, 249
hersenvolume 155, 156, 223
hersenweefsel 14, 71, 95, 99, 167, 184
hippocampus 19, 20, 38-47, 51, 59, 60, 68, 80, 81, 87-94, 97, 99, 103-107, 237, 242, 249, 251
Hippocrates 28, 30, 75, 116
homeostase 32
Homo heidelbergensis 157
Homo sapiens 156-159
hormoonsysteem 33, 129
Hulshoff Pol, Hilleke 96
humor 129-131
huwelijksproblemen 31
hypnose 172, 173, 181
hypothalamus 33, 35, 62

imitatiegedrag 214, 215
imiteren 120, 214, 215, 217, 221, 228, 239
individualiteit 169, 170, 174

informatie 8, 19-21, 39, 53, 54, 60, 68, 76, 77, 79-81, 85-94, 102-106, 155, 201, 217, 225, 230-233
intelligentie 67, 79, 94, 156, 186, 208
intentie(s) 209, 220-223, 225-230, 232, 233, 239-241
intermenselijk 209
International Effective Picture Ssystem (IAPS) 53, 93
IQ 79, 156, 186, 219

Johansson, Gunnar 230
Johnstone, Eve 166
Jung, Carl 152

kaartspel 196, 197
kanarie 81-86, 88, 89, 100
Kanner, Leo 205-207, 223, 229
Kapur, Shitij 132, 133
karaktereigenschappen 15, 16, 48, 49, 60
Kendler, Kenneth 30, 48
keuzecentrum 190-194, 198, 199, 201, 202
keuzes 10, 183, 186-189, 193, 194, 198, 202
kiezen 183-186, 188, 190-199, 201, 202, 214, 242
klankkast 158, 160
Klüver, Heinrich 52
Koch, Robert 71
kopieeractiviteit 216
kopieergedrag 213
kraambed 46
Kraepelin, Emil 70, 72, 76, 149-154

REGISTER

Lang, Peter 53
leefgewoonte 102
leren 62, 68, 71, 80-90, 93, 103, 105, 106, 142, 161, 162, 170-173, 175, 178, 200, 204, 214, 225, 239
levensverwachting 73, 74
lichamelijke beweging 102
lichamelijke conditie 98, 99
lichamelijke stress 33
Lieberman, Philip 157, 158
linkerhersenen 18, 161, 163, 165, 171, 174
linkerhersenhelft 17-19, 161, 163-168, 175, 251
linkshandig 7
liplezen 227

macht 43, 109vv, 188
medicijnen 20, 25, 26, 30, 47, 78, 114, 125, 147, 149, 173, 199, 209
melancholie 28-30
Meltzoff, Andrew 220, 223
micro-elektrodes 211, 212
Milner, Peter 122-124
Mini Mental State Exame 67
moederliefde 41
morfine 112-115, 117, 119-122, 127
Morris, Richard 86
motivatie 109vv
motoriek 19, 159, 160, 208
MRI 166, 167, 245-247, 249
muziekexperiment 128-131, 133

narcose 18, 123, 211

Neanderthaler 155-158
neurochirurg 18, 52
neuron(en) 43, 52, 53, 84, 87, 90, 104, 106, 191, 192, 194, 211-213, 224, 225, 250, 251
neuroticisme 48-50, 60
neurotische depressie 29
nieuwvorming (van hersencellen) zie hersencellen, nieuwvorming
Nissl, Franz 71, 72
noradrenaline 30, 33, 36
Nottebohm, Fernando 82-85, 88, 89

obsessies 182
Ojemann, George 18
Olds, James 122-124
omgevingsinvloed 21, 37, 58, 60, 88, 102, 175, 243
onderdanig 43, 141, 142
onthouden 67-69, 80, 81, 84-87, 89-91, 93, 94, 101, 103-105, 193
onthoudingsverschijnselen 117, 119-122
onttrekkingsverschijnselen 115, 119, 122
operatie 16, 18, 20, 21, 78-80, 91, 123-126, 139, 184, 211, 237
opium 115-117, 121
overspannen, overspannenheid 7, 8, 23vv

parasympathisch zenuwstelsel 33
Penfield, Wilder 18
perfectionistisch 27

persoonlijkheid 16, 47, 152, 174
persoonlijkheidsstructuur 60
persoonlijkheidstype 48
peuters 221-223, 225
pijn 18, 46, 124, 125, 132, 188, 216, 217
pijnappelklier 35
plastisch 97, 100
Plato 74
prosopagnosie 233-235
psychose 114, 148, 149, 154, 167, 169
psychotherapie 27, 29, 61, 62
psychotische verschijnselen 153, 175
puberteit 37, 96, 223, 224
putamen 159

rangorde 141-143
Rapoport, Judy 95, 96
rechterhersenen 18, 19, 171, 172, 174, 233, 234, 251
rechterhersenhelft 18, 19, 163-165, 167-169, 175
rechtshandig 163
Ree, Jan van 11, 139
ritueel, rituelen 177, 182
Rolls, Edmund 52, 53, 191
Rush, Benjamin 112

Sally-and-Anne-test 218, 219
schaamte 179, 180, 188, 232, 237, 238
schizofrenie 9, 10, 96, 147, 149, 151-155, 164-171, 173-176, 241, 242
Scoville, William 78
seksueel 44, 62, 125

serotonine 30, 49, 50, 58
serotonine transporter gen 50, 58
slaapkwab 52, 78-80, 185, 228
smetvrees 179, 180, 189
Sommer, Iris 164, 167
spiegelen 213-217, 239
spraakgebied 96, 97
spreken 17, 20, 155-160, 163, 174
Squire, Larry 79-81, 91
staartvormige kern 159
Stam, F.C. 166
stembanden 19, 158, 159
stemmen horen 7, 8, 147, 148, 153, 167-169, 175
stemming 112, 113, 116, 180
straf 132-134, 143, 187-189, 191-193, 196, 197, 201, 242
strafcentrum 133
stress 8, 22vv, 121, 129, 241
stressbestendigheid 41
stresshormoon 33-36, 40, 41, 44-47, 51, 59, 62
stresssysteem 31-33, 35-37, 51, 58
strottenhoofd 155, 158-160
syfilis 151, 206
sympathisch zenuwstelsel 33
symptomen 103, 153, 170, 180, 182
syndroom van Asperger 205, 208, 209, 224, 234, 235, 237, 238, 240
syndroom van Down 219

taal 7, 8, 10, 14-18, 76, 153, 155-158, 160-165, 167-169, 174, 175, 207, 208, 238, 249

taalactiviteit 164, 165, 167, 168, 175
taalbegrip 17
taalcentrum 162, 163, 165, 169
taalfunctie 18, 164, 165, 168, 214, 237
taalgebruik 155
taalgebruik, actief 17, 18
taalgebruik, passief 18
taalvermogen 163
talenknobbel 15
tau 103
tevreden 143, 194, 201
tevredenheid 177vv, 195
tong 19, 128, 158-160, 189, 190, 214
Torrey, Fuller 155
tweelingen 30, 48, 63, 167, 168
twijfel 177vv, 201, 202

Valium 109, 110, 120
vallende ziekte 19, 210
veroudering 74, 75, 94, 95, 97-100, 106, 168, 169
verslaving 8, 110-115, 117-120, 122, 125-127, 132, 137-144, 243
verslavingsgedrag 122, 125, 242
verslikken 76, 156, 158, 159
Virchow, Rudolf 71
voeding 73, 191, 192
voelen 15, 18, 21, 34, 37, 67, 69, 97, 133, 143, 163, 173, 188, 191, 196-198, 200, 204, 216, 217, 238, 239

vogelhersenen 81
volwassenheid 37, 38, 43, 87, 94, 168, 224
vooronder van de hersenen 10, 61, 62, 184, 185, 187-192, 194-199, 201, 202, 241
voorste hersendelen 10, 16, 51, 61, 62, 92, 96, 105, 157, 184-187, 195, 215
vrije wil 10, 153, 160, 169, 172-176

walging 215, 230, 237
Wernicke, Karl 17, 18, 149
Willis, Thomas 75
winterkoninkje 82, 100, 105
wiskundeknobbel 15

zangcentrum 82-84, 89, 164
zanggebied 82
zangpatronen 82, 84
zangrepertoire 82, 83, 88, 89
zelfbeschikking 175
zenuwcellen 38, 40-42, 45, 68, 71, 72, 84, 86-90, 92, 95, 97, 103-106, 210, 212, 224, 249-251
ziekte van Alzheimer 75, 100, 103, 104, 106
zijkwab 19
zingen 17, 81-84
zwangerschap 97